한 손에 잡히는 중국

한 손에 잡히는 중국

김정희 외 지음

차이나하우스

추천의 글

　한국과 중국은 지리적 인접성과 문화적 유사성으로 인해 오랫동안 가장 가까운 이웃으로 지내왔습니다. 양국은 지리적으로 "산과 물이 서로 맞닿아 있고山水相連, 바다를 사이에 두고 마주보는隔海相望"이웃나라입니다. 문화적으로도 양국은 아주 유사한 면이 많습니다. 공자孔子와 맹자孟子로 대표되는 유가사상은 한국인의 정신문화에 큰 영향을 미쳤고, 중국에서 유래한 자장면은 한국인들이 가장 즐겨 먹는 음식이 되었습니다.

　수천 년에 걸친 한중 양국의 교류의 역사는 한중 우의友誼의 깊고 튼튼한 토대가 되고 있습니다. 비록 한중 양국이 과거에 사상적, 이념적인 차이로 인해 한동안 관계가 단절되기도 했지만, 1992년 수교 이후 한중관계는 그야말로 '상전벽해桑田碧海'라고 불릴 정도로 많은 변화와 발전을 이루었습니다. 중국의 고사성어에 "먼 친척보다 가까운 이웃이 낫다"라는 말이 있는데 한중관계를 잘 표현해 주고 있다고 생각합니다. 그럼에도 불구하고 양국은 외교안보 측면에서 상호 신뢰를 더욱 심화시켜야할 필요가 있으며, 한중 간의 인적 · 물적 교류의 폭발적인 증가에 따른 사회문화 분야의 갈등도 여전히 주목해야할 과제로 남아 있습니다.

한중 양국의 정부와 민간에서는 그동안의 교류와 협력에 대한 성과를 돌아보고 앞으로의 활기찬 20년을 설계하기 위한 의미 있는 노력들을 진행해 왔습니다. 이 책은 바로 성년成年이 된 한중관계가 실질적인 전략적 협력동반자 관계로 거듭나기 위한 방법을 모색하기 위한 중국전문가들의 또 다른 노력의 결과라고 생각하며 이에 대해 경의를 표합니다.

저자로 참여한 중국전문가들은 독자들에게 중국에 대한 이해를 높이기 위해 중국의 지리·역사·철학·정치·경제·사회·문화 등을 소개하고 있습니다. 특히 일반 독자들이 중국의 구석구석을 둘러보는 과정에서 중국사회와 중국문화를 생생하게 체험하고 이해할 수 있도록 구성하고 있다는 점이 매우 인상 깊습니다.

한중 양국이 진정으로 서로를 이해하는 친구로 거듭나기 위해서는 무엇보다도 각자가 서로에 대해 "아는 만큼 보인다"는 명제를 명심해야 합니다. 아무쪼록 이 책을 통해 중국, 중국인, 중국문화를 있는 그대로 이해하고 존중함으로써 향후 한중 양국관계가 가일층 발전하는 데 밑거름이 되기를 기대합니다.

2014년 1월
국립외교원 중국연구센터 소장
전 주중대사 신정승

들어가는 글

수천 년의 역사를 함께 해 온 한중韓中 두 나라가 새로이 국교를 맺은 지도 어느새 20년이 지났다. 1992년 수교이후, 한중간의 교류가 갈수록 확대되고 있는 지금 많은 사람들은 중국이 한국에게 경제적·정치적으로 매우 중요한 나라하고 생각한다. 그리고 매년 삼월이 되면, 우리는 중국 전국인민대표대회와 중국 정부의 새해 계획에 주의를 기울이고, 서쪽에서 불어오는 황사보다도 더 민감하게 그에 반응한다. 그렇게 중국은 익숙하면서도 때로는 낯설고, 그 관계는 오래되었으면서도 새롭다. 따라서 한중 두 나라가 더욱 성숙한 동반자 관계로 발전하기 위해서는 우리 모두가 중국에 대해 올바르고 정확하게 이해하는 것이 중요하다.

하지만 만화경같이 다양한 중국에 대해 어디서부터 이야기해야 올바르게 이해할 수 있는가는 대학에서 중국 관련 수업을 진행하면서도 매번 고민하는 문제이다. 마침 지난 2006년과 2007년 두 해에 걸쳐서 한양여자대학교 중국어과에서 서울시의 지원으로 진행한 〈중국문화 특강〉은 이러한 문제의식에 대해 해결을 시도한 의미 있는 작업이었다. 중국학계의 중견·소장 학자 20여 명과 함께 진행한 이 프로젝트는 참가자들로부터 높은 호응을 받았고, 중국에 대한 올바른 이해를 증진시키는데 상당한 역할을 하였다. 그러나 특강을 더 많은 사람들과 공유하지 못한 아쉬움이 남아서 중국에 대한 입문서로 이 책을 기획하게 되었다.

그러나 저자마다 강한 개성과 다양한 관점으로 통일된 모습을 만드는 데는 일정한 시간이 필요했다. 이에 부득이하게 일부 원고를 제외하기도 하고, 새로운 주제를 더하기도 하였고, 여러 차례에 걸쳐 집필 의도와 관련된 대화를 나누면서, 여러 저자의 서로 다른 관점을 통합하는데 최대한 노력을 기울였다. 동시에 중국의 문학·역사·철학·경제 등 전공이 다른 저자들이 직접 원고를 반복하여 수정하는 장기간의 숙성을 거쳐서 이 책이 세상에 나오게 되었다.

이 책에서 공동 집필자들은 중국과 관련된 16개의 테마를 통해 깊이 있는 내용을 알기 쉽게 서술하도록 노력하였다. 따라서 독자들은 이 책을 읽어 나가는 중에 중국과 중국인, 그리고 중국사회를 다양한 각도에서 보다 쉬우면서도 정확하게 이해할 수 있게 될 것이다.

제1부는 중국의 지리를 다루었지만, 단순한 지리학의 상식이 아니라 중국인의 의식에 반영된 문화로서의 지리에 초점을 맞추었다. 제1장 '중국의 명산'은 중국시를 가슴에 품고 틈틈이 산행을 즐기는 최일의 교수가 집필하였고, 제2장 '중국의 하천'과 제3장 '실크로드'는 오랜 동안 중국 문명 탐사 여행을 해 온 서성 교수가 기술하였다.

제2부는 정신과 물질의 통합물인 도시와 종교 유적 등 유형·무형의 문화유산에 대해 다루었다. 여기에는 주로 중국인이 세운 도시와

유적과 공공건축이 포함되지만, 정신문화와 물질문화의 연관관계에 주목하였고, 고대와 현대가 연결되어 있는 측면을 중시하였다. 제1장 '역대 왕조의 수도와 베이징'은 중국의 도시 문화에 대해 높은 관심을 가지고 있으면서 『베이징 이야기』를 번역한 필자 본인의 글이고, 제2장 '종교유적'은 타이완과 베이징에서 도가 철학을 연구한 김태용 교수가 맡았으며, 제3장 '서원에서 대학까지'는 일찍이 서원에서 전통 한학漢學을 공부한 경험이 있는 민경삼 교수가 서술했다.

제3부는 중국인의 생활문화로 의·식·주衣食住의 면모와 오락을 다루었다. 지금의 생활과 오락이 단기간에 이루어진 표면적인 현상이 아니라, 사실은 역사적 토대 위에서 이루어진 것임을 파악하여 그 내적 연관을 제시하는데 초점을 두었다. 제1장 '중국 음식과 술'은 중국의 현대 소설을 비롯하여 술과 옷 등에 대한 다양한 책을 번역하고 있는 김하림 교수가 집필했고, 제2장 '중국의 차'는 사람들과 더불어 차 마시기를 좋아하는 본인의 글이다. 제3장 '무대예술'은 난징대학에서 연극을 공부하면서 국내에서는 배우이자 감독으로 활동하는 장희재 선생이 맡았으며, 제4장 '중국 영화'는 현대시와 영화 연구에 매진해 온 장동천 교수의 글이다. 이어서 덧붙인 글은 의류학을 전공하는 김지연 선생이 중국 전통의상에 대해 심도 있게 작성했는데, 지면의 제한으로 짧게 줄일 수밖에 없었던 아쉬움이 남는다.

제4부는 현대 중국 전체를 조망하고 일람할 수 있는 내용으로 역사와 정치와 경제에 관한 주제들을 다루었다. 제1장 '사회주의 중국의 성립에서 현재까지'는 중국 공산당 연구의 전문가인 임상범 교수의 글이고, 제2장 '소수민족과 하나의 중국 정책'은 역사학을 전공한 신진학자 이호현 연구원이 맡았다. 제3장 '개혁개방과 경제특구의 출

범'은 푸단대학에서 역사학을 전공하고 중국통中國通 양성에 힘쓰는 오부윤 교수의 글이고, 제4장 '대국에서 글로벌 강국으로'는 중국 정치 경제 전문가로서 의욕적으로 활동하고 있는 신종호 연구위원이 집필하였다.

제5부는 한중관계를 다루었다. 고대에 중국을 찾아간 한국인의 활동과 현대의 한류韓流를 통해 지금의 한중관계는 오랜 전통을 가지고 있으며, 우리의 중국 연구와 이해는 그 연장임을 인식하게 된다. 제1장 '중국 대륙에 남겨진 우리 선조들의 발자취'는 고대 한중교류사에 관심을 가지고 있을 뿐 아니라 중국 고전 번역에 매진하고 있는 서성 교수가 집필하였고, 제2장 '젊은 감성으로 만나는 한국과 중국'은 한국과 중국의 대중문화에 대해 관심을 가지고 있는 송원찬 교수의 글이다.

이밖에 중국 이해에 필요한 소주제와 흥미로운 문화를 각 부와 부 사이에 배치하여 보충 자료로 삼았다. 한 권의 책을 통해 중국의 전모全貌를 설명하기에는 여전히 한계가 있음을 실감하지만, 그동안의 연구 성과를 바탕으로 주요한 지식과 정보들이 어느 정도 망라되어 있으므로, 이 책으로부터 중국 읽기를 시작하여도 좋으리라 본다.

그동안 필자들은 오랜 시간에 걸쳐 공동 작업의 어려움을 극복하면서, 중국에 대한 올바른 이해 증진을 위해 힘을 모았다. 우리는 독자들이 중국 속으로 들어가 중국의 산하를 거닐면서 중국문명의 자취를 둘러보고, 중국의 맛과 멋을 직접 체험하며, 현대 중국의 속내를 들여다보고, 나아가 그 가운데서 우리 선조들과 우리 젊은이들이 중국을 어떻게 만나고, 그들에게 어떻게 받아들여지고 있는가를 살펴볼 수 있기 바란다.

끝으로 이 책이 세상에 나오도록 도와주신 여러 선생님들과 동료들에게 이 자리를 빌어서 감사의 마음을 전한다. 이 책은 참으로 수많은 전화와 이메일과 모임으로 이루어졌다고 해도 과언이 아니다. 일일이 밝히지 않지만 귀찮을 정도로 요청하고 많은 주문을 한 것은 모두 조금이라도 좋은 책을 만들려는 욕심으로 이해해주신다면 더 없이 고맙겠다. 그리고 한마디 불평 없이 온갖 투정을 언제나 웃는 얼굴로 받아주며, 이 책을 아름답게 만들어 준 차이나하우스의 이건웅 대표와 편집부 여러분에게도 진심으로 감사드린다.

2014년 2월, 저자들을 대표하여
김정희 씀

일러두기

1. 중국어 발음의 한글표기는 국립국어원의 외래어 표기법의 기준을 따랐다.

2. 고유명사의 표기

 (1) 처음에만 한글과 한자를 병기한다.

   예) 베이징_{북경 北京}, 마오쩌둥_{모택동 毛澤東}

 (2) 지명은 중국어 표기를 원칙으로 한다.

   예) 북경 → 베이징, 상해 → 상하이, 황하 → 황허

 (3) 강江, 산山, 해海, 호湖 등 자연어가 붙은 지명은 앞의 글자만 중국어 발음으로 표기한다.

   예) 장강_{長江} → 창강, 태산_{泰山} → 타이산, 동정호_{洞庭湖} → 둥팅호

   예외) 황하_{黃河} → 황허, 발해_{渤海} → 보하이

 (4) 명승고적지와 산봉우리는 우리의 한자음 표기를 원칙으로 한다.

   예) 장안_{長安}, 장성_{長城}, 천단_{天壇}, 이화원_{頤和園}

   황학루_{黃鶴樓}, 낙산대불_{樂山大佛}, 연화봉_{蓮花峰}

 (5) 한글 표기가 동일한 성급 단위의 중국어 발음은 아래와 같이 구분한다.

   예) 섬서성_{陝shǎn 西xī 省} → 산시성

   산서성_{山shān 西xī 省} → 산시성

 (6) 현지발음이 있는 경우에는 현지 발음으로 표기한다.

   예) 喀什 → 카슈가르

3. 중국 인명은 신해혁명1911을 기준으로 그 이전 사람과 그 이후 사람으로 구분하고, 신해혁명 이전 사람은 우리의 한자음으로 표기하고 신해혁명 이후 사람은 중국어 발음으로 표기했다.

   예) 신해혁명 이전 사람: 공자, 맹자, 묵자, 옹정제

   신해혁명 이후 사람: 마오쩌둥, 후진타오, 시진핑

4. 중국어 발음 표기가 국립국어원의 방안에는 맞지 않으나 이미 보편화된 것은 상용어로 표기했다.

   예) 시짱자치구, 티벳 → 티베트

   신장웨이우얼자치구 → 신장위구르자치구

5. 제4부 제4장 '대국에서 글로벌 강국으로' 중 「4대 지역 발전전략」은 『한중관계 2.0: 국가를 넘어 지방정부로』(신종호 외, 파주: 한울, 2012, pp.54~63) 참고

제1부 중국의 산하를 거닐다

중국의 명산
영토의 상징

▌ 중국의 명산

에베레스트를 처음 등정한 영국 산악인 조지 맬러리George Mallory는 '산에 왜 오르느냐'는 질문에 "산이 거기에 있기에 오른다."는 유명한 말을 남겼다. 반면 우리나라의 시인 김영길은 "남들은 정상에 오르기 위해, 산을 오른다 하지만, 나는 내려가기 위해, 산을 오른다. … '응, 산은 내려오기 위해, 오르는 거야.' 이 말을 제대로 이해하기까지, 또 얼마나 많은 산을, 내려와야 하는가? 난 또 얼마나 낮아져야 하는가?〈하산〉"라고 했다. 내려오기 위해 산에 오른다는 다소 역설적인 표현이다.

이유야 어찌됐든 우리는 산을 힘들게 땀 흘리며 오르면서 괴송·기암괴석·운무·계곡 등 갖가지 아름다운 자연 경관이 주는 즐거움을 만끽하곤 한다. 그럼 언제부터 산은 우리에게 아름다움을 찾고 즐거움을 누리는 대상이 되었을까?

중국에서 산수에 대한 아름다움을 찾는 심미적 관념은 춘추시대부터 조금씩 싹텄다. 공자는 "어진 자는 산을 좋아하고 지혜로운 자는 물을 좋아한다."는 철학적 명제를 남겼다. 이는 사람의 덕성을 자연 산수에 비유한 말이다.

꿈속에서나 나올 법한 중국 명산의 몽환적인 풍광은 영화 〈아바타〉의 모티프가 되기도 했다.

산수에 대한 실용적이고 현실적인 관점에서 서서히 벗어나, 인간의 정신과 유사한 심미적 특징을 찾아 감상하기 시작한 것이다.

산은 본래 똑같은 산이 하나도 없을 정도로 저마다 독특한 개성을 지니고 있다. 그래서 청대 소기邵玘는 "그림을 품평하듯이 산수를 평가하자면 일찍이 하나도 똑같은 그림이 없었다."고 하여 서로 다른 그림에 비유했다. 심지어는 같은 산이라고 할지라도 사시사철 달리 보인다. 명대 심호沈顥는 "봄에는 경사가 난 듯, 여름에는 경쟁하는 듯, 가을에는 병이 난 듯, 겨울에는 편안히 쉬고 있는 듯하다."고 묘사한 적이 있다. 그렇다면 중국에는 어떤 아름다운 산들이 있는가?

중국의 명산을 살펴보는 방식에는 여러 가지가 있지만, 그중에서도 오악五嶽과 황산黃山에 다시 루산廬山·우타이산五臺山·어메이산峨眉山·우당산武當山 을 추가하여 10대 명산이라고 부르는 것이 일반적이다.

본격적으로 중국의 명산을 다루기 전에 먼저 오악의 유래와 관념을 살펴보고, 이어서 최근에 논의되는 오악에 대한 얘기들을 간단하게 살펴보려 한다.

36,000 여 개의 봉우리와 기묘한 지형이 어울려 있는 구이린의 리강灕江 풍경

쑹산嵩山을 가리킨다. 여기서 '악嶽'이란 산 중에서도 높고 존귀한 산을 말한다. 중국에서 오악의 관념은 어떻게 형성되었을까?

이는 고대 원시사회의 산악숭배 사상과 역대 제왕의 봉선封禪 의식, 오행사상, 중화주의적 관념 등이 복합적으로 작용한 결과물이다. 중국은 고대부터 산 숭배 사상이 보편적이어서 산신에게 제사를 지내는 일이 널리 있었다. 오악 역시 신들이 모여 사는 곳으로 여겨 제사를 올렸다.

오악의 제정은 역대 제왕들이 제사를 바치는 봉선 의식과 깊은 관련이 있었다. '봉封'이란 하늘에 지내는 제사이고, '선禪'이란 산천에 지내는 제사이다. 최초의 봉선은 진시황이 타이산에서 행했다. 진시황 이후로 역대 제왕들이 지속적으로 봉선을 올렸다. 한대 무제武帝, 광무제光武帝, 당대 측천무후則天武后, 현종玄宗, 송대 진종眞宗 등이 모두 오악에 올랐다.

이들이 봉선을 한 이유는 '하늘에서 천명을 받았다'는 것과 '공덕이 탁월하다'는 것을 세상에 널리 알려 그들의 통치 기반을 공고히 하려는 데 있었다.

오악 제정은 또한 오행五行 관념과도 밀접한 관계가 있다. 오행설은 우주 간에 운행하는 원기元氣인 5원소元素, 즉 금金·목木·수水·화火·토土가 만물을 낳는다는 사상이다. 오행은 동·서·남·북 사방과 중앙을 포함하는 오방五方을 각각 가리키기도 한다. 오방에 존재하는 명산들을 오악으로 제정한 것은 오행 관념에서 연원했다고 추정해볼 수도 있는 것이다.

오악의 관념은 또한 중국인들의 오랜 중화주의적 관념의 소산이라고도 볼 수 있다. 예로부터 오악은 사독四瀆, 곧 황허黃河·창강長江·화이허淮河·지수이濟水 등 4대 강과 함께 중국의 영토를 가리키는 동시에 중화 문명의 상징적 역할을 했다. 오악은 오악 밖에 있는 주변 국가나 지역들과의 차별성을 강조하는 역할도 하였다.

중원의 영토가 계속 확장되면서 기존의 오악이 더 이상 그 역할을 할 수 없게 되자, 서악인 화산을 제외한 나머지 오악은 시대에 따라 수시로 바뀔 수밖에 없었다. 타이산 등 지금의 오악은 명대에 이르러 비로소 제정된 산들이다.

오악에 대한 최근 중국인들의 논의를 보면, 오악을 제정하는 데 중화주의적 관념이 작용하였다는 견해는 매우 설득력이 있다. 중국의 네티즌들은 최근 중국의 5대 명산인 오악을 시대 변화에 맞게 새로 지정하자는 운동을 벌이기도 한다. 한 네티즌은 "오악에서 돌아오면 다른 산들은 보지 않는다. 중국은 반드시 새로운 오악을 선정해야 한다."라고 하면서 신오악新五嶽으로 동악은 백두산, 서악은 에베레스트산, 중악은 어메이산, 북악은 신장新疆의 텐산天山, 남악은 타이완의 아리산阿里山을 선정했다. 영토가 대폭 확

에베레스트산

장된 오늘날의 기준으로 보면 지금의 오악은 적절하지 못하다는 것이 그의 생각이다. 그렇다면 이 네티즌이 주장한 산들을 한 번 살펴보자. 백두산은 중국에서 '창바이산長白山'이라고 부르고 있지만 북한과 경계를 공유한다. 에베레스트산 역시 네팔과 경계를 공유한다. 톈산은 분리 독립 운동이 계속되고 있는 신장 자치구에 있으며, 아리산은 엄연히 타이완의 영토 안에 있다. 모두 국제적인 영토 분쟁을 일으킬 소지가 다분히 있는 곳들이다.

그런데도 그가 이렇게 주장하는 이유는 중국이 요즘 경제 대국으로 발돋움하면서 중화 패권주의적 시각을 도처에서 드러내고 있는 것과 맥을 같이 하고 있다고 할 수 있다. 중국이 최근에 동북공정東北工程을 벌이면서 고구려를 자국의 역사에 편입하는 등 우리의 옛 영토와 관련된 역사를 왜곡하는 일련의 정책을 펴고 있는 상황에서, 다시 백두산 등을 오악으로 제정하자는 외침을 듣고 있는 입장은 자못 씁쓸하다.

1. 황산: 기묘함이 중국의 제일

오악이 빼어난 산인 것은 분명하다. 그러나 오악의 제정에는 정치적·종교적 관념들이 그 안에 복잡하게 얽혀 있다. 때문에 단순하게 심미적 관점으로만 오악을 바라볼 수는 없다. 그에 반해서 황산은 순수하게 심미적 관점에서 대대로 찬사를 받았다.

명대의 저명한 지리학자 서하객徐霞客은 "오악에서 돌아오면 다른 산들을 보지 않게 되고, 황산에서 돌아오면 오악을 보지 않게 된다."고 했다. 또 "바다 안팎을 통틀어 안후이성安徽省의 황산만 한 곳이 없다. 황산에 오르면 천하의 다른 산들이 눈에 들어오지 않으니 보는 것을 멈출 만큼 더할 나위 없이 훌륭하다."고 하여 주로 심미적 측면에서 황산의 아름다움을 극찬한 바 있다.

황산은 안후이성 스시엔歙縣·타이핑太平·슈닝休寧·이시엔黟縣 등에 걸쳐 전체 250여 ㎞에 이르는 광범위한 지역을 차지하고 있다.

황산을 대표하는 세 주봉은 천도봉天都峰·연화봉蓮花峰·광명정光明頂이다. 천도봉은 해발 1,810m로서 3대 주봉 중 가장 험준하다. '여러 신선들이 모여 사는 곳'이라 여겼기에 천도봉이라는 이름이 붙었다. 연화봉은 해발 1,860m로서 3대 주봉 중 가장 높으며, 광명정은 연화봉 다음인 해발 1,840m이다. 황산은 또한 72봉이라는 이름으로 불릴 정도로 우뚝 솟은 봉우리가 많은데, "황산 72봉이 다 시로구나!"라는 찬사가 전해질 정도로 모두 아름답다. 평소 '기묘함이 중국의 제일'인 산이란 칭송을 받아오던 황산은 봉우리·암석·소나무·구름·온천·폭포 등 경물들이 모두 뛰어나다. 다른 명산들이 갖고 있는 장점을 두루 포함하고 있기에 "천하의 유명한 풍경은 모두 황산에 모여 있구나."라는 극찬을 듣기도 한다.

황산의 운해
예전부터 황산의 구름은 바다를 이룬다 하여 황산을 운무雲霧의 고장이라 하였다.

　이러한 기묘한 경치들 가운데서도 특히 기송奇松·괴석怪石·운해雲海·온천溫泉 등은 황산의 4절四絶로 꼽힌다.

　황산의 소나무는 대부분 돌 틈에서 자라 강인한 생명력을 보여준다. 그 모습도 갖가지 기이한 자태를 뽐내고 있어 식물학자들은 이들을 별도로 황산송黃山松이란 이름으로 명명하기도 했다. 황산에는 10대 명송이 있다. 이 중에서도 옥병루玉屛樓 동쪽의 문수동文殊洞 정상에 있는 영객송迎客松은 왕왕 황산의 수려함을 대표적으로 상징한다.

　기암괴석 역시 황산의 특징 중 하나이다. 사방에 촘촘히 늘어선 암석들의 기괴한 형상은 사람들에게 풍부한 상상을 불러일으키기 충분하다. 서쪽 비래봉飛來峰 위에 있는 비래석飛來石은 높이가 약 십여m로 윗부분이 뾰족하고 아래가 둥근 거대한 암석이다. 밑 부분에 2/3 가량의 빈틈이 있어 마치

황산의 소나무
황산송은 소나무과의 일종으로 해발 800~1,800m의
산지에 분포한다. 기암·낭떠러지·산등성이 등에서
얽혀 자라며 이는 황산송의 생명력을 보여준다.

막 하늘에서 날아온 것처럼 보인다. 황산은 또한 아득하게 멀리 펼쳐져 있는 운해雲海도 유명하다. 1년에 200여 일 동안 운무가 끼어 있어 평소 '운무의 고장'으로 불리기도 한다.

황산의 온천은 주사천朱砂泉이나 탕천湯泉으로도 불린다. 1년 내내 솟아오르며 마실 수도 있고 목욕할 수도 있는 데다가 수질이 다른 곳과 매우 달라 영천靈泉이라는 찬사를 받기도 한다. 황산은 1990년 유네스코에 의해 세계 자연문화유산으로 등재되기도 했다.

2. 루산: 신선의 집

'신선의 오두막집'이라 일컫는 루산은 장시성江西省 주장시九江市 남쪽, 포양호반鄱陽湖畔에 위치한다. 험준한데다가 명승지가 아주 많아서 '기이함과 수려함이 천하의 으뜸'이란 찬사를 받고 있다.

루산의 주봉인 대한봉大漢峰은 해발 1,474m이다. 루산은 자욱한 운무로도 유명한데, 안개 낀 날이 1년 평균 190일이라고 하니 곧 1년의 반절 이상이 운무의 바다를 이루고 있는 셈이다.

루산의 또 다른 절경은 바로 세차게 떨어지는 폭포로 이른바 루산단폭廬山湍瀑으로 불린다.

"나는 듯 곧장 떨어져 내리는 3천 척 물줄기, 하늘 꼭대기에서 떨어지는 은하수인가!"라고 노래한 이백의 〈루산폭포를 바라보며望廬山瀑布〉역시 루산의 명승인 폭포를 찬미하고 있는 시이다.

루산의 서북쪽 기슭에 있는 동림사東林寺는 역사가 깊은 저명한 문화 유적이다. 이 사찰은 동진東晉시대 유명한 승려 혜원慧遠이 세운 것으로 불교사나 문학사에서 중요한 의의를 지닌다. 혜원은 동림사에서 강학하며 백련사白蓮社를 창설하고 미타정토문법彌陀淨土門法을 제창했다. 동림사는 중국 불교 정토종淨土宗의 발원지가 되었고, 혜원은 후세에 정토종의 시조로 추존됐다.

3. 우타이산과 어메이산: 불교 성지

중국의 4대 불교 명산으로 산시성의 우타이산五臺山, 쓰촨성의 어메이산峨眉山, 저장성의 푸퉈산普陀山, 안후이성의 주화산九華山 등이 있다. 우타이산은 문수보살의 도량이요, 어메이산은 보현보살의 도량이며, 푸퉈산은 관세음보살의 도량이며, 주화산은 지장보살의 도량이다.

우타이산은 산시성 우타이현 동북쪽에 위치한다. 동대 망해봉, 서대 괘월봉, 남대 금수봉, 북대 엽두봉, 중대 취암봉 등 다섯 봉우리가 빙 둘러싸고 있는 모양을 하고 있어 5대 대정 또는 5대 고봉이라고도 한다. 5대 중에서도 북대 엽두봉葉斗峰이 해발 3,058m로 가장 높다.

어메이산은 쓰촨성 어메이현 서남쪽에 위치한다. 산세가 구불구불하고 마치 매미의 이마, 나방의 눈썹처럼 가늘고 길며 아름답고 농염한 까닭에 어메이산이라고 부른다.

어메이산 금정金頂은 어메이산 사찰과 풍경이 가장 집중되어있는 장소다.
어메이산의 정수가 여기에 있다 할 수 있다.

　　어메이산은 대아大峨·이아二峨·삼아三峨·사아四峨 등 네 산을 모두 포함한다. 현재 사람들이 주로 유람하는 지역은 대아이며, 주봉인 만불정萬佛頂은 해발 3,099m에 이른다. 어메이산은 산세가 깊고 명승지가 많기로 유명하기에 '천하에 빼어나다' 는 찬사를 받기도 했다.

중국의 주요 산맥과 오악

4. 우당산: 도교 성지

우당산武當山은 후베이성湖北省 단장커우시丹江口市 경내에 있는 도교 제일의 명산으로서 중국 도교의 성지이기도 하다. 우당산에는 72봉, 24간, 11동, 3담, 9천, 10지, 9정, 9대 등의 명승지가 있다. 웅장함·기이함·험준함·수려함·그윽함·오묘함·넓음 등 갖가지 아름다운 자연경관의 특징들을 많이 구비하고 있다.

동한 때에 도교가 탄생한 뒤 우당산은 곧 신선의 산이자 도교의 산으로 존숭을 받았다. 특히 북송 초기에 조정에서 도교를 숭배하면서 우당산의 지위는 더욱 높아졌다. 우당산에서 숭배하는 주요 신선은 진무제군인데, 진무는 현무玄武라고도 한다. 곧 중국 고대신화 속에 나오는 북방신이라는 사실을 알 수 있다.

오악

1. 타이산: 오악의 수장

타이산은 산둥성 중부에 우뚝 솟아 지난濟南·타이안泰安 등의 여러 지역에 걸쳐 있으며, 주봉인 옥황정玉皇頂은 해발 1,545m에 이른다. 타이산은 오악 중 높이가 세 번째인데도 불구하고 예로부터 '오악 가운데 홀로 존귀한 산', '천하제일의 명산'이라는 칭송을 들어왔다. 그 까닭은 무엇일까?

첫째, 지리적으로 평지에 위치하여 더욱 우뚝 솟아 보이고, 산세가 웅장하며 풍광이 장관을 이루고 있기 때문이다. '중여태산重如泰山', '태산압정泰山壓頂'등의 고사성어는 모두 타이산의 웅장하고 장엄한 모습과 관련이 있다. 둘째, 타이산은 역대 제왕들이 와서 봉선을 하는 등 유구한 역사문화를 지녔기 때문이다.

명대 왕사인은 "중국에서 태어났으되 타이산을 볼 수 없고, 타이산을 보았으되 유람할 수 없으며, 유람했으되 며칠 동안 두루두루 유람할 정도에 이를 수 없다면 정말이지 유감스러운 일이 아닐 수 없다."고 했다. 중국인들의 타이산에 대한 찬사와 숭배의 정도를 엿볼 수 있다.

타이산의 등산로는 기슭에서 정상까지 총 길이가 9.6㎞이다. 총 6,293층에 이르는 돌계단이 가지런하게 놓여 있다. 남천문을 통해 이 돌계단을 오르면 황허를 굽어볼 수 있고, 일출과 운해의 절경을 감상할 수 있다.

한편 등산로 주변에 있는 석벽에는 약 1천여 점 이상의 제자나 제시 등이 도처에 선명하게 새겨져 있다. 타이산의 석각은 타이산의 기이한 풍경 가운데 하나이기도 하다.

타이산

옥황정玉皇頂은 타이산의 정상으로 예전에는 태평정太平頂 혹은 천주봉天柱峰으로 불렸다.
서한시대에 건축되었다고 전해지는 옥황묘玉皇廟가 있다.

타이산은 명승지의 특징에 따라 광曠·유幽·묘妙·오奧·여麗 등의 다섯 풍경구로 나뉜다. 특히 타이산의 4대 기관으로 불리는 동쪽에서 떠오르는 아침해·저물 무렵 비추는 노을·금빛 띠를 이루는 황허·옥쟁반과 같은 구름바다 등은 모두 매우 뛰어난 경치를 이루고 있다.

타이산은 자연 풍광이 지극히 웅장하고 수려할 뿐 아니라 인문적인 문화의 정수가 존재하기도 한다. 대묘岱廟는 타이산의 주묘로서 역대 제왕들이 봉선을 하던 곳으로 타이산의 남쪽 기슭에 있다.

2. 화산: 험준함이 천하의 웅걸

화산은 샨시성陝西省 시안西安으로부터 120㎞ 떨어진 화인현華陰縣 남쪽에 높이 솟아 있는데 주봉인 낙안봉落雁峰은 2,200m이다. 화산은 산세가 매우 험준하고 가파른데다가 봉우리와 암석 역시 기이하면서 웅장하여 예로부터 '화산은 천하의 웅걸'이라는 찬사를 받았다.

화산의 산세를 보면 이른바 천외삼봉이라 불리는 동봉 조양봉, 서봉 연화봉, 남봉 낙안봉이 계속 이어져서 중봉 옥녀봉을 둘러싸고 있다. 중간에 있는 삼봉이 연꽃의 꽃봉오리 같다면 밖으로 늘어서 있는 여러 봉우리들은 꽃잎과도 같아 전체가 한 송이 연꽃과 흡사하기에 "돌로 연꽃을 만들고 구름으로 누대를 만들었구나!"라고 묘사되기도 했다.

화산에 오를 수 있는 길은 오직 한 갈래 밖에 없다. 삼원동을 지나 창룡령을 오르고 다시 금쇄관을 지나 천외삼봉에 도달하는, 남북으로 난 구불구불하고 가파른 한 갈래 길뿐이다. 이 때문에 사람들로 하여금 더욱 험준함을 느끼도록 한다.

창룡령蒼龍嶺은 높이가 약 110m, 너비가 약 1m로, 사방에 있는 여러 봉우리로 통하는 유일한 통로이다. 비탈의 기울기가 약 45도이며 246층의 돌계단이 놓여 있다. 북쪽 봉우리에서 바라보면 우뚝 솟아 구름을 뚫고 있는 데다가 검푸른 빛깔을 띠고 있어서 마치 창룡이 허공을 나는 것처럼 보이기에 창룡령이라 부른 것이다.

화산에서도 제일의 험경險境으로 꼽히는 곳이 이른바 '화산의 목구멍'으로 불리는 천척당千尺幢이다. 천척당은 높이가 약 30여 m에 이르며 암석을 뚫어 만든 260여 층의 계단이 놓여 있다. 철삭을 잡고 바위를 파서 만든 돌계단을 밟으며 오르는데, 마치 하늘에 돌계단이 나 있는 것처럼 양쪽의 철삭에 의지해야만 오를 수 있다.

3. 형산衡山: 수려함이 오악의 으뜸

　　남악 형산은 남쪽으로 후난성湖南省 형양시衡陽市의 회안봉回雁峰으로부터 시작하여 북쪽으로 창사시長沙市의 웨루산嶽麓山까지 800여 리에 걸쳐 있으며 모두 72봉이다. 주봉은 축융봉祝融峰으로 형산현 경내에 있으며 해발 1,290m에 이른다. 옛날부터 형산은 '오악 중 홀로 수려하다' 는 찬사를 들었다. 형산에는 4절이 있는데, 높은 축융봉, 깊은 방광사, 수려한 장경전, 기이한 수렴동 등을 가리킨다. 여기에 다시 그윽한 마경대, 험준한 성심석, 예스러운 대우, 웅장한 남악묘가 보태져 형산 8절이라 불리기도 한다.

　　형산에 있는 풍경 중에서 가장 유명한 것을 들라고 한다면 역시 '형산의 안개구름' 을 들 수 있다. 이곳의 안개구름은 1년 사시사철이 각기 다를 뿐만 아니라 하루 동안에도, 심지어 찰나의 순간에도 변화하며 그 모습이 기묘하다.

　　형산에는 불교 사찰과 도교 사원이 즐비하다. 그 가운데 방광사方廣寺 · 축성사祝聖寺 · 장경전藏經殿 · 남대사南臺寺 · 황정관黃庭觀 · 축융전祝融殿 등이 유명하다.

　　남북조에 이르면서 형산에서는 불교가 성행했는데, 남악 18고승들이 연이어 출현함으로써 남악의 불교가 불교사상에서 중요한 지위를 차지하는 데 큰 역할을 했다. 특히 혜사 선사는 남악에서 불교를 일시에 흥성시켜 천태종의 2조가 되었고, 형산의 반야사를 도량으로 삼고 수도하던 회양은 훗날 선종의 7조로 받들어졌다.

4. 헝산恒山: 북방 제일의 산

헝산은 산시성山西省에 넓게 자리하여 서쪽으로 옌먼雁門에, 동쪽으로 지베이冀北평원에, 남쪽으로는 우타이산에, 북쪽으로 다퉁大同분지에 잇닿아 있다. 헝산은 북방의 고원 지대에 위치하고 지세가 험준하며 산세가 웅장하기 때문에 '북방 제일의 산'이란 찬사를 받았다.

헝산의 주봉은 동·서로 나뉘는데 동쪽은 천봉령天峰嶺, 서쪽은 취병봉翠屏峰이다. 그 중에서도 주봉인 천봉령은 산시성 훈위안현渾源縣의 남쪽에 있으며 해발 2,017m이다. 헝산은 과거에 18경이 유명했다. 현재도 북악조전北嶽朝殿·회선부會仙府·구천궁九天宮·현공사懸空寺·호풍구虎風口·문창각文昌閣 등 10여 곳이 여전히 남아 있다.

헝산의 경관 가운데서 가장 기이하고 빼어난 것으로 현공사懸空寺를 꼽을 수 있다. 현공사는 '현공'이란 이름에 걸맞게 약 200여 m에 이르는 수

북악 헝산은 '塞外第一山'이라 불리는데, 유명한 도교성지와 관광명소가 있고 수많은 문화유적을 보존하고 있기 때문이다.

직의 절벽 위에 있다. 취병산翠屏山을 뒤로 하여 천봉령天峰嶺을 마주본다. 잔도의 석벽 위에는 '노반魯班, 목수의 신의 뛰어난 솜씨'라는 뜻의 '공수천교公輸天巧'라는 네 글자가 새겨져 있다. 현공사를 세운 건축기술이 마치 하늘의 솜씨에서 나온 듯 자연스럽고 뛰어나다고 찬양한 말이다.

현공사의 정실은 2층으로서 위층은 여래전如來殿·태을전太乙殿·관제전關帝殿으로, 아래층은 기도하는 불당으로 구성되어 있다.

5. 쑹산: 종교 활동의 중심지

쑹산嵩山은 주맥主脈이 허난성河南省 덩펑현登封縣 서북부에 있으며 여맥餘脈은 동쪽으로 미현密縣의 경내에 이른다. 모두 60여 km에 걸쳐 자리한다. 쑹산은 동쪽의 타이스산太室山과 서쪽의 샤오스산少室山을 합친 이름이다. 태실산의 주봉은 준극봉峻極峰으로 1,494m이다.

쑹산의 환원관은 태실산과 소실산을 잇는 구릉으로, 고금에 걸쳐 교통의 요충지 역할을 했다. 우왕禹王이 입구를 뚫고 물길을 터서 홍수를 다스렸다는 치수治水에 관한 전설이 전해 내려오는 곳이기도 하다.

불교가 중국에 전래된 시기는 대략 서한 말엽에서 동한 초기이다. 불교가 중국에 막 전파될 시기, 뤄양에 이어서 곧바로 쑹산에 전파되었을 정도로 쑹산에 불교가 전래된 시기는 매우 빨랐다. 그래서 쑹산 일대에는 수많은 불교 사찰들이 있다. 그중에서도 유명한 소림사少林寺는 덩펑현 현성 서북쪽 샤오스산의 오유봉五乳峰 아래에 있다.

소림사는 북위 때에 창건됐다. 인도승 달마 선사가 이곳에 와서 선종을 전하게 되었는데, 후대 선문에서는 그를 선종의 창시자인 초조初祖로 받들었다. 이로써 소림사는 중국 불교 중 선종의 발상지가 되었다.

중국에는 대략 수천 개의 아름다운 고탑이 있다. 이 중에서도 쑹산의 남쪽 기슭에 우뚝 솟아 있는 숭악사탑은 현존하는 사탑 중 가장 오래된 전탑으로서 중국의 찬란한 고대 건축사상 한 페이지를 장식하고 있다.

숭악사탑

중국의 하천
문명의 젖줄

중국을 이해하는 방법은 여러 가지가 있겠다. 지리적인 이해도 그 가운데 중요한 부분이다. 이때 '지리적인 이해'란, 단순히 물질적인 지형에 대한 지식을 말하는 게 아니라 사람이 일정한 지역에 살면서 축적한 정서와 이해를 통칭한다. 서양에서는 이를 하나의 학문으로 정립했지만 동양에서는 견문에 의지하는 경우가 많았다. 그 결과 정책 입안자나 지식인조차도 주관적이기 쉬운 남의 견문으로 대상 지역을 이해하게 되었다.

중국과 관련하여 떠올리는 지리적 표지는 다양하다. 산이라면 타이산 등 오악이요, 강이라면 으레 황허와 창강이다. 중국인들에게 이들은 단순한 지리적 표지가 아니다. 이미 중국인의 삶과 역사가 섞인 문화의 일부이다. 마치 우리나라 사람들이 백두산과 한라산을 국가적 아이덴티티로 삼거나 백두대간을 신성시하고 한강과 낙동강 등에 무한한 애정을 부여하는 것과 같다. 특히 물은 생명의 원천이다. 고대의 마을과 도시는 강을 중심으로 이루어졌다. 여기엔 강에 대한 신성한 관념이 동반되어 있다. 비록 '황허 문화'나 '창강 문화'가 포괄하는 문화 요소가 무척 다양하고 많아 정의하기 힘들다고 하더라도, 여전히 중국인들은 이들 명칭을 자주 쓴다. 그러나 우리는 보통 인류 4대 문명을 '황허 문명'이라고 하지, '황허·창강 문명'이라고 하지 않는다. 그러므로 창강은 중국의 지리적 아이덴티티 가운데 나중에 부가된 것임을 알 수 있다. 오늘날에 이르러서야 두 강이 국가적 일체성을 나타내는 주요한 표지가 된 것이다. 황허가 후박하고 침착하다면, 창강은 호방하고 빼어나다. 여기서는 황허, 창강, 대운하에 대하여 지리적인 특징과 역사에 덧붙여 문화적인 특성을 이야기하며 이로부터 중국을 이해하는 단서로 삼고자 한다.

황허의 황토색 물은 어떠한 추상도 배제하는 듯 오만하고, 모든 것을 섞어놓은 듯 현기증을 일으킨다. 한편으론 시간과 역사가 깊이 가라앉은 듯 진하고, 사람의 핏줄에 스며든 듯 정겹다. 중국인에게 황허는 과연 무엇인가, 그리고 우리에게 있어서는 무엇인가.

▶ 중국 민족의 요람: 황허

황허는 '중국 민족의 요람'으로 중국의 북부 지역을 가로지르는, 중국에서 두 번째로 긴 강이다. 강물이 누렇기 때문에 '황허'라 했다. 이는 황토 고원을 거치며 이루어진 것인데, 이로부터 '황허가 맑아지는 일'이라는 비유가 생겼다. 이는 불가능한 일을 뜻한다. 그 뒤로도 "천 년에 한 번 맑아진다", "정치가 밝아지면 황허가 맑아진다"는 말이 생겼다. 물론 중국의 고대 기록에는 실제로 "황허가 맑아졌다"는 기록이 여러 곳 있다. 하지만 이는 어디까지나 일시적인 시기에 중상류의 특정한 지역을 두고 말하는 것이지, 황허 전역이 맑아졌다는 뜻이 아니다. 우선 황허의 기본 상황부터 알아보자.

황허의 지류支流는 매우 많은데, 지류면적이 100평방미터 되는것이 220여 개나 된다. 쓰촨四川 홍위안紅原의 황허지류는 그 중 하나이다.

황허는 칭하이성青海省의 바옌칼라 산에서 발원하여 칭하이·쓰촨·간쑤·닝샤·네이멍구·산시산서 山西·샨시섬서 陝西·허난·산둥 등 7개 성급 지역을 지나 산둥성 컨리현墾利縣에서 바다로 흘러든다. 길이는 5,464km이다. 일찍이 이백이 "황허의 강물은 천상에서 흘러나와"라고 했듯이 서쪽 발원지는 해발 3천m 이상의 고원지이다. 북쪽의 인산陰山산맥과 남쪽의 친령秦嶺산맥을 사이에 두고 황토고원을 지나 동쪽으로 흘러간다.

황허를 크게 상류, 중류, 하류로 나눌 때, 먼저 상류는 내몽골의 퉈커퉈현托克托縣을 경계로 서쪽 3,400여 km를 가리킨다. 여기에는 맑은 물이 비교적 많으며 지형에 따라 넓은 곳과 좁은 곳이 번갈아가며 나타난다. 중류는 튀커튀현에서 허난 정저우鄭州 근처까지 1,200여 km이다. 세계에서 가장 넓은 황토고원을 지나므로 황토의 유실이 심각하다.

중류에는 강폭이 200~400m로 좁아 TV 등에서 굽이치는 격류로 자주 보이는 '후커우壺口 폭포'가 있으며, 그 아래로 65km 떨어진 곳에는 잉어가 뛰어오르면 용이 된다는 '등용문'의 고사성어가 만들어진 '룽먼龍門'도 있다. 정저우 근처에서 바다까지 780여 km를 하류로 친다. 낙차가 낮아 강줄기가 평탄하고 느리며 진흙이 대량으로 퇴적되며, 매년 삼각주는 바다 쪽으로 470m 나아간다.

보통 황토고원에서 흘러온 황토 가운데 3/4이 바다로 흘러들고, 1/4은 강에 쌓인다. 이런 이유로 하상河床이 매년 높아지며, 강물을 막는 양쪽 둑을 점점 높이 쌓는다. 이 때문에, 강바닥이 평지보다 높아지는 '천정천天井川'이 만들어진다. 중국에선 이를 '현하懸河: 공중으로 강물이 흘러간다'라고 표현한다. 현재 하상은 지표보다 평균 3~5m 높으며, 심한 곳은 10m 가까이 높은 곳도 있다.

매년 우리나라에 봄 황사를 불러오는 황토고원은 보통 황허 중류 일대를 가리키며 르위에산日月山과 타이항산太行山을 동서의 경계로 한다. 황토고원은 토질이 비옥하여 농경에 적합하며, 주상절리의 토질은 굴을 파기 쉬워 좋은 거처를 제공했다. 황토고원의 특징이 황허의 성격을 만들었으며 그곳에 사는 사람들의 민풍民風에 영향을 주었다. 중국인들은 황허를 으레 '용'이라고 하는데, 이러한 용에서 표상되는 박실하고 육중하며 견실하고 인고하는 민족의 아이덴티티가 생성됐다.

고대의 기록에 보이는 황제黃帝나 염제炎帝 등은 기원전 약 2500년 전에 나타난 영웅들로, 생산기술을 창조한 인물이다. 그래서 중국인들은 지금도 자신들을 '황제의 자손'이라거나, '염황炎黃의 후예'라고 부른다. 여기에는 황허와 황토에 대한 깊은 애정이 담겨있다. 보통 황허 문명은 기원전 약

1,500년 전에 건립됐던 상商나라를 가리킨다. 이로부터 북송北宋 시기까지 황허 유역은 중국의 정치, 경제 문화의 중심지였다.

고대의 황허는 지금과 약간 다르다. 황허는 중국인에게 '어머니 강'이라 할 정도로 많은 혜택을 주었지만, 홍수와 재해 등도 엄청났다. 특히 전통시대에 중국인들이 황허에 대해 가지는 인상은 재난 등의 부정적인 인상이 훨씬 강했다. 역사가 기록된 2천여 년 동안 황허 하류는 1,500여 번이나 범람했고, 강줄기가 바뀐 것도 26차례나 되었다. 원래 기원전에는 황허를 '위허禹河'라고 하여 허베이를 지나 지금의 텐진天津으로 흘러들어갔다. 그러다가 기원전 602년부터는 지금의 강줄기보다 북쪽으로 흘렀고, 1128년 이후에는 지금의 강보다 남쪽으로 흘러들다가, 1855년 현재의 강줄기로 바뀌었다. 중국학자들은 황허의 범람이 가장 적은 시기가 동한東漢 이후 수隋대까지였고 그 원인이 중상류의 녹화였음을 발견했다. 이에 대한 녹화사업에 역점을 두고 댐을 만들었지만, 오랜 시기 동안 진행된 산림의 훼손으로 황허는 예전에 비해 근본적으로 쇠퇴했다.

중국인들에게 황허는 존엄의 대상이었지만, 오늘날에는 이에 대한 반성도 적지 않게 일어나고 있다. 1980년대에 왕루샹王魯湘 등 젊은 학자들의 시각이 반영된 TV 다큐멘터리 『하상河殤』이 대표적인 예이다. 제목은 "황허는 죽었다"는 뜻으로, 중국의 문화는 황허에서 벗어나 해양으로 나아가야 한다고 역설하고 있다. 신비하고 장엄한 문명의 요람이었던 황허는 오늘날 무분별한 개발과 오염으로 하수량이 줄어들고 있다.

갈수기에는 지난濟南 부근의 하류는 물이 말라 '단류斷流' 현상까지 일어났다. 경제와 문화의 중심지도 이미 강남으로 이전된 지 오래이다.

황허

사실상 베이징을 제외한 나머지 대부분의 도시들, 즉 시안, 뤄양, 카이펑, 정저우 등은 예전의 영광을 잃은 지 오래되었다. 북방이 사막화가 빠르게 진전되고 오염이 심각해지는 가운데 황허가 앞으로 어떻게 변모되어야할지 고민해야 할 시점이다.

　　황허의 문화적 성격이 가장 잘 드러난 곳은 후커우 폭포壺口瀑布, 윈청시運城市, 룽먼龍門으로 모두 황허 중류인 산시 서남부에 위치한다. 후커우폭포壺口瀑布는 황허의 물결이 가장 좁아지는 지역으로, 보통 TV 등에서 굽이치는 황허의 물결은 이곳의 장면을 찍는다. 중국의 지폐에도 담겨있다. 샨시성陝西省과 산시성의 경계에 위치하나, 교통편으로 치면 보통 산시성에서 가는 편이 쉽다. 산시 지현吉縣 현성에서 서남 25㎞ 지역의 황허에 있다. 이곳은 강 양측이 협산이고 강바닥의 돌이 물에 파여 구덩이를 이루어, 너비 30m에 깊이 약 50m의 폭포를 이룬다. 그 형상이 거대한 병이 끓어오르는 것 같다고 하여 '후커우壺口'라 이름 붙여졌다. 봄가을에 물이 맑을 때는 햇빛을 받아 무지개가 파도 위에서 춤춘다.

후커우폭포는 황허협곡 중에서 가장 험난한 지역 중의 하나이며, 전체 길이는 50m가량 되며, 중국에서 두 번째로 큰 폭포이다.

명대 진유번陳維藩은 〈호구의 가을 바람〉이란 시에서 "가을바람이 천 겹의 물결을 말아 올리고, 저녁 해가 만 장 붉은 빛을 가져오는 도다秋風卷起千層浪, 晚日迎來萬丈紅"라고 노래했다.

순舜과 우禹의 도읍지로 알려진 윈청시運城市는 산시성의 남서단에 위치하며, 황허가 이곳을 휘돌아 간다. 고대에는 "하동군河東郡"이라 했다. 이곳은 중국 민족의 발상지 가운데 하나로 순舜, 蒲板에 도읍과 우禹, 永濟와 夏縣에 도읍가 도읍을 정했던 곳이다. 또 후직後稷이 지산稷山에서 농사를 가르치고, 루조嫘祖가 샤현夏縣에서 양잠을 가르친 곳이기도 하다. 수자원이 풍부하고 평지가 총 면적의 58퍼센트를 차지하며, 허난성과 샨시성이 만나는 장소라 교통이 발달했고, 명인들도 많이 배출됐다. 삼국시대의 명장 관우關羽, 당대의 문학가 류종원柳宗元, 당대의 양귀비, 송대의 재상 사마광 등이 윈청시 출신이다.

등용문의 현장인 룽먼龍門은 산시성山西省 허진河津 현성 서북 12km의 황허 협곡에 있다. 『수경주水經注』는 "용문은 우禹가 굴착했는데 너비 80보로 바위 사이에는 파인 흔적이 아직도 남아 있다"고 기록했다. 후인들이 우의 공적을 기려 우문禹門이라 했다. 또 이 지역은 예전에 산시山西와 샨시陝西 간의 교통 나루터였으므로 '우문구禹門口'라 부르게 되었다. 황허가 협곡을 빠져 나와 룽먼에 이르면 그 소리가 산야를 진동하므로 "우문의 세 줄기 격랑인데, 평지에선 온통 우레 소리네禹門三激浪, 平地一聲雷"라는 말이 있다. 예전에 잉어가 이곳을 오르면 용이 된다는 전설이 있어 "등용登龍"이라는 말이 나왔다. 산 위에는 원래 우왕묘禹王廟가 있었으나 지금은 없다. 중국 건국 이후 쇠다리, 국도교, 철교 등을 만들어 통행에 불편이 없어졌다. 강 위에 돛폭이 점점이 떠 있고, 세 다리가 무지개처럼 나란히 달리는 모습은 장관이다.

창강과 창강 문화

양자강陽子江은 보통 '창강'이라고 부른다. 중국에서 가장 긴 강이며, 세계에서는 아마존, 나일 강에 이어 3번째로 긴 강이다. 칭하이—티베트 고원의 탕구라 산맥에서 발원하여 「칭하이青海 · 티베트西藏 · 쓰촨四川 · 윈난雲南 · 후베이湖北 · 후난湖南 · 장시江西 · 안후이安徽 · 장쑤江蘇 · 상하이上海」 등 10개 성급 지역을 지나 바다로 흘러든다. 길이는 약 6,300㎞이며, 수량도 풍부하여 매년 바다에 흘러드는 수량은 황허의 20배다.

창강은 지역에 따라 명칭이 다르다. 발원지부터 칭하이성 당취커우當曲口까지 358㎞를 '튀튀하'라 하고, 여기에서 칭하이 위수현玉樹縣까지 810여 ㎞를 '퉁톈하通天河'라고 부르며, 위수현에서 쓰촨 이빈宜賓의 민강岷江입구까지 약 2,300㎞를 '진사강金沙江'이라 부른다. 보통 창강은 이빈에서 상하이까지 2,800㎞를 말한다. 크게 상류, 중류, 하류로 나누는데, 상류는 이빈에서 후베이 이창宜昌까지를 가리키며, 중류는 이창에서 장시江西주장九江, 하류는 주장에서 상하이까지를 말한다. 중하류에는 중국의 주요한 담수호가 포함되어 있다. 포양호鄱陽湖, 둥팅호洞庭湖, 타이호太湖, 차오호巢湖 등이다.

우리가 알고 싶은 것은 창강이 중국인에게 미친 총체적인 문화적 영향력이나 특징이다. 창강 문화는 황허 문화에 비해 중국문화를 형성할 때 그 영향력이 적었지만, 삼국시대 오吳의 개발 이래 점점 중요성이 증가했다. 남송 이후로는 북방문화를 훨씬 앞서게 되었다. 창강 상류의 파촉巴蜀문화, 중류의 형초荊楚문화, 하류의 오월吳越문화 등 권위적이고 고전적인 북방문화에 비해 신비하고 자유롭고 훨씬 활달한 특징이 있다.

창강 문화는 북방의 황허처럼 강렬하고 뚜렷하지 않지만, 다채롭고 빼어나며 화려한 점에서는 두드러진다. 창강의 상류 충칭重慶에서 배를 타고 강을 따라 내려가 보자. 먼저 웅장한 취탕협瞿塘峽에 들어서면 협곡 너머 전국시대 초나라의 대문학가 굴원屈原의 고향인 즈구이秭歸가 나오며, 곧 이어 무수한 작품으로 그려진 싼샤三峽가 나온다. 규모가 커 바다처럼 보이기도 하는 둥팅호洞庭湖에 이르러 악양루岳陽樓에 오른다. 소상팔경瀟湘八景의 경관을 음미하고, 쥔산君山에서 반죽斑竹을 보며 순舜 임금을 따라 죽은 아황娥皇과 여영女英의 전설을 생각한다. 우한武漢은 창강 최대의 지류인 한수漢水가 흘러드는 곳으로 동서와 남북을 잇는 교통의 요지이다. 옛날부터 수많은 명인들이 이곳을 지나갔다. 황학루黃鶴樓에 올라 "한 번 떠난 황학은 다시 돌아오지 않고, 흰 구름만 천 년을 유유히 흘러가는黃鶴一去不復返, 白雲千載空悠悠" 심회를 느껴 볼 일이다. 우한을 지나면 바로 송대 문학가인 소식蘇軾이 노래한 적벽赤壁이 나온다. 우리에게 「적벽부赤壁賦」로도 잘 알려진 문장에선 자신의 존재를 "바다 속의 좁쌀 하나滄海一粟"라고 하지 않았던가. 이윽고 배는 주장시九江市에 이른다. 남쪽으로 루산廬山과 함께 도연명陶淵明의 고향이 보인다. 하류로 흘러가면 역사와 문화의 도시인 난징南京, 양저우揚州, 전장鎭江이 줄지어 나온다. 근처의 쑤저우蘇州와 항저우杭州에 가도 좋으리라. 이윽고 창강은 중국 최대의 도시인 상하이上海로 흐른다. 창강은 700여 개 지류를 모으며 중국 최대의 농업지역을 형성한다. 경제적인 면에서 그 수혜가 막대하므로 고래로 "황금 물길黃金水道"이라는 말을 들어왔다. 이는 오늘날에도 이어져 특히 하류의 화동華東 지역은 풍부한 경제적 기초 위에서 새로운 예술과 문화가 번성하고 있다.

우한시 창강 강가에 위치한 황학루

1. 싼샤삼협三峽 풍경명승구

  싼샤는 창강 가운데 가장 인상적이고 뛰어난 경관을 가지고 있는 곳이다. 서쪽의 충칭시에서 동쪽의 후베이성에 걸쳐 있는 3개의 협곡인 취탕협瞿塘峽, 우협巫峽, 시링협西陵峽의 총칭으로, 중국의 유명한 풍경명승구이다. 행정구역은 충칭시의 펑제현奉節縣과 우산현巫山縣, 후베이성의 파동현巴東縣, 즈구이현秭歸縣, 이창현宜昌縣 등 5개 현에 걸쳐 있으며, 서쪽의 충칭시 펑제

지금의 싼샤는 더이상 '구사일생' 의 위험지역이 아닌,
경관이 빼어난 명승지로 자리잡았다.

현 백제성白帝城에서 동쪽의 후베이성 이창현 난진관南津關에 이르기까지의 전체 길이 193㎞이다. 이 가운데 협곡 구간은 약 97㎞로 세계의 협곡과 비교해도 긴 편이다.

싼샤는 협곡이 길고 암벽이 가파르다. 계곡이 좁고 여울이 많으며, 물살이 빠르고 물결이 높다. 또 봉우리가 기이하고 동굴이 많다. 창강 싼샤의 양안 높이 차는 500~1,000m이고 계곡의 비탈 경사도는 50~70도이다. 강물이 싼샤를 지나갈 때 보통 너비는 250~350m이나 가장 좁은 곳은 100~150m이다. 배가 여기를 지나갈 때는 "봉우리와 관문이 서로 접해 있고, 배가 동굴 속으로 지나간다峰與天關接, 舟從地窖行"는 느낌이 든다. 싼샤 구간은 빠른 물결이 많고 암초가 가득하여 "3리마다 물굽이가 있고, 5리마다 여울이 있다三里一灣, 五里一灘"는 말이 있을 정도로 운행이 위험했다.

싼샤의 연안에는 명승고적이 많다. 백제성白帝城ㆍ석보채石寶寨ㆍ장비묘張飛廟ㆍ선녀봉仙女峰ㆍ고당관高唐觀ㆍ즈구이현秭歸縣 굴원 생가屈原生家ㆍ샹시香溪 왕소군고향昭君故里 등 모두 유명한 곳이다.

2. 싼샤 프로젝트

기록에 따르면 기원전 185년부터 1911년까지 창강에는 홍수가 200여 차례 있었다. 평균 10년 마다 대홍수가 일어났다. 중국은 지역이 넓은 데 비해 거대 하천은 황허와 창강 두 곳뿐이다. 남방의 모든 강은 창강으로 흘러들기 때문이며, 중하류는 지대가 낮아 애초에 호수와 습지가 많기 때문이다. 몇 년 전만 해도 홍수 소식이 들리면, 사람들이 모래주머니를 안고 인간 둑을 만들어 강물의 범람을 막는 모습을 TV에서 볼 수도 있었다. 싼샤댐이 완공됨에 따라 이러한 모습은 거의 없어졌다.

원래 창강에 댐을 세우자고 "어른들의 동화"를 제시한 사람은 쑨원孫文이었다. 70여 년의 논쟁과 논증을 거쳐 1992년 4월 3일 전국인민대표대회에서 창강 싼샤 프로젝트長江三峽水利樞紐工程를 비준한 후, 1993년 이창에 '중국 창강 싼샤 프로젝트개발 총공사'가 설립되었다. 1994년 12월 14일에 싼샤댐 건설공사가 정식으로 착공되었다. 싼샤 프로젝트는 중국 최대의 프로젝트일 뿐만 아니라 세계 최대의 댐 공사이기도 하다. 총 투자액 1,500억 위안 이상, 수몰로 인해 이주해야 하는 인구만도 113만 명이었다.

싼샤 프로젝트의 위치는 후베이성 이창현宜昌縣 싼터우핑진三門坪鎭이다. 원래 강 가운데 작은 화강암 섬이 있었는데 이를 이용하여 좌우로 댐을 연결했다. 싼샤 프로젝트는 댐과 양쪽 강안의 발전창, 26대의 기계설비 및 복선 5급 갑문 등의 건축물로 이루어진다. 강물을 막는 댐은 길이가 1,983m에 높이 185m이다. 이 댐의 건설로, 매년 일어나는 홍수의 위협을 없애고, 연 발전량 840 kW/h를 일으킨다. 충칭 이하의 운항로는 크게 개선되어 운수 단가가 35% 이상 낮아졌다.

싼샤댐이 건설된 후에 수위가 높아지고 수면이 넓어졌지만, 싼샤의 기이한 봉우리와 웅장한 경관은 그대로 보존되었다. 예컨대, 높이 900m에 가까운 선녀봉仙女峰은 강물 저장 후 수위가 50m 정도 올라가므로 아무런 해가 가지 않는다. 수면에서 350m 떨어져 있는 기문夔門 절벽은 댐 건설 후 30여m 올라가므로 절벽의 아랫부분만 덮을 뿐이다. 백제성白帝城은 사면이 물에 둘러싸이게 되므로 신선의 섬처럼 되었다. 수위가 올라간 후 심산에 숨어 있는 경관이 발견되는 한편, 수몰된 44곳의 명승고적은 다른 곳에 옮겨 복원되었다. 1997년 11월에 창강의 단류가 시작되었고, 2003년에는 일부 완성된 댐에 물이 차기 시작했으며 2009년 완공했다.

▶ 대운하

중국의 운하는 보통 베이징에서 항저우를 연결하는 길이 1,747㎞의 운하를 지칭한다. 이는 세계에서 가장 이른 시기에, 가장 길게 굴착한 운하이다. 운하는 역사적으로 크게 세 단계로 나누어 볼 수 있다. 첫 단계인 고대에는 창강과 화이수이淮水를 연결하거나, 황허와 화이수이를 연결하거나, 산둥의 지수이濟水와 쯔수이淄水를 연결하는 등 지역적인 공사였다. 두 번째 단계는 뤄양을 중심으로 한 운하 건설로, 수대隋代 때인 605년 건설한 뤄양-양저우 사이의 운하와 608년에 굴착한 뤄양-탁현涿縣 운하 등이다. 이 운하는 대규모 토목 공사로 국가의 역량을 결집한다는 정치적인 목적에서 출발했다. 이외에도 물산을 운송하고 교통을 편리하게 함으로써 중국의 남북 사이의 경제와 문화를 교류하는데 크나큰 역할을 했다. 세 번째는 남북을 연결한 '베이징-항저우 운하'로 원대元代에 베이징을 수도로 정하면서 남방의 물산을 베이징까지 끌어들이도록 운하를 조성했다. 이는 명대와 청대에도 계속되었다.

대운하 지도

현재의 '베이징-항저우' 운하는 베이징, 톈진, 허베이, 산둥, 장쑤, 저장 등을 관통하며, 황허, 창강, 화이허淮河, 첸탕강錢塘江 등을 연결한다.

베이징에서 항저우까지 남북으로 이루어진 이 지역은 화북 평야에서 창강 하류 지대이다. 지면이 평탄하고 땅이 비옥하여 물산이 풍부한 곳으로, 중국의 오곡, 면화, 기름, 양잠, 마 등의 주요 산지이기도 하다. 인구밀도도 높고, 농업 집약도도 높아 생산력이 집중된 곳이며, 문화도 발달한 지역이다. 근대에 들어서 도로와 철로가 들어서면서 고대의 활기는 약해졌지만, 최근에는 이를 정비하여 그 쓸모를 높였다.

황허 문화가 고대의 투박하고 강인한 북방 문화의 모태였다면, 창강 문화는 다양하고 풍부한 남방 문화의 기반이었다. 중국 문화의 중심은 선진, 양한, 당대 중기까지는 질박하고 중후한 북방 문화에 기초를 두었다. 안사의 난 이후 중국의 문화는 남방으로 옮겨지고, 문화적인 특징도 세련된 창강 문화로 중심이 바뀌었다. 오늘날 중국에는 북방보다 남방의 문화가 훨씬 강력한 영향력을 발휘한다. 이에 비해 운하는 국가 운영과 경제적 필요에 따라 굴착된 일종의 인공적인 사업으로, 경제적인 속성이 강하다. 국가 기틀에 중요하다고 꼽히는 치수의 개념은 오늘날에도 싼샤 프로젝트 등으로 이어졌다. 오늘날에도 이러한 문제는 성격을 달리했을 뿐 여전히 지속되고 있다. 빠른 속도로 진행되고 있는 사막화와 황해의 오염 등이 그러하다. 고대의 경험을 현재의 문제에 어떠한 식으로 응용하여 해결할지 귀추가 주목되는 바이다.

다리大理의 얼하이어든 그 모양이 사람의 귀와 닮았다 하여 붙여진 이름이다.

실크로드
동서교류의 길

‘실크로드’라고 하면 먼저 일본에서 제작한 다큐멘터리와 키타로의 음악이 떠오른다. 이노우에 야스시의 『둔황』이란 중편소설도 떠오른다. 실크로드에 대한 우리나라의 관심은 1992년 중국과 국교를 맺은 후 점점 고조됐다. 유럽에서는 19세기부터, 중국이나 일본에서는 20세기 초부터 중앙아시아와 둔황 지역을 발굴하면서 대대적인 관심이 일어났다. 우리의 기억에는 실크로드가 비중 있던 때가 상대적으로 적었다. 실크로드에 대중적인 호기심이 집중된 적도 없이 시간이 지났다. 그러나 지금은 고려대에 국제둔황프로젝트IDP 서울센터가 설립되고, 경주시에서 실크로드 연구를 후원하는 등 관심이 높아지고 있다. 지금도 그 드넓은 땅에 서면 여전히 중국과 서양의 문명교류의 현장에 서있는 듯하다. 거대한 대지가 펼치는 위대한 아름다움과 낯선 이국의 춤, 음악에 매료된다.

‘실크로드’는 대부분 황량한 사막과 거친 황무지로 이어진 길이지만, 이름의 어감이 무척 아름답다. 실크로드란 ‘비단을 운반하는 길’이라는 뜻이다. 실제로 이 길은 인류의 문명 발전에 커다란 역할을 하였다. 주의해야할 점은 실크로드가 중국에만 있는 것이 아니라는 사실이다. 이 길은 중앙아시아와 중동까지 연결되어 있다. 현재 중국 내의 실크로드 가운데 둔황 이서以西의 광활한 지역은 중앙아시아의 여러 민족들이 더 오랫동안 지배했고, 그 문화의 특징도 한족 문화와 많이 다르다. 달리 말하면, 중국 내의 실크로드는 비非한족 문화가 지배했을 때 더욱 다양하고 다채로웠다는 점이다. 둔황 등지의 석굴이 그처럼 화려한 이유는 바로 여러 지역의 예술이 뒤섞였기에 가능했다. 단일한 문화로만 석굴이 생성됐다면 훨씬 단조롭고 엄숙했을 것이다. 이로부터 우리는 실크로드가 중국과 중앙아시아의 여러 문화를 비교할 수 있는 중요한 저울임을 알 수 있다. 더 나아가 우리 문화도 실크로드 문화에 어떠한 기여를 했는지 생각해 보아야 할 것이다.

비단을 나르던 동서 교역로

　실크로드는 중앙아시아를 경유하는 고대 동서양의 교통로이다. 주로 중국의 비단을 서양으로 운반했기 때문에 '실크로드'라고 했지만, 서양으로부터 보석과 옥이 들어왔고, 불교와 이슬람교도 이 길을 통해 동아시아에 들어왔다. '실크로드'라는 용어는 1877년 독일의 지리학자 리히트호펜이 비단을 매개로 열린 교역로를 독일어로 '자이덴슈트라쎈Seidenstrassen, 영어로 Silk Road', 즉 실크로드라고 명명하면서 시작되었다. 그 후 스웨덴의 허튼S. Hutton, 1863~1952과 영국의 스타인 등이 중앙아시아 각지에서뿐만 아니라 지중해의 동안에 위치한 시리아에서도 중국의 견직물을 대량으로 발굴했다. 이에 따라 독일 학자 헤르만A. Hermann이 1910년에 실크로드를 중국으로부터 시리아까지 연장했다. 동서양을 잇는 길은 이 외에도 북으로 초원길스텝로드과 남쪽의 바닷길마린 루트이 있지만, 동서 문화교류와 교역에 지속적으로 가장 큰 역할을 한 것은 실크로드였다.

　실크로드는 시기와 지역에 따라 여러 갈래의 사잇길이 생겼다가 없어지곤 했다. 오늘날의 국가 영역으로 구분하여 크게 세부분으로 나누어 볼 수 있다. 서쪽으로부터 시작하여 중동, 중앙아시아, 중국 등이다. 서쪽의 중동은 시리아, 이라크, 이란을 말한다. 가장 중요한 지역은 이란으로, 동서의 모든 길이 이곳을 거친다. 가운데의 중앙아시아는 카스피해에서 중국 국경 서쪽 너머 파미르 고원에 걸쳐 있는 네 나라로, 투르크메니스탄, 우즈베키스탄, 타지키스탄, 키르기스스탄이다. 이들 국가들의 위에 있는 카자흐스탄으로도 별도로 대상의 길이 있었다.

위에서부터 리히트호펜, 스벤 허튼, 오렐 스타인, 폴 펠리오

중국 내의 경로

실크로드 지도

 실크로드는 서쪽의 지중해 연안에 있는 시리아에서 동쪽의 중국에 있는 장안長安, 지금의 산시성 시안까지는 약 10,000km이다. 그 중간점은 지금의 중국 서쪽 끝 카슈가르에 해당한다. 그러므로 오늘날의 중국에 소속된 실크로드는 전체 길이의 약 절반에 해당한다고 할 수 있다. 먼저 중국의 시안에서 출발하여 서쪽으로 간다고 가정하여 그 대략의 경로를 알아보자.

 시안에서 서쪽으로 출발하면 곧 동서로 약 1,000km로 길쭉한 간쑤성을 통과하게 된다. 란저우蘭州에서 황허를 건너 우웨이武威, 장예張掖, 주취안酒泉, 안시安西, 둔황敦煌까지 이른다. 이곳은 북쪽이 사막, 남쪽이 칭하이-티베트 고원이라 다른 길이 없어 서역으로 가려면 반드시 통과하게 되는 길이다.

간쑤성의 길은 황허의 서쪽에 있기 때문에 '하서회랑河西回廊'이라 불렸다. 이 지역은 사막은 아니지만 불모지로, 몽골어로 '풀이 나지 않는 땅'이란 뜻의 '고비'라고 부른다. 지금도 이곳은 한대漢代 이래의 장성長城이나 봉수烽燧 등이 보인다. 둔황에는 유명한 월아천月牙泉과 막고굴莫高窟이 있다.

　중국 내의 실크로드는 둔황이 그 중간점에 해당한다. 둔황 이서 지역을 중국에서는 보통 서역이라고 부른다. 둔황에서 파미르 고원 사이 북으로 톈산산맥天山山脈과 남으로 쿤룬산맥崑崙山脈이 있다. 그 산맥 사이에 타림 분지가 계란형으로 놓여 있다. 그 가운데 타클라마칸 사막이 있다. 그러므로 길은 자연히 세 갈래가 생기게 된다. 톈산산맥의 북쪽 기슭을 따라 가는 길이 '톈산북로'이고, 톈산산맥의 남쪽 기슭을 따라 가는 길이 '톈산남로'이다. 또 타클라마칸 사막 남쪽, 즉 쿤룬산맥의 북쪽 기슭의 오아시스를 따라 가는 길은 '서역남로'라고 한다. 톈산남로와 서역남로는 둔황 서쪽에 있는 러우란樓蘭에서 갈라진다. 세 갈래 길 가운데 가장 많이 사용된 길은 가운데 '톈산남로'이며 유적도 가장 많다. 톈산남로의 주요 도시는 투루판高昌, 카라샤르焉耆, 쿠차龜玆, 악수姑墨, 툼슉巴楚, 카슈가르疏勒 등이며, 서역남로의 중요 도시로는 체르첸且末, 니야尼雅, 코탄和田을 들 수 있다. 이들은 파미르 고원 주위로 모인다. 여기서 서쪽으로 계속 가면 이란과 지중해로 통하고, 남쪽으로 꺾어들면 인도로 통한다.

실크로드의 역사

실크로드가 언제 처음 열렸는지 아직 명확하지는 않다. 기원전 5세기에 중국의 비단이 페르시아에 유입되었으며 다시 로마에 팔렸다는 기록이 있다. 서양에서는 기원전 4세기 때 알렉산더 대왕이 동정을 단행해 그 세력권을 이집트, 페르시아, 인도, 중앙아시아 지역까지 뻗치기도 했다. 중국 쪽에서 본격적으로 실크로드를 개척한 것은 기원전 2세기의 한 무제漢武帝, 기원전 140~87 때였다. 그는 중앙아시아에 있는 대월씨大月氏와 연합하여 흉노를 협공하기 위하여 기원전 138년 장건張騫, 기원전 164~114을 파견했다. 장건은 24년간 4차례에 걸쳐 서역 지방을 다녔다. 그는 파미르 고원을 넘어 대완大宛, 지금의 페르나가, 강거康居, 아무다리야강과 시르다리야강 유역, 대월씨大月氏, 아프가니스탄 중서부, 대하大夏, 아프가니스탄 북부, 안식安息, 이란, 신독身毒, 인도 등지를 다녔고, 서역남로의 우전於闐, 중국의 허톈和田과 우미扜彌, 단단위릭 등지를 거쳤다. 장건이 개척한 길을 통해 중동과 중앙아시아의 상인들이 대거 유입됐다. 그러나 이러한 교류는 서한西漢이 망하자 중단됐다. 다시 동한 초기에 반초班超 32~102가 이라크의 페르시아 만에 이르면서 재개되었고, 이 과정에서 동한의 장군 부개자傅介子는 러우란을 멸망시키기도 했다. 한대에 서역에서 전래된 물건으로는 말·유리·악기·약초 등이며 식물로는 포도·거여목·참깨·오이·누에콩蠶豆·마늘·호두·석류·완두콩·당근 등이다.

3세기에서 7세기 초까지의 위진남북조 시기에는 주로 서역의 여러 나라에서 중국에 불교를 전파하는 형식으로 실크로드가 열렸다. 중국이 약해지자 타림 분지의 오아시스 제국들이 번영했다. 특히 톈산남로에 있는 쿠차龜玆와 서역남로의 코탄지금의 화전和田은 서방계 문화가 앞다투어 꽃피었던 오아시스 국가였다. 중국에 와서 불교를 전파하고 번역에 몰두한 구마라습도 쿠차의 왕족이었다. 코탄은 옥의 명산지로 유명하며, 이 지역에 면화가 잘 재배되는 까닭에 견직물과 모직물로도 유명했다. 인도 불교의 중국 및 아시아 전래는 아시아 문명을 한 차원 끌어올리는데 크게 공헌했다. 인도의 불교는 먼저 중앙아시아 일대에 머무르다가 다시 중국으로 들어갔다. 불교와 함께 음악과 미술도 중국에 전파되었다. 월지月支의 지루가참과 축법호竺法護, 안식安息, 이란의 안세고安世高, 쿠차의 구마라습 등 명승들이 중국에 왔다. 중국에서는 법현法顯, 혜경慧景등이 인도로 구법 여행을 떠났다.

당대에는 초기부터 적극적으로 대외 침략전쟁을 전개하여, 619년 하서지방에 량저우凉州, 간저우甘州 등 네개 주를 설치했고, 640년 톈산산맥 동부의 요충지인 고창국투루판을 함락하여 고창현을 설치했다. 648년 당은 카라샤르焉耆와 쿠차龜玆를 복속하고, 이어 카슈가르喀什와 코탄和田을 점령하여 타림 분지를 평정했다. 쿠차에 안서도호부安西都護府를 두고 쿠차·코탄카·슈가르·카라샤르에 안서사진安西四鎭을 설치했다. 다만 당은 서역남로를 장악하지 못해 티베트군에 패배하는 등 시련을 겪었다. 당은 오늘날의 우즈베키스탄의 소그디아나를 연결하는 중요한 도시 토크마크碎葉를 장악하여 이란계 원주민인 소그드인과 직접적으로 교역했다. 장안에 화려한 이란풍의 문물이 쏟아져 들어와 실크로드는 유례없는 번영을 누렸다. 당대에도 왕현책王玄策이 정식 사절로 3번 인도에 갔고, 승려들의 인도로의 구법 여행이 계속됐다. 현장玄奘은 물론 신라의 혜초慧超 등도 이 대열에 참여했다. 현장은 당으로 귀국한 후 서역의 여러 나라에 대한 정보를 담은 『대당서역기大唐西域記』를 저술했다. 또 서역에서 조로아스터교·마니교·경교 등도 중국으로 전래되었다. 그러나 751년 탈라스 전투에서 당나라와 위구르 제국의 연합군이 아랍과 티베트 연합군에 패배함으로써 중앙아시아에 대한 당의 영향력은 사라진다. 이어서 일어난 안사의 난으로 서역은 중국의 세력

한손에 잡히는 중국

범위에서 점점 벗어나게 된다.

10세기 이후에는 탕구트 족이 세운 서하西夏가 실크로드 교역의 중추적인 역할을 했다. 서하는 지금의 허베이 지방을 장악한 요遼와 화친 관계에 있었다. 서방에서 온 무역 상인들은 허베이 지방의 요로 향해야만 했다. 그리하여 하서지방에서 곧장 샨시성과 산시성 북부를 횡단하는 새로운 교역로가 활용되었다. 이에 반해 항저우로 내려온 남송은 서역과 관계가 끊기면서 교역이 주로 해상을 통하여 이루어졌다.

▶ 둔황敦煌의 매력

둔황은 간쑤성 하서회랑의 서쪽에 위치한 오아시스 도시이다. 서쪽에는 타클라마칸 사막이 넓게 펼쳐져 있으며 간쑤성·칭하이성·신장新疆이 만나는 곳에 위치한다. 2005년 현재 인구 16만시내 인구는 6.5만으로 해발 1,091~1,200m 정도이다. 전형적인 건조성 사막기후로 일조시간이 길고 주야 온도차가 크다.

왼쪽은 둔황17굴에서 펠리오가 촛불을 켜두고 산처럼 쌓여있는 고문서를 하나씩 분류하고 있는 사진이다. 오른쪽 사진은 둔황16굴에서 스타인이 다량의 고문서를 발견한 기념으로 촬영한 것이다.

춘추시대 이전에 둔황은 강융羌戎 민족이 살던 곳이었다가, 춘추시대에는 월지月氏와 오손烏孫이 점령하여 과저우瓜州라 했다. 서한 초기에는 흉노가 점령했다. 한나라에서 장건을 보내 서역을 개통한 다음, 기원전 121년부터 한나라가 하서회랑을 장악하면서 이곳에 한족들을 이민시키기 시작했고, 기원전 111년 둔황군敦煌郡을 설치했다. 335년 전량前涼이 점령하여 사저우沙州라 했고, 400년에는 서량西涼이 점령했고 둔황을 5년간 수도로 정하기도 했다. 당대 초기 사저우沙州로 되었다가, 781년 티베트가 점령했다.

851년 둔황 사람 장의조張義潮가 과저우瓜州와 사저우沙州를 장악한 후 당에 귀화했지만, 906년엔 장승봉張承奉이 둔황에 서한금산국西漢金山國을 세우기도 했다.

둔황

이후 조씨曹氏가 100여 년 점령했고, 송대에는 탕구트족이 세운 서하西夏가 191년 간 이 지역을 통치했다. 서하를 멸망시킨 몽골족은 사저우沙州라 복명했고, 명대에는 사저우위沙州衛를 설치했다. 청대 만주족이 이를 이었다가 1760년 둔황현敦煌縣으로 고쳤다. 1987년 둔황시로 승격되었다.

둔황은 역대로 중동인·서역인·한족이 교대로 점령했고, 이웃 국가들의 흥망성쇠와 정국의 변화에 따라 주인이 자주 바뀌었다. 기원전 한대의 점령 이후부터 지금까지 아우르면, 비 한족이 한족보다 더 오랜 기간 이 지역을 장악했다. 둔황은 중국과 서역이 만나는 지점으로, 고대 군사의 요충지, 실크로드의 주요 거점, 문화예술의 보고인 막고굴의 소재지이다.

가장 유명한 곳은 속칭 천불동千佛洞이라고도 하는 막고굴莫高窟로 둔황시 동남 25km 지점에 위치한다. 중국 3대 석굴 가운데 하나이자 중국중점문화보호단위이며, 유네스코 세계문화유산1987년 지정이다. 동굴은 명사산 동쪽 기슭의 절벽에 굴착되어 있다. 높낮이가 들쭉날쭉한 상하 5층으로 이루어졌으며, 남북 길이 약 1,600m이다. 막고굴은 366년 전진前秦부터 굴착하기 시작하여 당대 측천무후705년 시기까지 이미 천여 개의 감실이 제작됐다는 기록이 남아있다. 북위·서위·북주·수·당·오대·송·서하·원 등 각 조대의 벽화와 소상이 현재 보존되어 있는 동굴은 492개이다. 벽화는 4만 5천㎡ 규모이고, 채색 소조상은 2,400여 개이다. 당송 건축은 5채이며 연화 기둥과 바닥 벽돌은 수천 개에 이른다. 곧 건축·회화·조소가 어우러진 예술의 궁전이라고 할 수 있다. 이외에도 1900년 스타인에 의해 장경동막고굴 17호 동굴이 발견된 이래 서양인·백러시아인·일본인 등이 문물을 가져갔다. 혜초의 『왕오천축국전』도 여기에서 발견되었다. 중국은 늦게서야 보존에 나서 1943년에 둔황예술연구소를 설립하고, 1984년에 둔황연구원을 만들었다. 둔황 시 남쪽에는 명사산과 월아천月牙泉이 있고, 근처에는 한 무제 때 설치한 관문인 옥문관玉門關과 양관陽關이 있다.

둔황 석굴을 독립시켜 바라볼 게 아니라, 실크로드와 연관시켜 본다면 더욱 흥미로운 사실을 알 수 있다. 예컨대, 불교미술은 쿠차나 투루판에서는 인도의 양식이 훨씬 강한데 비해, 둔황에서는 중국화된 불상을 더러 볼 수 있다. 동쪽으로 더 나아가 란저우蘭州의 병령사炳靈寺나 톈수이天水의 마이지산麥積山의 불상들은 더욱 중국화가 진전되었다. 말하자면 실크로드를 따라 조금씩 변해온 불상들을 통해 그 문화의 변모와 적응도 함께 볼 수 있다. 둔황은 외래적인 요소와 중국적인 요소가 가장 극단적으로 마주친 곳이다. 그러므로 둔황은 비단 고대 문물의 보고일 뿐만 아니라, 오늘날의 중국의 문화가 어떻게 발전해야 하는지를 제시해주는 곳이기도 하다.

▶ 서부대개발

실크로드를 오늘날 중국에서 찾으면 신강위구르자치구와 간쑤성이 여기에 해당한다. 예전의 번영과 영광은 오래 전에 사라졌고, 빈번한 영토분쟁이 계속되었다. 중국의 중심지에서 멀리 떨어진 데다 인구도 희소하며 산업적으로 낙후된 지역으로 전락했다. 1978년 중국이 실시한 개혁개방 정책에서 상대적으로 더욱 뒤쳐진 지역이었다. 중국은 균형적인 발전을 위하여 이들 지역을 포함한 개발계획을 추진하게 되었다.

중국의 '민족 자치지방'은 약 87%가 서부지역에 있다. 서부 지역은 한랭한 고지이거나 황토 고원 혹은 사막으로 자연환경이 열악하고 교통도 불편한 곳이 많다. 이런 까닭에 동부에 비해 경제적인 소득이 큰 차이를 보인다. 서부 지역은 농민 한 사람의 1년 수입이 400위안약 7만 원도 안 되는 극빈 상태의 현縣이 366개전국의 62%나 된다. 윈난성의 리쑤족·와족·징포족·부랑족·누족 등은 농기구나 식량의 종자마저 없는 극빈층이 많다. 조선족 등 일부 예외를 제외하면 대부분의 소수민족은 문화와 교육수준이 높지 못하다. 소수민족의 문맹율_{중국에서는 非識字率이라고 한다}은 36.2%_{1990년 통계}로 전국 평균 22.1%보다 훨씬 높다. 9년제 의무교육의 보급률도 동부 지방은 100%에 가깝지만, 칭하이성은 41.9%, 윈난성은 36.2%, 구이저우성은 34%, 닝샤후이족자치구는 33.6%이다.

이러한 경제와 교육의 불균형을 타개하기 위하여, 나아가 빈부 차이와 지역불균형의 부작용 등을 줄이기 위하여 공산당은 1999년 9월 당중앙위원회 총회에서 '서부대개발'의 실시를 결의했고, 2000년 1월, '서부대개발에 관한 중요결정'을 반포했다. 이는 낙후된 지역을 개발하고 서부의 자원을 이용하려는 대규모 국가 프로젝트로, 소수민족으로서는 경제적인 성장이 기대되는 부분이다.

'서부대개발'의 '서부_{西部}'란 서부지역의 8개 성, 시_{충칭, 샨시, 간쑤, 칭하이, 쓰촨, 구이저우, 광시, 윈난}와 4개 소수민족 자치구_{신장위구르, 시짱, 광시좡족, 닝샤후이족}를 말한다. 그러나 모든 '근대화' 혹은 '산업화'란 고유의 문화를 해체하고 특정 국가나 혹은 국제적으로 통용되는 문화가 유입된다는 의미이기도 하다. 즉 서부대개발은 경제적인 정책일 뿐만 아니라 정치적인 계획이기도 하다. 중국 정부는 신장과 티베트 등 분리주의 움직임을 보이는 지역에 투자와 인력을 유치할 계획을 세웠다. 현지인의 불만을 잠재우고 효율적인 통제를 실천하려는 목적일 것이다. 고대의 실크로드는 오늘날 관광과 자원의 개발을 기다리고 있다.

중국의 국기

중국

홍콩

타이완

마카오

중국

'오성홍기五星紅旗'라고 한다. 큰 별은 중국공산당을 나타내고, 작은 별은 노동자계급 · 농민계급 · 도시소자산계급 · 민족자산계급의 4계급으로 성립된 국민을 나타낸다.

타이완

'청천백일기'라고 한다. 푸른 하늘에 뜬 12개의 빛줄기가 있는 태양은 끊임없는 전진을, 파랑 · 하양 · 빨강은 쑨원이 주장한 삼민주의를 상징한다.

홍콩 특별행정구

빨간색과 하얀색은 일국양제를 의미하며, 자형화紫荊花. 바우히니아는 홍콩을 상징하는 꽃이다. 다섯 개의 빨간색 별은 중화인민공화국의 국기를 바탕으로 한 것으로 홍콩이 중화인민공화국의 일부임을 의미한다.

마카오 특별행정구

초록색은.번영을 의미하며 연꽃은 마카오를 상징하는 꽃이다. 세 개의 꽃잎은 마카오를 구성하는 세 개의 큰 지역인 마카오 반도, 타이파 섬. 콜로아느 섬을 뜻하며 연꽃 앞에 있는 대교와 바다는 항만으로서의 마카오의 위치와 역할을 뜻한다. 다섯 개의 노란색 별은 중화인민공화국의 국기를 바탕으로 한 것으로, 이는 마카오가 중화인민공화국의 일부임을 뜻한다.

중국의 행정구역표

중국의 행정구역은 전국을 성(省)·현(縣)·진(鎭)의 세 등급으로 나누고 있다. 그 중에서 성급(省級)은 성(省)·자치구(自治區)·직할시(直轄市)·특별행정구를 포괄한다. 현재 전국에는 22개의 성과 5개의 자치구, 4개의 직할시, 2개의 특별행정구가 있다.

성
헤이룽장성(黑龍江省), 지린성(吉林省), 랴오닝성(遼寧省), 허난성(河南省), 허베이성(河北省), 산시성(山西省), 샨시성(陝西省), 간쑤성(甘肅省), 칭하이성(青海省), 산둥성(山東省), 안후이성(安徽省), 장쑤성(江蘇省), 저장성(浙江省), 장시성(江西省), 푸젠성(福建省), 후난성(湖南省), 후베이성(湖北省), 광둥성(廣東省), 쓰촨성(四川省), 구이저우성(貴州省), 윈난성(雲南省), 하이난성(海南省)

자치구
시짱자치구(西藏自治區), 신장위구르자치구(新疆維吾爾自治區), 네이멍구자치구(內蒙古自治區), 닝샤후이족자치구(寧夏回族自治區), 광시좡족자치구(廣西壯族自治區)

직할시
베이징시(北京市), 상하이시(上海市), 톈진시(天津市), 충칭시(重慶市)

특별행정구
홍콩(香港), 마카오(澳門)

중국과 타이완臺灣

청일전쟁淸日戰爭, 1894~1895에 패한 청은 시모노세키조약下關條約, 1895 4월 17일에 의해 일본에게 타이완을 빼앗기게 되며 1945년 제2차 세계대전이 끝나면서 되돌려 받는다. 타이완은 역사적으로 중국에 속한 섬이었으나 대륙의 지배력이 약해 대륙과는 다른 독특한 문화를 향유하고 있었다. 특히 일본의 지배를 받는 51년 간 타이완과 일본의 문화가 융합되면서 대륙과 다른 문화가 형성되었다. 또한 1949년 내전에서 패한 장제스蔣介石 정권이 타이완으로 이전하면서 타이완과 대륙은 완전히 다른 정치 체계로 이원화 되었다. 1971년 UN총회에서 '알바니아안案'이 통과되면서 UN 상임이사국으로 중화인민공화국을 중국의 대표로 인정하면서 타이완은 축출되었다. 중국은 다음해 일본과 정식 수교를 맺었으며, 1979년 미국과도 정식 수교를 맺게 된다. 한국은 1992년 중국과 수교를 하면서 타이완과의 관계가 급속히 악화되었다.

중국은 '하나의 중국'원칙에 따라 타이완을 국가로 인정하지 않고 있다. 중국은 타이완에 대한 호칭을 '중국과 타이완성'으로 부르거나 '중국대륙과 타이완'으로 부르고 있으며 다른 국가에도 강요하고 있다. 중국은 타이완의 독립을 추구하지 않도록 하기 위해서 정치뿐만 아니라 경제, 문화 등 전방위적으로 압력을 행사하고 있다.

홍콩과 마카오

청淸은 1842년에 아편전쟁 패배로 영국에 홍콩 섬을 할양했고, 이어서 1860년에는 홍콩섬 너머의 주룽九龍반도를 영국영토로 내주고, 1898년부터 주룽반도의 나머지 광활한 지역인 신제新界지역을 99년간 조차하게 된다. 마카오는 명明 때인 16세기부터 해적을 진압한 공로로 마카오를 실질적으로 지배했던 포르투갈은 1887년에 마카오를 정식으로 식민지로 삼았다. 1945년 독일과 일본이 전쟁에서 패하면서 중국은 빼앗겼던 영토를 되돌려 받았으나, 영국은 승전국인 점과 아직 조차기한이 남아있다는 핑계로 홍콩을 반환하지 않고 1997년에야 반환했으며, 포르투갈은 마카오를 1999년 반환하였다.

제2부 중국문명의 자취를 둘러보다

역대 왕조의
수도와 베이징

중국의 도시들은 일찍이 농업에 기초한 문명의 발전과 함께 형성되기 시작했다. 농경의 발달은 정착을 위주로 한 생활 방식과 함께 도시 문명을 탄생시켰다. 그러나 도시들은 거대한 도시로 번성하다가도 때로는 보잘 것 없는 곳으로 전락했다. 도시는 수천 년에 걸쳐 성장하며 변화를 거듭해 온 역사의 산물이다. 도시 가운데서도 수도를 한두 마디로 규정하기는 쉽지 않다. 왜냐하면 수도는 왕조 흥망성쇠의 증인이고 문명의 상징이기 때문이다.

중국 전역에서 수도가 된 적이 있는 도시는 53곳에 달한다. 그 53곳은 15년 이상 수도였던 곳이다. 그러나 수도가 되었던 기간이 15년도 채 되지 않았던 도시도 79곳에 달한다. 1940년대에 중국에서는 5대고도5大古都론이 전개된 적이 있다. 5대고도란 시안西安 · 뤄양洛陽 · 카이펑開封 · 난징南京 · 베이징北京 등을 가리킨다. 이후 중국고도학회는 학자들의 부단한 논쟁을 거쳐 1988년 안양安陽과 항저우杭州를 추가하여 7대고도를 발표했다. 상나라 이후 통일 왕조의 도성은 모두 7대고도 안에 포함됐다.

역대 왕조 수도의 건설 조건

오랜 역사 동안 중국에서는 통일과 분열이 반복되는 가운데 여러 왕조가 일어났고, 통일 왕조 이외에도 적지 않은 지방 할거정권이 있었다. 각 왕조는 제국의 중심지에 수도를 건설했는데, 전 왕조의 규범을 그대로 따른 왕조가 있었는가 하면 심지어 넓은 영토를 다스리기 위해 수도를 하나 이상 건설한 왕조도 있었고, 여러 차례 도읍都邑을 옮긴 왕조도 있었다. 국가가 성립된 이후, 중국의 역대 왕조의 수도는 제국의 행정 중심지로 설계됐다. 중국의 주요 도시들을 발전시킨 원동력은 바로 정치였다. 왕조를 세운 건국자의 선호도에 따라 여러 도시들이 흥하고 쇠했다.

중국에서는 기원전 1110년경에 통일된 제국인 주周나라가 탄생하면서 높다란 성벽으로 에워싸인 소읍들이 발달하기 시작했다. 성城이란 한자는 성벽·도시·나라 등의 뜻이 모두 있다. 도성都城은 성벽으로 에워싸고, 엄

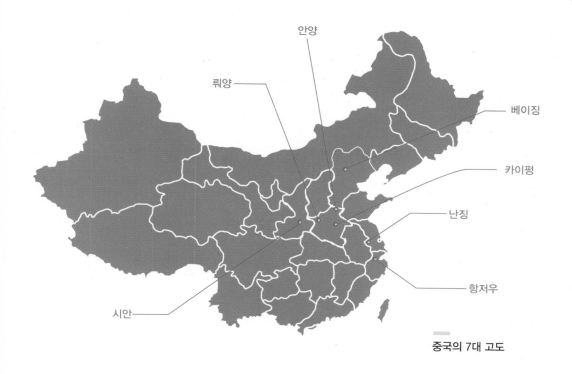

중국의 7대 고도

격한 바둑판 구조로 설계되었고, 그 위에 황제와 신하 및 황실 운영과 관련된 사람 및 시장의 구역이 따로 존재했다. 도성은 일정한 공식에 따라 배치되었고, 황실은 높은 성벽에 의해 외부 세계와 단절되었다. 주나라를 비롯해 한나라와 당나라 및 중국의 역대 왕조의 건국자들은 중앙집권적인 통치양식을 고안했다.

도성 소재지의 선택과 건설은 어느 왕조에게나 중대한 일이었다. 도시가 형성되기 위해서는 무엇보다도 먼저 안전해야 했고, 막대한 인구를 부양하기에 충분할 만큼의 경제적 조건을 갖추어야 했으며, 때로는 세상을 통제하는 힘을 가진 신성한 곳이어야 했다. 도성의 최초 목적은 왕조나 정권이 전국의 영토를 통치하고 지배하는 것이다. 이를 위해 각 왕조는 수도 건설을 위해 다양한 조건을 고려했다. 그 선택 기준과 건설 과정이 때로는 유사했고 때로는 달랐다. 기원전의 국가 통치자들은 확고한 지배를 위해서 도성 소재지를 영토의 중앙에 위치하도록 했다. 이러한 개념을 최초로 명확히 한 사람은 주공周公이다.

주나라의 본래 도성인 풍豊·호鎬 지역이 영토 확장으로 서쪽으로 치우치자, 주공은 도성을 영토의 중앙에 위치한 낙읍洛邑, 지금의 허난성 뤄양시으로 옮겼다.

교통의 요충지도 도성 선택의 중요한 조건이었다. 중국의 역대 고도 중에서 지리적 요소를 가장 잘 활용한 곳은 북송의 도성 카이펑開封, 지금의 허난성 카이펑시이다. 카이펑은 하천이 사통 발달한 도시로 수상 운송의 중심지였다. 특히 황허黃河를 비롯해 볜허변하汴河, 후이민허혜민하惠民河, 즉 채하蔡河, 광지허광제하廣濟河, 즉 오장하五丈河 등 네 개의 큰 하천이 모두 카이펑 도성 아래에서 만난다. 이처럼 카이펑은 조세로 징수하는 곡류를 비롯한 모든 물자를 조운漕運하기에 유리한 조건을 갖추고 있었다. 또한 역대 여러 왕조는 도성을 선택할때, 도성이 외세의 공격을 받지 않고 오랫동안 태평성세를 유지할 수 있도록 도성의 지리적 형세에도 주의를 기울였다. 여러 왕조의 수도로서 1천년

이 넘는 동안 세계에서 가장 큰 도시로 자리매김했던 장안長安, 지금의 샨시성 시안시은 북동으로 황허가 흐르고, 동쪽에 함곡관函谷關 · 용문龍門 등의 관문이 있고, 서쪽으로는 농산隴山 관문이 있어 요새의 조건을 갖추고 있었다. 한 고조 유방劉邦은 진秦의 도읍 함양咸陽보다 지리적으로 더욱 유리한 관중關中의 동쪽 장안을 도읍으로 삼았다.

하천의 방어적 작용도 도성을 선택할 때 고려할 점이었다. 삼국시기 오나라를 비롯해 송宋 · 제齊 · 양梁 · 진陳 등의 제후국들은 험준한 창강長江을 보호벽으로 삼아 난징에 도성을 건설했다.

이밖에, 정치 사회적 요소도 도성 건설의 중요한 조건이었다. 도성은 대부분 왕조나 정권 건립자의 근거지에 위치했다. 그러나 근거지가 아닌 곳에 도성을 세울때는 위급할 경우, 근거지의 조력을 받을 수 있는 동시에 근거지로 돌아가기 쉬운 곳이 선택되었다. 요遼 · 금金 · 원元 · 청淸 왕조는 모두 북방에 근거지를 둔 유목민족이나 수렵민족이 세운 정권이었다. 이들은 남쪽으로 세력을 확장하기 시작하면서 새로 얻은 영토를 통치하기 위해 근거지의 남쪽에 위치한 베이징에 도성을 세웠다.

왼쪽) 서주때 만들어진 청동 항아리로, 양과 소 등의 동물 모양을 부조 형태로 새겨 넣었다.
오른쪽) 동주때 만들어진 청동 항아리로, 이전시대의 화려했던 모습과 달리 담백하고 실용적이다.

중국 역대 왕조의 수도

왕조	상(은)	주		춘추전국	진	한		삼국시대	위	진	남·북조
수도	은	서주 / 장안	동주 / 낙양		함양	서한 / 장안	동한 / 낙양		낙양	낙양	
현재지명	안양	시안	뤄양		시안	시안	뤄양		뤄양	뤄양	

역대 왕조의 외래문화

수도는 그 위치나 건설 시기에 따라 다양한 문화를 반영한다. 수도는 전국의 문화가 융화되는 곳일 뿐 아니라, 외래문화를 가장 먼저 흡수하여 이를 다시 전국에 전파하는 곳이기도 하다.

도성 건축은 역대 통일 왕조가 모두 중시했다. 다양한 건축물은 도성을 아름다운 곳으로 만들었고, 왕조의 위엄을 나타내었다. 베이징의 자금성쯔진청, 紫禁城은 명·청대 건축예술의 수준을 대표하며, 고대의 영광을 상기시킬 뿐 아니라, 그것을 건설한 사람들의 위대한 능력을 입증하는 증거물이다.

외래문화의 흡수는 중국문화를 더욱 찬란하게 만들었다. 한나라는 무제武帝 때 강성한 국력을 바탕으로 영토를 크게 넓혀 나갔는데, 이에 따라 수

수	당	오대십국	송		원	명		청	중화민국	중국
			북송	남송		남경	북경			
장안	장안		개봉	임안	대도			북경	남경	북경
시안	시안		카이펑	항저우	베이징	난징	베이징	베이징	난징	베이징

도 장안은 서역의 중앙아시아 나라들, 서역西域과도 교역을 하는 거대 상업 도시로 성장했다. 장안은 점차 중앙아시아를 거쳐 로마로 이어지는 동서교역로인 '비단길silk road'의 기점起點도시가 됐다.

한나라 사람들은 서역의 말을 진귀하게 여겨 천마天馬라고 불렀고, 천마를 얻기 위해 전쟁도 불사했다. 당시 문장가인 반고班固는 그의 『서도부西都賦』에 외국에서 들어온 진기한 물건들로 서역의 말을 비롯해 월남 남부의 기린, 인도 남부의 코뿔소 등에 대해 기록하고 있다. 서역과의 빈번한 교역으로 사신과 상인의 왕래가 잦아지면서 장안에는 만이저蠻夷邸라 부르는 외국인들의 주거지가 생길 정도였다.

사신의 왕래와 함께 외국 문물은 물론 외래 종교도 중국으로 전파되었다. 불교는 중국에 전파된 외래문화 중에서 가장 중요한 부분을 차지한다.

동한 때 불교가 인도로부터 중국에 전래된 후, 명제明帝, 서기 57~75재위는 뤄양에 최초로 불교사찰 백마사白馬寺를 세웠다. 이후, 불교를 믿는 사람들이 급증하면서 사찰 건축은 활발해졌고, 북위 때는 사찰이 1,300개에 달했다. 수와 당을 거치며 불교는 더욱 흥성하여 장안과 뤄양에 대규모의 사찰이 건설되었다. 사찰 벽면의 벽화도 불교와 함께 들어왔다. 당대 장안의 사찰 벽면에는 모두 벽화를 그릴 정도였다.

사찰 건축과 함께 불상과 같은 조각품도 인도로부터 유입됐다. 특히 윈강雲崗, 지금의 산시성山西省 다퉁大同시 석굴과 룽먼龍門, 지금의 산시성陝西省 뤄양시 부근 석굴 내부 벽면에 조각된 불상은 세계적으로 널리 알려진 중국의 문화유적이다. 북위서기 386~534왕조는 처음 도읍을 정했던 윈강의 석굴 내부벽면에 불상을 조각했는데, 뤄양으로 천도한 후에는 룽먼에서 석굴 제작을 계속했다. 이에 따라 룽먼석굴엔 북위 왕조 이후에도 여러 왕조에 걸쳐 다양한 불상이 지속적으로 만들어졌다.

동서교역을 통해 서역 여러 나라의 음악도 장안에 전해졌다. 외래 음악은 수와 당 왕조에서 가장 성행했다. 수 문제는 칠부악七部樂을 설치했는데, 그 중에 고려기高麗伎, 천축기天竺伎, 안국기安國伎, 구자기龜玆伎 등이 외국에서 전해진 것이었다. 당대 십부악十部樂 중에는 청악淸樂만이 중국 음악이었다. 악곡은 궁전과 종묘에서 사용했고, 도성 안에서 연주됐을 뿐 아니라 전국 각지로 전파되었다. 외래 음악과 함께 무용은 물론 다양한 기예雜技도 전파되었다.

소말리아에 간 정화 원정대가 포획한 기린을 묘사한 그림이다. 난생 처음 기린의 모습을 본 중국인들은 신화 속에 등장하는 기린의 모습과 흡사하다고 판단해 붙인 이름이다.

양한으로부터 수·당 시기까지 주변 지역의 문화가 중국에 전파되었지만, 그 중 서역의 영향력이 가장 컸다. 13세기 초 몽골족이 중원을 점령하였을 때, 중국의 영향력은 한때 아시아 너머 유럽까지 확장되었다. 그런데 비단길이 단절된 후에는 해상교통이 발달하면서 유럽의 중국에 대한 영향력이 점차로 증가했다. 명나라 때 이미 이탈리아인들을 비롯한 외국인들이 궁전에 상주했고, 청말 아편전쟁 이후에 외국인의 영향은 더욱 광범위해졌다. 베이징 서쪽 교외의 원명원圓明園은 서양

불경을 구하기 위해 서역으로 여행을 떠난 승려의 모습을 그린 그림이다. 서역과 중국을 오갔던 승려들은 문화를 전파하는 중요한 역할을 했다.

건축 양식을 모방하여 지었다. 종교의 영향은 특히 두드러졌다. 천주교와 기독교 교회당이 베이징 교외에 사찰 및 도관道觀과 함께 건설됐다.

도성문화는 전국 각지의 문화에도 영향을 미쳤다. 옛날 유가 경전의 학습과 과거제의 실시는 전국의 인재를 도성에 모여들게 했을 뿐 아니라, 인재를 다시 전국으로 분산시키는 장치였다. 외래문화 또한 도성에서 시작하여 전국 각지로 전파되었다. 도성은 바로 왕조나 정권의 정치 중심지였으며 또한 문화의 중심지였다.

중국 문화의 중점 도시

전통적으로 중국 전체를 지칭하는 중원中原은 허난성河南省 일대와 황허의 중·하류 지역을 가리킨다. 중원 지역은 중화문명의 발원지이자 고대 화하華夏 민족의 발원지로서 중국 고대문화의 중심지다. 중원 일대에서 중화민족의 융합이 이루어졌으며 중원문화는 다시 외부로 널리 전파되었다. 중원에 위치한 시안은 여러 왕조에 걸쳐 1,100여 년간 수도가 되었고, 뤄양은 870여 년간 수도가 되었다. 그러나 중원 남쪽의 카이펑과 항저우, 난징 등에 도성을 세웠던 왕조는 그리 오래 지속되지 못했다.

1. 안양

중국 역사상 최초 왕조인 상商, B.C. 1766?~1045의 도읍이었던 은허殷墟, 지금의 허난성 안양安陽는 현재까지 유적이 발굴된 중국 최초의 도시다. 약 3,000년이 지난 1899년 복사卜辭라고 부르는 갑골문甲骨文의 발견으로 상왕조의 존재가 밝혀졌다.

당시 왕들은 거북의 뱃가죽 껍질이나 소뼈에 점을 치고, 이 점복의 내용을 갑골 위에 새겼다. 왕은 조상들과 자연신에게 조언을 구하는 질문과 실현 결과를 기록했다. 현재까지 갑골편 가운데 약 4,500개의 글자를 확인했으나 해석이 가능한 것은 절반 정도에 그친다. 갑골문은 기본 자형과 구조가 대부분 후세 한자와 서로 일치해서 한자의 가장 초기 형태로 간주된다.

갑골문
갑골문자는 1899년 당시 베이징의 국립대학 총장격인 국자감 제주였던 왕이룽王懿榮에 의해 발견되었다. 갑골문자는 지금으로부터 3천 년 전 상(商)나라 왕실에서 사용했던 중국 최초의 문자이다.

상나라 이후에는 오랜 시간이 지나 동한 말에야 은허의 동북쪽에 위치한 업성鄴城, 지금의 허베이성 린장臨漳이 흥기했다. 동한 말, 위魏의 조조曹操를 시작으로 5호16국 시기의 후조後趙 및 북조 시기의 동위東魏와 북제北齊가 업성에 도성을 건설했다. 그 기간은 총 182년에 이른다. 현재 안양에는 업성의 흔적도 일부 남아 있다.

2. 시안

시안西安은 고도 장안長安의 현재 지명으로 중국 역사상 가장 많은 왕조가 수도로 삼은 곳이다. 지금의 시안은 서주西周의 도읍지였던 풍豐·호鎬, 진秦의 도읍지 함양咸陽, 한나라와 수·당의 도읍지였던 장안 일대를 모두 포함하는 명칭이다. 시안은 황허의 가장 큰 지류인 위수渭水, 지금의 웨이허渭河가 외곽을 감싸고 흐르는데 곳곳에 산재한 고대문물은 중국 역사의 찬란한 일면을 온전히 보여준다.

주나라 문왕이 기원전 1136년 처음으로 지금의 시안시 서남쪽 풍수灃水의 서쪽에 풍경豐京을 세웠고, 뒤이어 무왕은 풍수의 서쪽에 호경鎬京을 세웠다. 풍경에는 종묘사직이 있어 제사를 지내던 곳이라면, 호경은 정치 중심의 실제 수도였다. 그러나 풍·호는 서주 말에 북방 민족의 침입으로 폐허가 되었다.

뒤이어 시안의 서북쪽에 위치한 함양咸陽, 지금의 시안에 속함을 수도로 삼은 것은 진秦, B.C. 221~B.C. 207이다. 오늘날 차이나China라는 명칭은 진에서 비롯되었다. 함양은 위수渭水 북쪽이자, 주준산九峻山 남쪽에 위치하여 산과 강이 모두 양기를 띠므로 함양이라고 불렸다. 전국시대 칠웅七雄중에서 천하를 통일한

나라의 군주 영정嬴政은 스스로 '최초의 황제'라는 의미로 자신을 시황제始皇帝라고 칭했다. 천하를 통일한 후, 그는 정복한 제후국을 각각의 행정중심지를 갖춘 주州로 분할했고, 더 작은 규모의 행정구역은 군현郡縣 등으로 분할하여 중앙집권제도의 새로운 국면을 확립했다. 그리고 대규모의 인력을 동원하여 위수 남쪽에 아방궁阿房宮, 여산驪山에 묘릉을 건축했다. 그러나 아방궁은 항우項羽가 이끄는 군대에 의해 폐허로 변하고 말았다. 여산의 그 진시황릉은 1970년대 병마용과 청동무기의 발굴로 세계를 놀라게 했다. 실제 사람과 비슷한 크기에 살아있는 듯 생생한 표정의 병마용兵馬俑을 세계인들은 '세계 제8대 불가사의'라고 부른다.

현재의 시안 일대에 도성이 세워진 것은 한나라 때에 이르러서다. 유방劉邦, B.C. 206~195 재위은 천하를 통일하고, 장량張良이 제안한 장안을 수도로 정했다. 당시 장안은 촌락에 불과했다. 그러나 장안은 사회와 국가가 오랫동안 안정되고 태평長治久安하기를 염원하는 뜻으로 해석할 수 있어 수도로 선택됐다. 또한 장안은 기름진 평야가 천리에 이르고, 남쪽엔 풍요로운 촉지방이 있고, 북쪽은 서역과의 교역이 편리할 뿐 아니라, 지형이 험난하여 천연의 요새가 될 수 있기 때문이었다. 왕위를 찬탈한 왕망王莽도 장안에 신新을 세웠으나, 서기 23년 농민 봉기군과의 격전으로 장안은 폐허가 되

진시황병마용박물관은 1974년 1호갱 발굴 이후 현재 제3호갱까지 발견되었고, 전차, 궁수, 보병, 기마병 등이 실제 전투를 하듯이 생동감 넘치고 보존상태가 좋다.

었다. 이 때문에 후한을 세운 광무제는 도성을 뤄양으로 옮겼다. 따라서 장안이 수도였던 220여 년간을 전한前漢, 혹은 서한西漢이라고 부른다.

이어서 5호16국 시기와 남북조 시기의 전조前趙·전진前秦·후진後秦·서위西魏·북주北周 등도 장안을 도읍으로 삼았다. 북방 민족이 세운 정권이었던 그들이 통치하던 시기에 장안은 오랑캐라 불리던 호족胡族과 한족의 문화 융합의 장소가 되었다. 그 가운데 이민족의 사상과 문화가 중원에 유입되었고, 그들은 역사적으로 중국에 많은 영향을 끼쳤다.

장안이 수도로서 명성을 얻고 세계에서 가장 큰 도시로 자리매김한 것은 당나라에 이르러서다. 서기 582년 장안에 대흥성大興城을 건설하고 새로운 시대의 막을 열었던 수나라는 농민봉기로 인해 짧은 기간에 막을 내리고 말았다. 그 농민봉기를 틈타 618년 이연李淵은 장안을 공략하여 당唐을 세웠다. 그는 대흥성을 장안성長安城으로 이름을 바꾸고, 장안을 세계 제일의 도시로 만들어갔다. 당대 장안은 실크로드의 동쪽 기점 도시로 300여 개의 국가와 지역에서 사절단과 상인들이 찾아오는 세계 최대의 국제도시였다. 장안성의 북쪽엔 궁성과 황성이 있었고, 주작대로朱雀大路를 중심으로 동·서 대칭을 이루면서 행정중심지와 주거지역이 구분되었다. 동시東市와 서시西市의 시장엔 점포가 운집하여 사방의 진기한 보물이 모두 모인다고 일컬어질 정도였다.

하지만, 안록산安祿山의 난에 이어 당말 농민전쟁과 지방 군벌들과의 전란으로 그리 번영했던 장안은 황도로서의 기능을 잃고 말았다. 소종昭宗은 궁전과 민가를 파괴하라는 명령을 내리고, 뤄양으로 천도했다. 이로써 천년 고도 장안은 하루아침에 완전히 파괴되고, 장안성은 수도로서 종말을 고했다. 북송시기 장안은 오히려 송과 서하西夏가 대치하던 최전방 전진 기지였다. 명나라 초기, 홍무제洪武帝가 장안을 서북지역 요충지로 간주하면서 서안부西安府로 이름을 바꾸고, 당대 황성의 기초 위에 새로운 성곽을 건축했는데, 이는 중국에 현존하는 가장 완전한 고대 성곽 건축이 되었다.

3. 뤄양

뤄양은 여러 왕조에 걸쳐 총 870여 년간 수도가 되었다. 기원전 동주東周를 시작으로 동한東漢 · 위魏 · 서진西晉 · 북위北魏 · 수 · 무주武周 · 후량後梁 · 후당後唐 등이 뤄양을 수도로 삼았다. 뤄양은 황허의 지류인 뤄수이낙수洛水의 북쪽이라는 뜻으로 낙양洛陽: 雒陽 혹은 낙읍洛邑으로도 불렀다.

뤄양은 동주 시기에 처음 수도가 되었다. 주나라 조상들은 본래 시안의 풍 · 호 지역에 도성을 세웠으나, 폭정으로 잘 알려진 유왕幽王이 살해된 후, 그의 아들 평왕平王이 뤄양으로 천도하면서 뤄양은 수도가 되었다. 동주시기 뤄양은 500여 년 동안 도성이 되었으나, 주 왕실의 힘이 약해지고 제후들이 할거하는 춘추전국시대가 되면서 뤄양은 잠시 수도의 기능을 상실했다.

그 후 뤄양은 동한 시기 광무제가 천도해 오면서 다시 수도가 되었다. 광무제 이후 뤄양이 수도가 된 시기를 후한後漢, 혹은 동한東漢이라고 한다. 뤄양은 위나라와 서진 시기에도 계속하여 수도가 되었다. 이어서 남북조 시기 북방을 통일한 북위가 근거지였던 평성平城, 지금의 산시성 다퉁에서 뤄양으로 수도를 옮기면서 뤄양은 또 다시 북방의 중심이 되었다.

뤄양은 수와 당나라 때에도 동도東都 혹은 동경東京이라 하여 제2의 도시로서 수도에 버금가는 번영을 누렸으나, 당이 멸망한 뒤 뤄양은 다시는 그와 같은 위상을 되찾지 못했다. 중국 최초의 불교사원 백마사와 룽먼석굴만이 고도의 번영을 상징하고 있을 뿐이다.

4. 카이펑과 항저우

황허 하류에 위치한 카이펑開封은 옛날엔 변량汴梁·동경東京·변경汴京·대량大梁 등으로 불렸다. 전국시기 위魏가 처음 도성으로 삼고 대량大梁이라고 부른 이래로, 5대10국907~960 시기의 후량後梁·후진後晉·후한後漢·후주後周 등과 송 왕조가 도성으로 삼은 기간이 약 220년에 이른다.

송 왕조의 창업자 조광윤趙匡胤, 960~976 재위은 후주를 계승하여 4개의 하천이 종횡으로 연결되어 교통이 편리한 교역의 요충지를 수도로 삼았다. 당시 카이펑의 황궁 너머 거리에는 상점들과 술집 들이 줄을 지어 서 있을 정도로 대중문화가 발달한 도시였다.

그러나 군사적으로 취약한 카이펑에 수도를 정한 송은 북방 유목민족의 위협으로부터 평화를 유지하기 위해 매년 배상금을 지불해야만 했다.

금나라 군대가 황허를 건너와 휘종徽宗과 흠종欽宗을 베이징으로 끌고 가면서 이곳은 수도의 지위를 잃었다. 그 후로도 전란이 끊이지 않았고, 황허의 수재로 늘 환난을 면치 못했던 카이펑엔 옛 유적지마저 일부가 남아 있을 뿐이다.

항저우는 옛날엔 임안臨安 혹은 전당錢塘이라고 불렀다. 항저우는 첸탕강錢塘江 하구에 위치하여 동으로는 중국해와 이어져 있고, 시후西湖를 통해 창강과도 이어져 있다.

항저우는 춘추시대 말기에 월왕 구천勾踐이 세운 오월吳越국이라는 작은 정권과 남송 왕조가 도성

을 삼았던 곳으로 수도가 되었던 기간은 약 220여 년에 이른다. 1126년 금이 수도 카이펑을 점령하고 두 황제를 포로로 잡아가자 전란을 피해 남쪽으로 내려 왔던 흠종의 동생 고종이 항저우에서 송 왕조를 다시 일으켰다. 역사에서는 이 시기를 남송南末이라고 부른다. 항저우는 지상의 낙원이라고 불릴 정도로 천혜의 자연적 조건을 갖춘 도시로 남송시기 경제적으로 번영을 구가했다.

　　그러나 군사적으로 불완전한 도시였던 항저우는 결국 원의 쿠빌라이에게 함락1276년되고 말았다. 남송이 멸망할 때, 전쟁의 피해를 받지 않은 항저우에는 아직도 오래 된 사찰이나 유적이 많이 남아 있다.

<u>청명상하도</u>清明上河圖 일부
송대 장택단張擇端이 카이펑이 점령된 뒤인 1186년에 카이펑의 생활을 묘사한 그림이다. 베이징의 고궁박물원에 소장되어 있다. 전체 5.25m 길이의 두루마리 그림은 오른쪽에서 왼쪽으로 두루마리를 접어나가면서 보게 된다. 시골에서 시작하여 점점 도시 안으로 옮겨가는 풍경이 담겨있다. 배와 마차, 시장과 교량, 해자와 오솔길, 다양한 건물과 각종 상점 및 농민, 사공, 관리, 승려, 호객 행위를 하는 상인 등 다양한 계층의 사람들의 모습을 자연스럽고 생생하게 보여준다.

역사가들은 송 왕조를 두 시기로 나눈다. 카이펑을 수도로 삼고, 중국 전역을 통치했던 시기를 북송(960~1126)이라 하고, 항저우를 수도로 삼고 강남 지역만을 다스렸던 시기를 남송(1127~1276)이라고 한다. 11세기의 뛰어난 여류작가 이청조(李淸照, 1084~1151)가 지은 남편 조명성(趙明誠)의 탁본 연구서 『금석록(金石錄)』(1132년)의 후서(後序)에는 여진족이 카이펑을 침공했을 때, 강남으로 이주하는 과정의 어려움이 생생하게 묘사되어있다. 북송시기 북방지역은 거란족이 세운 요(907~1125)가 지배했고, 남송시기 북방지역은 여진족이 세운 금(1115~1234)이 지배했다.

송의 시조, 조광윤

5. 난징

창강 하류에 위치한 난징은 옛날엔 금릉金陵 혹은 건업建業으로도 불렸으며 수도가 되었던 기간은 약 380여 년에 이른다. 난징은 삼국시기 오吳의 손권孫權이 도읍을 정한 이래로, 남조시기 송·제·양·진과 5대10국 시기의 남당南唐 및 명나라 초기에 잠시 수도가 되었다. 청말, 혁명군이 세운 태평천국과 중화민국도 이곳을 잠시 수도로 삼았었다.

난징은 북쪽으로 창강과 접하고 삼면이 구릉으로 둘러싸여 있어 옛날부터 중요한 거점 도시였다. 초 위왕威王은 이곳에 왕기王氣가 있다고 여겨 황금을 묻어 그 기운을 누르려고 했다고 전해진다. 초는 이곳을 금릉읍金陵邑이라고 불렀는데, 지금까지도 난징을 지칭하는 말로 통용된다. 진시황은 천하를 통일하고 왕기의 맥을 자르기 위해 구릉을 절단하고 지명을 말릉秣陵으로 바꾸었다. 212년에 손권이 오의 수도로 삼으면서 업을 세운다는 뜻의 건업建業으로 불렀다. 혼란시기인 남조시기에는 수나라가 남북을 통일하기까지 370년 동안이나 난징에서 왕조의 흥망이 여섯 번에 걸쳐 반복되었다.

난징이 다시 수도가 된 것은 주원장朱元璋이 북방의 원 왕조를 무너뜨리고 명 왕조를 세운 1368년이다. 주원장은 남쪽에 위치한 수도란 뜻의 남경 南京이라고 부르고 이곳을 도성으로 삼았다. 그러나 명 태조 홍무제의 사망 이후, 계승분쟁으로 인해 황궁은 소실되어 오직 종산鍾山 아래 '명태조주원 장의 묘明太祖朱元璋之墓'란 묘석만이 50년 남짓한 명초의 수도 난징을 대표하 고 있을 뿐이다.

주원장 묘

명 · 청 제국과 베이징

베이징은 중화인민공화국의 수도로서 중국의 정치와 문화의 중심지이나, 그 이전에 이미 여러 왕조의 수도가 되었던 곳으로 그 기간은 약 800여 년에 이른다. 베이징은 일찍이 주나라 초기, B.C 1112년경에 주 무왕이 소공召公에게 베이징 동남쪽을 분봉하여 연燕이라 칭하고, 요임금의 후손들에게는 베이징 서남쪽을 분봉하여 계薊라 칭했던 곳이다. 베이징을 연경燕京이라고도 부르는 것은 연나라가 계를 멸하고 세운 도성을 연경燕京이라고 통칭한 데서 비롯되었다. 그 후에도 베이징은 여러 차례 북방 민족들의 도성 소재지가 되었다.

10세기에 들어 랴오허遼河에 근거지를 두고 있던 거란족은 요遼, 907~1115를 세우고 베이징을 다섯 수도五京 가운데 하나인 남쪽 수도로 삼았지만, 당시 베이징은 제2도시에 불과했다.

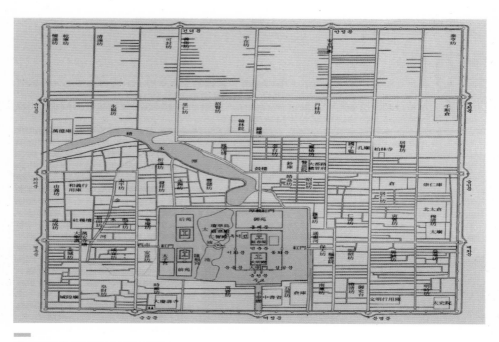

명 · 청시대 베이징 내성의 평면도

한손에 잡히는 중국이야기

12세기 중반엔 헤이룽강黑龍江 유역에서 남하한 여진족의 금1115~1234이 베이징을 도성으로 삼고, 중도中都라 불렀다. 금의 전 국토로 보았을 때 베이징은 중심에 위치했기 때문이다. 중도는 농경 지역이었지만, 그들의 본거지인 유목지역과도 멀지 않았다.

1215년에는 또 다른 북방 유목민족인 몽골족이 뛰어난 용병술의 소유자 칭기즈 칸1167?~1227의 지휘 아래 금의 수도 베이징을 함락시켰다. 칭기즈 칸의 손자 쿠빌라이 칸 1260~1294 재위은 장성 너머 몽골에 있는 상도上都가 너무 멀어 베이징으로 수도를 옮기고, 대도大都라고 불렀다. 이어 강남을 점령한 원1276~1368은 마침내 전 중국을 지배하게 되었다.

이로써 대도성 베이징은 비로소 정치적 중심지로서 수도의 위상을 갖게 되었다. 비한족인 이민족이 중국 전역을 정복한 것은 중국 역사상 처음이었다. 1275년 쿠빌라이를 접견한 이탈리아의 상인이자 여행가인 마르코 폴로 1254~1324는 그의 여행기 『동방견문록東方見聞錄』에서 칸의 연회장과 베이징의 모습 등을 매혹적으로 묘사했다.

오늘날과 같은 도시 모습으로 베이징성이 도시가 구획된 것은 명대에 이르러서다. 지금 우리가 볼 수 있는 자금성, 타이먀오太廟, 사직단社稷壇 등의 주요 건축은 모두 명대에 처음 지어진 것이다. 명1368~1644의 3대 황제 영락제永樂帝가 베이징을 명의 두 번째 수도로 삼았다. 영락제는 명 왕조를 세운 주원장朱元璋의 넷째 아들 주체朱棣로서 북평北平, 오늘날의 베이징에 연왕燕王으로 봉해졌다. 그러나 주원장의 사

원 태조칭기즈 칸, 명 태조주원장,
청 태조누르하치

망 이후, 황위를 계승한 주원장의 손자 건문제建文帝에게 위협을 느낀 그는 1402년 군사를 일으켜 난징을 점령했다. 내전 중에 건문제建文帝가 실종되자, 스스로 제왕의 자리에 오른 연왕은 베이징성을 수도로 재건하기 시작했다. 영락4년1406, 베이징에 궁전과 성벽을 중건한다는 계획 하에 10년에 걸쳐 설계하며 준비했다. 대대적인 중건공사를 벌여 3년 만에 자금성紫禁城, Forbidden City, 현재의 고궁박물원을 완공하고, 1421년영락19년 베이징으로 천도했다.

영락제는 중국의 고도 장안을 본떠 도성을 설계했다. 전반적인 설계와 궁전뿐 아니라 도성 내부의 계획까지 유사하다. 베이징성은 궁성인 자금성을 중심으로 주요 행정기관이 있는 황성皇城, 왕족과 관료들의 거주지인 내성內城, 서민들의 거주지인 외성外城으로 구분했다. 내성과 외성의 경계이자 최남단 성문인 첸먼前門 주변으로는 상업지구가 형성되었다. 도시계획에 따라 도로는 남북과 동서로 뻗어 있고, 도심의 중심축은 남쪽 첸먼前門에서 시작되어 천안문天安門과 궁궐의 중앙 대문과 궁전을 통과하여 북쪽 고루鼓樓ㆍ종루鐘樓로 이어지며 전 도시를 관통했다.

이는 현재 베이징의 주요 골격이 되었다. 그리고 외성에는 종교 건축으로 남쪽에 천단天壇, 북쪽에 지단地壇, 동문 밖에 일단日壇, 서문 밖에 월단月壇이 있다. 청1644~1912 왕조도 베이징을 수도로 삼고 명대의 베이징성을 그대로 이어갔다. 도성은 크게 종묘와 궁전 및 시장으로 구성되었다.

청 왕조의 전성기를 이룬 강희제康熙帝와 건륭제乾隆帝는 명나라 궁전과 도

시의 기본 구조 위에 성을 증축하고, 베이징성 서북쪽에 원명원圓明園, 이화원頤和園과 같은 대규모의 황실 별궁과 사원을 지어 도시를 아름답게 장식했다.

청대 최고의 황실 정원이었던 원명원은 강희제1709가 토목공사를 시작하여 건륭제1744가 완공한 중국 정원의 최고 걸작이다. 원명원 안에는 당시 세계 최대의 미술관이자 도서관이라 할 만큼 금은보화와 예술품이 소장되어 있었다. 원명원 안의 베르사유궁을 모방해 지은 서양식 건물 해연당海晏堂은 이탈리아 선교사 랑스닝 등 외국전문가들에 의해 설계되어 건륭 연간1747~1759에 완성되었지만, 제2차 아편전쟁 당시의 영불연합군에 의해 철저히 약탈되고 파괴되어 폐허가 되었다. 전쟁의 잔해가 보존되어 있는 정원의 복원 여부에 대해 중국인들은 아직도 논쟁을 벌이고 있다.

이화원은 강남의 경치를 좋아하던 건륭제가 청의원淸猗園이라 이름 지은 별궁이었다. 그러나 1860년 영불연합군에 의해 불태워져 1888년 서태후西太后가 해군군비를 유용해 복원하고, 그 이름을 이화원으로 바꾸었다. 하지만 당시 중국은 서양의 도전에 직면하여 존망의 기로에 서 있었다. 아편전쟁1840에 이어 태평천국의 난1851~1864이 일어나고, 일본이 침략했고1894, 의화단이 서양인을 몰아내자는 운동1900을 일으키는 내우외환의 긴장 시기였다. 그러나 서태후는 도리어 국제정세의 변화를 읽고 변법자강變法自彊 운동을 일으킨 광서제光緖帝를 감금하고 실권을 장악했다. 여성 특유의 계교에 뛰어났고 권모술수에 능했지만, 그녀도 결국 1908년 광서제보다 하루 늦게 세상을 떠나고 말았다.

자금성

1911년 중화민국中華民國 탄생이후, 국민당과 공산당의 두 차례1927~1937, 1946~1949에 걸친 내전에서 승리한 공산당도 1949년 중화인민공화국中華人民共和國을 선포하고 베이징을 수도로 정했다. 베이징 성을 높이 둘러싸고 있었던 원래의 내성內城 성벽과 그에 덧붙여 이은 남쪽의 외성外城 성벽은 현대 도시화 과정에서 철거됐다. 그리고 그 중에서 일반인이 출입할 수 없고 폐쇄된 공간이었던 궁정이 일반인에게 개방되면서 궁정 광장이었던 톈안먼 광장은 근대 정치의 중심지로 등장했다.

황궁의 주요행사가 개최되던 광장에서 1949년 10월 1일 중화인민공화국 성립이 반포되었고, 이제는 중화인민공화국 탄생 기념행사와 축제의 장소로서 세계적인 관광지가 되었다. 그 광장을 벗어나면 전통적인 베이징 시민들의 일상 공간인 후퉁胡同이라 부르는 골목길로 이어진다. 후퉁 안의 사합원四合院은 외부로터는 폐쇄적이지만 내부적으로는 개방적인 독특한 가옥 형태로 베이징 시민들의 전통적인 주거 공간을 대표한다.

베이징만이 아니라 도시들은 이렇게 많은 사람들의 생활방식과 창조적 성취를 통해 그 자체로서 아름다운 유산이 되었다. 이 유산은 한 사람의 손으로 건설된 것이 아니라, 그 도시에 거주하는 사람들의 역사와 함께 형성 발전된 것이다. 인간은 짧은 순간 왔다가 잠시 머물다 갈 뿐이지만, 도시는 그 사람들에 의해 부단히 변모를 거듭하고 있는 것이다.

고궁박물원(故宮博物院)

중국 베이징에 있는 명·청 시대 24명의 황제가 살았던 황궁인 자금성(紫禁城, 쯔진청)을 지칭한다. 영락4년(1406)에 착공하여 영락18년(1420)에 완공되었다. 여러 차례에 걸쳐 보수·증축되었지만 기본적으로는 현재의 모습을 유지했다. 주요 건축물은 남북을 관통하는 긴 중심축 위에 세워졌으며, 외조(外朝)와 내정(內廷)으로 나뉜다. 외조는 황제가 정무를 보던 곳으로 태화전·중화전·보화전이 중심을 이루고, 내정은 황제와 황실 가족의 주거 공간으로 건청궁·교태전·곤녕궁 등으로 구성된다. 1949년 중국 공산당이 일반에 공개한 뒤로 해마다 수백만의 관광객이 찾는 명소가 되었으며, 1987년 세계문화유산으로 지정됐다. 타이완의 타이베이(臺北)에도 국민당 정부가 타이완으로 올 때 함께 운반한 중국의 중요 역사 문물을 전시하는 동명의 박물원이 있다.

베이징 고궁박물원

타이베이 고궁박물원

중국의 종교사상

    기원전 6세기부터 5세기 전후 동양에서 세 명의 위대한 사상가가 거의 비슷한 시기에 태어난다. 바로 중국의 노자老子, 공자孔子, 인도의 석가모니釋迦牟尼이다. 노자와 공자는 모두 중국 춘추 말기에 살았던 사람이다. 공자는 일찍이 노자에게 주례周禮, 주나라의 법령 제도를 배웠다. 『사기』에는 공자가 "노담에게 예를 물었다"고 기록되어 있다. 한나라 번역본 『선견율비파사』의 기록에 따르면 석가모니는 기원전 565년에 태어나서 기원전 486년에 열반에 들었다고 한다. 이는 중국의 공자와 대략 비슷한 시기이다.

    이 세 명의 사상가가 각자 세운 학설은 고대 중국에서 교류·융합·발전되어 동아시아 종교사상을 형성했다. 즉 석가모니가 창건한 불교, 노자를 시조로 하는 도교, 공자가 창설한 유교이다. 일반적으로 이 세 가지 사상조류를 '유불도 3교' 라고 일컫는다. 이는 중국에 큰 영향을 끼쳐 중국문화의 중심이 되었다. 그 가운데 유교와 도교는 중국에서 자생한 전통 종교사상이다.

불교는 고대 인도로부터 전래된 것으로 중국에서 새롭게 발전되어 비교적 현세의 삶을 중시하는 중국불교를 형성했다. 이후 중국 전통 종교사상을 이루는 주요한 요소가 되었다.

중국 종교사상의 발전사는 유불도 3교의 상호 촉진, 상호 융합, 상호 분쟁의 역사라 할 수 있다. 유교는 주로 지배계층에 의해 개발되고 숭배됐다. 이 때문에 종교적 성격이 가장 약하고 정치사상이나 사회윤리 등 사회정치 이데올로기에 가깝다. 불교는 처음에는 지배계층에 의해 수용되었다가 점차 서민들에게 확산된 것으로 종교적 성격이 가장 강하다. 도교는 중국인들에게 가장 널리 수용된 종교이자 민간신앙이다. 도교에는 유교의 윤리사상, 불교의 종교사상 등 여러 가지 이질적인 요소들이 한데 어울려 있다. 도교는 철학과 종교 양 쪽에 다리를 걸치고 있어, 중도적인 위치이다.

〈삼교도三教圖〉정운붕丁雲鵬 작
115.6×55.7cm, 베이징고궁박물원 소장
유불선 삼교를 창시한 공자, 노자, 석가모니가 앉아 있는
모습으로 명대에 풍미했던 삼교합일三教合一을
반영한 그림이다.

제자백가의 출현

중국 고대사회는 주나라 때 기본적인 틀이 마련되었다. 기원전 12세기 주나라 무왕이 상나라를 멸망시킨 뒤 웨이수이渭水 부근西安, 과거의 長安에 수도를 정했다. 주나라는 기원전 771년에 중앙 평원의 중심지에 있는 황허 남쪽에 위치한 오늘날의 뤄양洛陽, 河南省으로 도읍을 옮겼다. 역사가들은 전통적으로 주 왕조 전반기를 서주西周라 부르고, 기원전 770년 이후를 동주東周라 부른다. 주 왕조는 공식적으로 기원전 256년까지 멸망하지 않았지만 역사가들이 동주라고 부르던 기원전 770년 이후 주의 권력은 크게 약화되었다.

주나라는 상나라를 정복한 후 직속 영지를 제외한 광대한 토지를 그의 형제·일가 친척·동맹에 참여한 씨족들에게 분봉했다. 제후들은 주 천자와 동성同姓인 희씨가 대부분이었다. 천자와 제후들은 동성의 형제가 아니면 이성異姓의 외숙질 사이로서 모두 혈연으로 맺어졌다. 각지에 분봉된 제후들은 영토 안의 토지와 민중을 다시 경대부들에게 나누어 주었다. 그래서 천자와 제후, 제후와 제후 그리고 제후와 경대부 및 경대부들 사이의 관계는 혈연으로 맺어졌다. 이와 같이 혈연을 매개로 하여 만든 사회제도를 종법제도宗法制度라 한다. 이 제도를 뒷받침해준 것이 예악禮樂이다.

서주 초에 주공이 예악을 제정했다. 주공은 주 문왕의 아들이며 무왕의 동생이다. 무왕이 죽은 뒤, 주공은 성왕이 나이가 너무 어리다는 이유를 들어 국정을 대행했다. 그는 동쪽 정벌에 나서 상나라 주紂왕의 아들 무경과 동

남지역의 반란을 평정했다. 주공은 정벌에 성공한 후 정국을 안정시키기 위해 정치, 사회제도의 전면 개혁을 단행했다. 이것이 바로 '예악의 제정'이다. 예악은 왕위의 적장자嫡長子 계승 제도, 작위와 시호를 내리는 제도, 관료제도, 법률제도, 음악, 무용 규칙 등을 다루고 있다.

'예악을 제정하니 천하가 따랐다'고 할 정도로, 이는 주나라 초기에 정치적으로 매우 중요한 의의를 갖는다. 정치, 제도의 측면에서 노예제 사회가 건설된 것이다. 주나라가 존립했던 500년 동안 주공이 제정한 예악과 조정의 관계는 매우 긴밀해졌다. 이후 이 정치제도는 중국사회에 1,000여 년간 줄곧 영향을 미쳤다.

주의 왕들은 상나라를 정복한 이후 수백 년 동안 제후들에게 토지와 작위 및 관직을 부여하여 통치력을 유지했다. 그러나 기원전 771년 융戎의 부족민과 주의 제후들이 공모해서 주나라 왕을 살해한다. 패배한 주 왕조는 그때부터 수도를 동쪽으로 옮겨 뤄양 부근에 자리를 잡았다.

동주 시대의 전반기는 보통 기원전 722년~기원전 481년을 다룬 연대기의 명칭을 따라 춘추 시대라고 한다. 제후들이 상호 공방을 하거나 동맹을 맺고, 볼모를 교환하고 산발적으로 군대를 일으키며 경쟁하는 동안 주나라 왕들은 어부지리로 통치할 수가 있었다. 시간이 지나면서 제후국 간의 쟁탈전은 더욱 잦아지고 격렬해졌다. 이러한 동주 시대 후반기를 보통 전국 시대라고 부른다기원전 403년~기원전 221년.

전국 시대에 들어서면 주의 왕은 무대 중심에서 벗어나고 7개 정도의 대국이 약소국들을 하나둘씩 정복한다. 주의 왕은 중개자로서 하늘에 제사를 올리는 역할을 했지만 군사적으로는 대다수의 제후들보다 열등한 경우가 많앉다. 기원전 335년에 이르면 제후들은 스스로를 왕으로 칭하며 사실상 주의 통치권을 인정하지 않았다. 주의 왕은 결국 기원전 256년에 왕좌에서 쫓겨난다. 중국문명의 지적 기반은 바로 이러한 정치적 분열의 시기에 확립되었다.

당시의 지식인들을 '사士'라고 했다. 서주시대에 '사'들은 각각 전문적인 기예技藝를 가지고 비교적 안정된 생활을 누릴 수 있었다. 주대 초기 사회제도가 붕괴되기 이전에는 관리와 교사의 구분이 없었기 때문이다. 특정 분야에 관련된 학문의 전수자, 즉 '사'가 그 분야의 관리였다. 당시 관직은 세습제였으므로 관학官學만이 계승될 수 있었고, 사학私學은 성립될 수 없었다. 주나라 말기의 왕실이 유명무실해지자 이들은 자기의 고유한 직업을 잃고 전국에 흩어져 사적으로 특정분야의 지식을 가르치기 시작했다. 그들은 이제 관리가 아닌 사적인 교사일 뿐이었다. 이러한 과정을 거치면서 주나라 왕실에 집중되었던 지식이 민간에 전파되었다.

민간에 전파된 지식은 새로운 지식을 배양했다. 지식의 내용도 풍부해지고 다양해졌다. 이러한 배경 하에서 헤아릴 수 없이 많은 학자들이 갖가지 학설과 이론 및 사상을 제기했다. 그들 가운데 뛰어난 사람들은 고유한 학파를 세웠다. 그리고 그 사이에 격렬한 논쟁이 일어났다. 곧 백가쟁명百家爭鳴의 국면이 조성되었다. 백가쟁명은 당시 학술사상의 발전을 크게 촉진했다. 그 결과 음양가·유가·묵가·명가·법가·도가·종횡가·농가·잡가·소설가 등 제자백가가 출현했다. 제자백가들은 각기 상이한 주장을 내세우긴 했지만, 한결같이 새로운 인간 질서를 구축하려 했다.

유가와 묵가 사상은 노魯나라를 중심으로 형성되어 진晉, 위魏, 제齊로 전파됐다. 그리고 도가는 남방의 초·진陳·송宋에서 기원하여, 뒤에 북쪽의 제나라까지 전파되었다. 법가는 삼진三晉에서 싹터 진秦나라에서 성과가 있었다. 음양가는 연燕나라에서 일어나 제나라에서 유행했고, 병가는 제齊·위魏·진秦에서 흥성했으며, 주나라와 위衛나라에서는 종횡가가 나왔다.

중국의 유교

유교의 비조인 공자기원전 551년~기원전 479년는 노나라 사람으로 산둥성山東省 취푸曲阜가 고향이다. 노나라는 주 무왕이 주공의 아들 백금에게 분봉한 나라이다. 공자는 『논어』에서 "나도 많이 늙었구나, 이토록 오랫동안 꿈에서 주공을 뵙지 못하다니!"라고 말할 정도로 주공을 숭배했다. 백금이 다량의 문물과 법령제도를 들여와 노나라는 비교적 높은 문화적 소양을 갖추게 됐다. 주공이 죽고 난 뒤에도 주 왕실은 노나라에게 천자의 예악을 사용할 수 있는 특혜를 주었다. 춘추시대 들어 주 왕조의 영향력이 차츰 줄어들면서 예악제도 또한 사라졌지만, 노나라는 역사적으로 특수한 배경을 가지고 있었기 때문에 주의 문물과 법령제도가 온전하게 보전될 수 있었다. 공자사상의 성립은 이러한 문화적 토양과 관련이 있다.

1. 취푸: 공묘

공자가 태어난 춘추시대는 정치적, 사회적 혼란기이며 변혁기였다. 그는 예악으로 통치되었던 주대의 문물제도를 되살리는 데서 문제해결의 실마리를 찾으려 했다. 이를 위해 공자는 육예六藝를 연구하고, 인仁의 덕을 강조했다. 육예란 여섯 가지 인문 교양과목을 뜻하며 흔히 육경六經이라고 한다. 이는 역易·시詩·서書·예禮·악樂·춘추春秋를 뜻한다.

육경은 공자 이전부터 전해 온 과거의 유산으로 주대 초기 봉건시대에 귀족을 가르치기 위한 기본 교재였다. 그러나 기원전 7세기경부터 봉건제도의 붕괴와 더불어 귀족의 사범들, 또는 일부 귀족 가운데 경전에 정통한 사람들이 평민들 사이로 흩어지기 시작했다. 그들은 예에 밝았기 때문에 장례·제례·혼례 등 기타 의식이 있을 때 경전을 가르치거나 숙련된 보좌역할을 했다. 일반적으로 이런 사람들을 '유儒'라고 불렀다.

인은 사람을 사랑하는 것이다. 공자 이전 시기에 인은 군주가 그의 백성에게 보이는 친애의 뜻으로 이해되었다. 이후 의미가 점차 확대되어 군주에게만 한정되지 않는 하나의 개별적인 덕목으로 '자비로움'을 가리키게 되었다. 공자는 모든 개별적인 덕목을 포괄하고, 모든 사람에게 적용되며, 완전한 덕성을 나타내는 말로 인의 의미를 변화시켰다.

중국인들은 공자를 최고의 성인이란 뜻에서 지성至聖이라 부르고, 맹자는 두 번째 성인이란 뜻으로 아성亞聖이라 부른다. 건물 이름도 공묘孔廟에는 지성전至聖殿, 맹묘孟廟에는 아성전亞聖殿이 있다.

왼쪽부터 취푸의 공묘, 난징의 부자묘, 베이징의 공묘이다.
부자묘(夫子廟), 문묘(文廟)라고도 한다. 공자 사후 1년 뒤인 기원전 478년 노(魯)나라 애공(公)이 취푸에 공자를 기리기 위해 제사를 위한 사당을 최초로 건립했다. 당(唐)나라 시대에는 이를 전국 각 주(州)와 현(縣)에 일제히 세웠다.

2. 쩌우이: 맹묘

공자의 계승자인 맹자孟子, 기원전 372년~기원전 289년는 취푸에서 남쪽으로 약 25km 떨어진 쩌우이鄒邑, 현재 鄒城市에서 태어났다. 노나라에서 추나라로 이주한 귀족 맹손씨의 후손이다. 그는 노나라로 가서 공자의 손자인 자사의 문인에게서 육경을 배웠다.

맹자는 "인간은 불인인지심不忍人之心, 누구나 남의 고통을 차마 보지 못하는 마음을 가지고 있다. 이제 어떤 사람이 한 어린아이가 우물에 빠지려는 것을 보았다고 하자. 그러면 누구나 깜짝 놀라서 측은한 마음을 갖게 될 것이다"라고 했다. 또한 그는 "측은惻隱한 마음이 없으면 사람이 아니며, 수오羞惡, 자기의 잘못을 부끄럽게 여기고 남의 잘못을 미워함하는 마음이 없으면 사람이 아니며, 사양辭讓하는 마음이 없으면 사람이 아니며, 시비是非, 도덕적으로 옳고 그름을 판단하는 마음이 없으면 사람이 아니다"라고 했다. 그는 이러한 인간의 보편적 도덕심을 토대로 인간의 본성이 선善하다고 한다.

맹자는 왕도王道정치를 주장한다. 왕도는 덕으로 다스리고 인을 행하는 정치를 말한다. 또 '여민동락與民同樂'을 역설했다. 백성들과 희로애락을 함께 할 수 있는 사람은 타인의 불행을 가만히 앉아 보고만 있을 수 없는 마음이 있다. 이러한 마음이 곧 '불인인지심'이다. 그가 말한 인정仁情이란 인간의 보편적 도덕심을 사회적으로 구현하는 것이다.

공자는 13년간 정치적·사회적 개혁의 이상을 실현하려고 각국을 순방했으나 어느 나라에서도 성공하지 못하고 결국은 노년에 고향으로 돌아왔다. 또한 맹자도 각국을 순방하여 국왕들에게 자기의 이상을 실천해 보려고 했지만 헛된 노력에 그치고 만년에 은퇴하여 『맹자』를 지었다고 한다.

기원전 221년 전국 7웅 중 진나라가 경쟁 나라들을 패배시키고 최초로 천하를 통일하게 되었을 때 전국시대는 종말을 맞이했다. 진 왕조는 중국에 통일국가를 건설한 후 제국의 통치를 튼튼히 하기 위해, 우선 6국의 병기와 민간이 보유하고 있던 병기를 함양咸陽, 陝西省에서 폐기하여 12개의 금인金人을 만들었다. 그 후에 다시 12만 명에 달하는 6국의 부호를 감시하기 편하도록 함양으로 강제 이주시켰다. 또 사상의 통일이 가장 시급하고 중요하다는 인식 아래 진의 재상인 법가 학자 이사李斯, 기원전 280년~기원전 208년의 건의로 사관이 기록한 책 중에서 『진기秦紀』를 빼고 모두 태웠다. 또한 의학·약학·점서占筮, 종수種樹에 관한 책을 제외한 『시경』·『서경』·『유가』·『도가』 등 제자백가사상의 저작과 기타 모든 문헌을 나라에 바치게해 불태워 버렸다. 『시경』이나 『서경』을 사적으로라도 논한 자들을 많은 이들이 보는 앞에서 처형했다. 기원전 213년에 진시황은 분서령을 반포했고, 2년 후에 유생 460여 명을 살해했다. 이것이 바로 '분서갱유焚書坑儒'이다.

분서갱유는 중국 봉건사회의 전제적 문화와 사상의 표본이었다. 특히 진 왕조의 전제정치는 지식인들에게 공포 그 자체였다. 지식인을 잔혹하게 진압한 진 왕조는 그들의 정권을 공고히 할 지식인들의 지지를 잃고 말았다. 분서갱유 후에 진나라는 서서히 멸망의 길로 들어섰다. 그 뒤를 이어 한 왕조가 건립되자 많은 고서와 '제자백가'의 저작들이 다시 빛을 보게 되었다.

왼쪽부터 『맹자』, 맹자상, 공자상

과거제도

수 양제는 진사과(進士科)를 설치하여 문학으로 관료를 뽑는 과거를 창시하였다. 당대에는 명경(明經), 명법(明法), 명산(明算), 명서(明書) 등의 과목이 생겨나 시문에 의한 등용과 유학에 통달한 인사를 선발하는데 중점을 두었고 법률, 산학 심지어 서예 분야의 인재 선발도 중시하였다. 송초에 과거 과목은 더욱 많아졌다. 왕안석(王安石)의 변법은 여러 과목을 한 과목으로 하여 경의(經義)의 해석을 중시하였는데 이는 후대 팔고문(八股文)의 발단이 되었다. 명대에는 팔고문을 중시하여 이후로 청 광서 때 과거제를 폐지할 때까지 지속되었다. 문과 과거 외에 측천무후가 스스로 황제라고 선포했을 때 설치된 무과거가 청대에까지 지속되었다. 시험 내용은 기병, 보병의 무예 외에도 무경칠서(武經七書)가 있었다.

한의 군주들은 진의 전례를 두고 경계하는 한편, 정치적인 통일을 유지하기 위하여 사상통일의 시급함을 느끼게 되었다. 한 무제는 기원전 104년에 조령詔令을 내려, 바르고 어질어 직언할 수 있는 선비를 모아 고금의 치도治道를 자문하고자 했는데 그 인원이 100여 명에 달했다. 그 중 동중서董仲舒, 기원전 176년~기원전 104년는 『천인삼책』을 올려 유학만을 받아들이며, 사람들의 사상을 공자의 저작인 『춘추』로 통일하자고 건의했다.

한 무제는 백가를 몰아내고 육예를 포상하라는 동중서의 건의를 받아들였다. 그리고 수도 장안에 전문적으로 유학을 가르치는 태학을 세웠다. 기원전 136년 다시 시·서·예·악·춘추에 능통한 오경박사를 설치하고, 오경박사가 선생이 되어 유가경전을 전담해 학생들을 가르치도록 했다. 이로써 유가 오경을 제외한 학문을 가르치던 학자들은 교사 자격을 상실했다. 한 무제는 기원전 135년에 전분을 재상으로 기용했다. 전분은 유가경전을 따르지 않는 박사를 모두 축출하고, 유생 수백 명을 폭넓게 기용했다. 이것이 유명한 '파출백가罷黜百家, 독존유술獨尊儒術'이다. 기원전 50년에는

중국문명의 자취를 둘러보다

● 105

태학에 3,000여 명의 학생이 있었고, 1세기에는 매년 1,000여명이 국가가 주관하는 시험을 치르고 관리로 충원되었다. 즉 유학교육을 받은 사람들이 관료제를 장악하기 시작한 것이다. 58년 모든 관학에서는 사원에 공자를 모셨고, 175년에는 황제의 후원 아래 학자들이 합의 본 경전에 대한 해설을 몇 십 년에 걸쳐 거대한 석판에 새기는 작업을 완성했다. 수도인 뤼양에 세워진 이 석비는 고전적 유교전통 형성의 완성을 상징했다. 이로써 유교는 전에 없이 발전하여 중국 2,000여 년의 봉건사회를 주도하는 사상이 됐다. 어떤 사람이건 관직에 등용되고 싶으면 '육경'과 '유학'만을 공부하면 되었다. 유학을 국가교육의 기반으로 만듦으로써 관리등용을 위한 중국의 과거제도의 기반이 마련되었다.

3. 악록 서원

중국의 유학은 송나라 때에 이르러 일대 변혁을 맞았다. 바로 이학理學, 성리학이 형성된 것이다. 이학은 유학의 내용을 중심으로 불교철학과 도가 사상을 흡수하여 성립됐다. 이후 점진적으로 발전하여 매우 독특한 신 유가학파를 이루었다.

남송의 주희朱熹, 1130~1200는 이학을 집대성하여 '이기론理氣論'을 제기함으로써 이학의 완성에 큰 공헌을 했다. 주희의 등장으로 경학經學, 경전 해석학에서 출발한 유학이 이학철학으로 완성되었다고 할 수 있다. 그가 세운 방대하고 엄밀한 이학사상 체계는 중국 학술사에서 700여 년간 확고부동한 지위를 차지했다.

원나라 때는 통치자들이 유학을 숭상했기 때문에 이학은 더욱 발전했다. 특히 원나라는 1313년에 과거법을 만들고 유교경전, 특히 주희의 『사서집주四書集註』를 시험 과목으로 삼아 관리를 뽑았다. 이로써 이학은 관방의 지도 이념이 되었다. 중국의 과거제도는 수나라 때 시작되어 송나라에 이르자 그 폐단이 심각해졌다. 송나라에서는 이런 폐단을 극복하기 위해 주로 시부詩賦와 경서의 인용을 시험 내용으로 삼았던 것을 바꾸어, 유가경전의 의미와 정치적 문제에 대해 논증하는 것으로 개혁했다. 하지만 새로운 시험법이 큰 효과를 거두지는 못했다. 이런 상황에서 인재 양성을 위해 학교 건립이 촉진됐다. 이는 과거제도와 호응하기 위한 결과였다. 송나라의 서원은 이러한 사회적 배경에서 나날이 번성했다. 대표적으로 백록동서원白鹿洞書院, 江西省 九江, 악록서원嶽麓書院, 湖南省 長沙, 응천부서원應天府書院, 河南省 商丘, 숭양서원嵩陽書院, 河南省 登封이 있다. 특히 백록동서원과 악록서원은 주희가 강학한 곳으로 유명하다.

맹자를 모신 사당, 아성전亞聖殿

헤이룽장성

지린성

신장 위구르자치구

막고굴

네이멍구 자치구

랴오닝성

허베이성
북당
원강석굴
산시성
남당

칭하이성

간쑤성

취푸 산둥성
쩌우이

룽먼석굴
소림사
샨시성
허난성
루이현
장쑤성
청진사

시짱 자치구

포탈라궁

칭청산

후베이성

안후이성

진교사

쓰촨성

저장성

후난성
장시성
악록서원

구이저우성

푸젠성
청정사

윈난성

광시좡족
자치구
회성사

광둥성
루푸산

타이완

■ 유교
■ 도교
■ 불교
■ 이슬람교
■ 천주교

하이난성

중국의 종교유적

중국의 도교

한 무제 이후 여러 황제들을 거치면서 외척들이 힘을 얻게 되었고 결국 권력쟁탈전을 벌였다. 그중 왕망은 평제를 독살하고 섭정을 하는 등 그 위세가 극에 달했다. 결국 한나라는 왕망에 의해 멸망당했다. 왕망은 국호를 신이라 하고 황제의 자리에 올랐으나 건국된 지 15년 만에 한 왕조의 후손 유수에게 멸망되고 말았다. 역사가들은 진나라에 이어 중국을 두 번째로 통일한 한나라를 전한前漢 혹은 서한西漢이라 부르고, 후에 뤄양을 수도로하여 다시 세워진 한나라를 후한後漢 혹은 동한東漢이라 부른다.

후한은 외척세력과 환관세력의 권력 쟁탈로 정치적 타락과 사회 전반의 침체가 뒤따랐다. 서쪽의 강족羌族이 그 틈을 타 변경을 자주 침입했다. 유능한 선비들이 정변으로 정가에서 축출, 제거되어 조정의 자정 능력이 현저히 저하됐다. 매관매직과 수탈이 빈번해지면서 백성들의 삶이 피폐해져 갔다. 도교의 성립은 이러한 시대적 배경과 무관하지 않다.

1. 루이현: 노군대

도교는 신선사상에 뿌리를 둔 중국 자생의 종교로서 노자본명 李耳, ?~?를 개조開祖로 하고 장도릉張道陵, 본명 張陵, 34~156을 교조教祖로 한다. 노자는 허난성河南省 루이현鹿邑縣 사람이다. 루이현은 허난성 동부에 위치한다.

노자와 장자

〈노자기우도老子騎牛圖〉 장로張路 작
101.5×55.3cm, 타이베이고궁박물원 소장

루이현은 상고시기에 수초가 풍성하고 사슴의 울음소리가 들리는 옥토의 땅이었다. 루이현의 동북쪽에 노군대老君臺가 있는데, 전하는 바에 따르면 노자가 이곳에서 득도하여 승천했다고 한다.

노자는 주나라 왕을 섬겼으나 뒤에 관직을 버렸다. 당시 주나라의 예악제도가 붕괴되고 형식만 남아 있었다. 예악은 형식적인 허례虛禮가 되어 생명력을 잃어버리고 오히려 삶을 방해했다. 이때 유교가 예악에 새로운 의미를 부여하려고 한 반면, 노자는 인위적으로 만든 예악이 인간을 불행하게 만들었다며 비판했다. 따라서 노자는 인위적 조작을 떠나 자연에 맡겨 살아가는 데서 참된 행복을 누릴 수 있다는 '무위자연無爲自然'을 주장했다. 노자는 서한 초기까지만 해도 아직 신선가와 그다지 연계되지 않았다. 노자는 도가에 속하는 인물이었지 신선가는 아니었다. 역사서의 기록으로 볼 때 동한 시대에 와서 노자는 불사不死를 얻으려는 희망을 가진 많은 추종자들의 관심을 끌었다. 2세기 언제부턴가 도교 신도들 사이에 노자가 자신들을 구원해 줄 수 있는 예언자로서 신도들에게 모습을 보인 신이라는 믿음이 시작되었다. 동한의 황제조차도 146년과 149년 사이에 노자의 사당을 건립했다. 166년 황제는 개인적으로 사당을 방문하여 노자에게 제사를 드렸다. 도교 혹은 노자 숭배는 후손이 조상을 숭배하도록 부모에 대한 의무를 강조하는 유교사상의 대안으로 등장했다.

2. 칭청산: 상청궁

한나라때 대다수 농민반란의 지도자들은 노자를 만나 새로운 유토피아 시대의 도래를 예시 받았다고 주장했다. 이중 영향력이 컸던 집단이 바로 오두미도五斗米道이다. 오두미도는 천사도天師道라고도 하는데 2세기 초에 중국 도교의 교조이며 초대 교주인 장도릉이 창시했다. 그는 본래 신앙치료 사였는데, 신자들에게 치료비나 종교헌금의 명목으로 매년 쌀 5두를 내게 한 데에서 오두미도라는 이름이 생겼다. 그에게 붙여진 천사라는 존칭은 아들 장형, 손자 장로에 의해 계승되었다. 전설에 의하면 장도릉은 칭청산에서 득도했다고 한다. 칭청산青城山은 쓰촨성四川省 두쟝옌都江堰에 위치한다. 수목이 비취빛을 띠고, 사계절 항상 푸르다고 하여 칭청산이라는 이름이 붙었다고 한다. 이후 칭청산은 천사도교 종파의 종산이 되었다.

장로 때 중국 중부지방에서는 농민들이 가난과 굶주림에 시달렸다. 이곳에서 생긴 불만을 이용하여 독자적인 군대를 만들고, 새로운 독립 국가를 세웠다. 또 여행자를 위한 여인숙을 만들고 범죄자를 관대하게 처분하여 교세의 확장을 꾀했다. 이러한 과정에서 다른 도교 지도자인 장수와 결합했으며, 이 둘은 점차 세력을 키워 쓰촨 전역을 지배했다. 그러나 불화가 생겨 장로가 장수를 죽였다. 215년 장로는 한나라의 장군 조조에게 항복했으며, 조조는 그에게 높은 직위를 주고 제후에 해당되는 봉토를 주었다.

〈몽접도夢蝶圖〉 유관도劉貫道 작
30×65cm, 미국 개인 소장

3. 루푸산: 충허관

도교의 이론적 체계를 세우고 수련을 통해 신선이 되는 방법을 세운 이
는 갈홍葛洪, 283~43이다. 그는 루푸산羅浮山, 廣東省 博羅縣에서 도를 깨달아 연단
을 만들고 저술 활동을 했다. 그는 거주지의 남쪽에 도허관道虛觀이라는 암
자를 세웠다. 뒤에 그를 추종하는 수행자들이 늘어나자 또 동쪽에 구천관九
天觀, 서쪽에 황룡관黃龍觀, 북쪽에 수료관酥醪觀을 세웠다. 갈홍이 죽자 사람
들은 '갈홍사葛洪祠'를 세우고 그를 기념했다. 송나라 철종은 그 이름을 고쳐
'충허관沖虛觀'이라는 편액을 하사했다.

갈홍의 대표적 저작인 『포박자』는 위진남북조시대 신선도교의 대표작이
고, 위진남북조 시대 도교이론과 방술을 집대성한 중요한 서적이다. 동한 이
래의 원시 도교의 기본 관념에 위진 시대의 현학 사상을 흡수한 성과물로,
미흡했던 이론과 미신적 색채의 결함을 보강한 것이다. 즉 상층 통치계급에
게 인정받을 수 있을 만큼 도교의 지위를 끌어올렸다. 도교 발전사의 중요한
개혁인 그의 연단술 연구와 실천방안은 후세에 심대한 영향을 끼쳤다.

도교는 북위北魏와 당나라에서 국가종교로서의 지위를 확립하는 데까
지 이른다. 도교가 공식적으로 국가종교가 된 후 북위의 전 지역에 100명
정도의 도사가 있는 도단이 설치되고 도교 일변도의 정책이 진행되었다.
446년에 중국 최초의 폐불 칙령이 발포되어 불교에 대한 전국적인 탄압
이 전개되기도 했다. 당 왕조는 마침 도교의 개조인 노자가 '이李'라는 성
을 가지고 있었기 때문에 노자를 당 왕조의 선조로 삼아 존승했다. 당조에
는 일찍부터 모든 주에 도관道觀이 건립되었다. 황족, 친왕, 귀족 등이 기증
한 것을 제외하고도 약 2천여 개의 관립도관과 1만 5천여 명의 도사가 있
었다. 이후 당의 멸망과 함께 도교는 국가종교의 지위를 상실했지만 그 활
동은 계속 이어졌다.

중국의 불교

불교는 동한 시대에 인도로부터 중앙아시아를 거쳐 대월지大月氏, 지금의 신장에 들어와 중국으로 전파되었다. 불교의 전파에는 깊은 사회적 요인이 있다. 첫째, 동한 시대는 사회 각 계층 간의 모순이 날로 격화되어 민중의 생활은 전쟁과 빈곤과 죽음의 늪에 빠져 있었다. 혼란한 사회현실은 불교에서 내세우는 '인생무상'과 '중생개고衆生皆苦'라는 사상과 부합하여 불교의 전파에 유리했다. 둘째, 서한 시대 이래로 중국에는 방술의 미신이 유행하여 동한 시대에는 도교가 생겨났다. 이러한 귀신, 점복, 신선의 방술들이 모두 불교가 전파되는 조건을 제공했다. 셋째, 서역으로 가는 비단길의 개통과 바닷길을 통한 비단길의 개통은 서역과의 교류를 강화시켰고, 불교의 전파를 가능하게 했다.

최초의 불교 전파자는 중앙아시아와 인도에서 건너온 외국 상인이었다. 상인들은 서력이 시작될 무렵 중국의 수도에 처음으로 도착했다. 그들은 뤄양에서 중국인과 분리된 소규모의 독립적 신앙공동체를 설립했다. 한대는 불교가 처음 전래된 시기여서 불교를 제대로 이해하기에 어려움이 있었다.

이에 따라 중국 고유의 사상으로 불교를 해석하고 설명하고 이해하는 태도를 취했다. 그 당시는 신선학의 방술 사상이 유행하고 있었기 때문에, 사람들은 방술의 신선학 사상으로 불교를 이해했다. 따라서 불교를 도술의 일종으로 간주하여 '불도佛道'라고 불렀다. 위진남북조 시기에 사회적 동란이 그치지 않는 상황에서 불교는 고난을 겪고 있던 수많은 민중들의 정신적 지주가 되었다.

도교의 5대선산

천사도天師道의 룽후산龍虎山, 江西省 貴溪縣, 상청파上清派의 마오산茅山, 江蘇省 句容, 金坛, 무당파武當派의 우당산武當山, 湖北省 丹江口, 전진파全眞派의 라오산嶗山, 靑島, 오두미도五鬥米道의 칭청산靑城山, 四川省 灌縣.

1. 윈강석굴, 룽먼석굴, 막고굴

중국에서는 3세기부터 4세기까지 비교적 형이상학적인 성격을 띤 불경들이 다수 번역됐다. 이때에 불교는 도교보다도 도가사상과 매우 유사한 것으로 간주되었다.

그래서 불교저술은 도가사상에 의하여 해석되기도 했다. 우리는 이 방법을 격의格義, 즉 유비에 의한 해석이라고 한다. 이는 자연히 부정확성과 왜곡을 수반하게 되므로, 불경 번역이 홍수처럼 쏟아져 나온 5세기에는 이 격의가 채택되지 않았다. 불경 번역을 위해 후진後秦의 군주 요흥이 중앙아시아 승려인 구마라습鳩摩羅什,344~413을 장안으로 초빙하여 공적인 재정후원을 받는 최대 규모의 번역사업을 벌였다. 구마라습은 장안에서 401년부터 번역사업 부서를 관장했다. 그와 조력자들은 300권이 넘는 39종의 불경을 번역했다.

구마라습 시대에 인도와 중국 모두 대승불교大乘佛敎라는 새로운 신앙에 찬동하는 신도가 늘어났다. 대승불교의 수도자들은 부처가 가르침을 설파한 초창기부터 전승된 교리에 대해 소승불교小乘佛敎라는 새로운 이름을 만들어 붙였다. 소승불교는 승려로 출가한 극히 소수만이 열반이 가능하다고 주장했다. 반면 대승불교의 옹호자들은 일반 대중도 구원받을 수 있다고 강조했다. 소승불교는 부처의 본래 가르침에 따라서 불상에 대한 숭배를 억제

불교의 4대명산

관음보살의 도량인 푸퉈산(普陀山, 浙江省 寧波), 보현보살의 도량인 어메이산(峨嵋山, 四川省 峨嵋縣)*, 지장보살의 도량인 주화산(九華山, 安徽省 靑陽縣)**, 문수보살의 도량인 우타이산(五臺山, 山西省 五臺, 繁峙).
*어메이산에서 동쪽으로 31킬로미터 떨어져 있는 러산(樂山)에 중국 최대의 석불이 있다. 러산대불은 높이 71미터, 머리 너비 10미터, 어깨 너비 28미터로 어메이산과 함께 유네스코 세계복합유산으로 등록되어있다.
**주화산에서 가장 오래된 사원은 화성사(化城寺)로 이 절은 당나라 때 세워졌고, 지장왕(地藏王)인 김교각(金喬覺, 696~794)이 고행 수련을 한 곳으로 알려져 있다.

베이징의 불교사원

옹화궁(雍和宮), 라마교 사원, 벽운사(碧雲寺), 오백나한당, 십방보각사(十方普覺寺), 와불, 담자사(潭柘寺), 탑림 등.

했다. 그러나 대승불교는 석굴과 같이 대규모의 불상 건립을 장려했다. 또한 소승불교의 승려들은 부처를 위대한 스승이지만 인간으로 여기는 반면, 대승불교의 승려들은 엄청난 기적을 일으킬 수 있는 신적인 존재로 보았다.

대승불교의 유행으로 북위시대에 불교 석굴예술은 위대한 성과를 거두었다. 그중 가장 대표적인 것은 윈강雲岡·룽먼龍門석굴이다. 그 중 윈강석굴은 5세기에 산시성 북부와 만리장성의 접경 부근大同에 건축되었다. 이것은 이민족인 탁발씨가 세운 북위의 황제들이 446~452년의 불교탄압에 대한 속죄의 뜻으로 행한 조치 가운데 첫 번째 사업이었다. 현재 남아 있는 석굴은 494년까지 30여 년에 걸쳐 건축된 것이다. 494년 북위는 수도를 평성平城:지금의 산시성 다퉁에서 남쪽 뤄양으로 옮긴 후, 윈강에 석굴사원을 건축한 대역사를 본받아 수십 년에 걸쳐 룽먼석굴을 건축했다.

2. 자은사

100년에 가까운 분열 시대를 거쳐 중국은 마침내 수隋의 통일 왕조를 맞이했다. 수백 년의 포교와 발전을 겪은 불교는 수나라 시대에 이르러 중국적인 특색을 갖춘 불교의 종파가 나타났다. 당나라

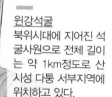

윈강석굴
북위시대에 지어진 석굴사원으로 전체 길이는 약 1km정도로 산시성 다퉁 서부지역에 위치하고 있다.

왕조가 수립된 후에는 경제가 번영했고 문화가 발달했으며 사회는 안정되었다. 이에 따라 불교는 전성기에 진입했다. 남북조시대의 수입 불교가 중국불교로서 새롭게 조직되는 계기가 되었다. 불경의 번역, 해석, 연구가 결실을 맺고 교단의 조직이 재편되어 여러 종파가 독립되었다. 따라서 수당의 불교

옹화궁 불상
베이징 최대의 라마교 사원이다. 라마교는 티베트 불교로 1744년 건륭제가 티베트와 몽골과 선린친화의 목적으로 라마사원으로 개조하였다.

는 명실공히 중국불교로서 정착되었던 것이다.

당대 불경의 번역 사업에서 대표적인 업적을 남긴 이는 현장玄奘, 603~664이다. 현장은 629년 서역을 거쳐 서돌궐을 통해 천축국, 인도에 가서 15년 동안 불교 교의를 깊이 공부하며 56개 나라를 주유했다. 그는 645년 장안으로 돌아와 당태종의 지원을 받으며 불경 번역 작업에 착수했다. 현장은 장안에 위치한 자은사慈恩寺주지로 있으면서 죽을 때까지 75부 1,330권을 번역했다. 자은사는 당고종이 그의 어머니 문덕황후의 자은에 보답하기 위해 648년에 세웠다. 절 안에 있는 대안탑大雁塔은 현장이 직접 감독하여 만든 것으로, 그가 인도에서 가지고 온 경문을 번역하고 보관하기 위해서 652년에 건축된 것이다.

수당대의 대표적 종파로는 수나라의 천태종天台宗, 당나라의 법상종法相宗 · 화엄종華嚴宗 · 밀종密宗 · 율종律宗 · 선종禪宗 등이 있다. 수당시기가 각 종파가 흥성한 최전성기였다면, 이후부터는 선종을 제외한 모든 종파가 쇠퇴하기 시작했다.

송대에 들어와서 천태종이 부흥했다고는 하지만 선종의 성행에는 미치지 못했다. 선은 임제종 · 위앙종 · 조동종 · 운문종 · 법안종 등 이른바 선종오가로 나뉘어 발전했다. 나중에는 운문과 임제 두 계통이 활발하게 세력을 키워갔다. 선종은 '불립문자不立文字', '교외별전教外別傳'을 내세우며 '직지인심直指人心', '견성성불見性成佛'을 주장한다. 선종에서는 인간의 마음을 탐구하여 본래 지니고 있는 성품이 부처의 성품임을 깨달을

막고굴

세계 최대의 불교 석굴군으로 속칭 천불동이라고 하는데 간쑤성 둔황시 동남쪽에 자리 잡은 밍사산 동쪽 산기슭의 50여 미터되는 높은 절벽에 층층의 동굴로 배열되어 있다. 전진(前秦)시대 둔황에 머물던 낙준이란 승려가 사방으로 빛나는 금빛을 보고 석굴사원을 조성하기 시작한 것이 그 시초이며, 이후 위진남북조와 수, 당, 5대10국, 송, 서하, 원나라를 거치며 석굴이 조성되었다. 수백 년 동안 벼랑을 파고 수많은 석굴 사원이 생겨나 한때는 1천 개가 넘었으나, 현재는 천연색불상과 벽화가 있는 496개의 석굴과 약 1,400개의 불상과 4만 5,000제곱미터의 벽화가 석굴 안에 남아 있다. 17번 번호가 붙여진 굴속에는 신라 혜초 스님이 남긴 '왕오천축국전'이 다른 보물들과 함께 보전되어 있다.

때 부처가 된다고 한다. 언어나 문자를 통하지 않고 곧바로 부처의 마음을 중생의 마음에 전하므로 불심종佛心宗이라고도 하며, 수행법으로 주로 좌선을 택한다.

선종은 비록 좌선을 중시하지만 그것만을 수단으로 삼지 않는 깨달음의 종교이다. 일상의 모든 동작에서도 선을 실천할 수 있다고 보기 때문에, 집단노동을 중시하고 속어를 구사하는 일상의 문답으로 그 종지를 선양했다. 인도 승려 보리달마菩提達磨가 중국 선종의 초조初祖이다. 혜가 이하 세 선사를 거쳐 제5조 홍인 밑에서 남북 양종으로 나누어진다. 제5조 홍인 문하에서 혜능慧能, 638~713이 남종선을 열었고, 신수神秀, 606~706는 북종선을 열었다. 이 양분을 '남능북수南能北秀'라 한다.

3. 소림사

소림사는 허난성 덩펑登封의 북서쪽, 쑹산嵩山의 하나인 소실산小室山에 세워진 선사禪寺이다. 북위의 효문제는 불교를 독실하게 신봉했다. 496년 인도의 사문인 발타가 뤄양에 와서 불법을 전하다가 효문제의 극진한 존경을 받았다.

효문제는 칙령을 내려 소실산의 북쪽 기슭에 그와 제자들을 위하여 절을 짓게 했다. 그 절이 소실산의 밀림 깊은 곳에 지어졌기 때문에 이름을 '소림사'라 했다. 그 후 527년에 인도승 보리달마가 와서 오랫동안 머물며 선법을 전했다. 그는 인도를 떠나 바닷길을 통해 동쪽으로 왔으며 제일 먼저 광저우廣州에 도착했다고 한다. 그는 불법을 전파하며 창강을 건너 소림사로 왔는데, 그때 갈댓잎을 타고 창강을 건너는 신통력을 보여 명성을 얻게 되었다. 이것이 바로 유명한 '일위도강一葦渡江'이다. 달마는 천연석굴

쑹산의 소림사
당나라때 496년 달마대사가
소림사를 창건하였다.

에서 9년간 면벽 좌선을 했다. 면벽 9년 동안 그가 마주보고 앉았던 돌에는 그의 모습이 그대로 남아버렸다고 전해진다. 달마가 선종의 비조로 존숭 받게 되자, 소림사도 선종의 조정이 되었다. 이외에 장전불교藏傳佛教라고도 하는 서장불교西藏佛教, 즉 속칭 라마교로 알려진 티베트불교가 있다.

4. 포탈라궁, 타시룬포사원

티베트불교는 10세기 후반에 형성되었다. 13세기 중엽에 몽고 지구에 전해지기 시작했는데 현재는 몽고족, 토족土族, 유고족裕固族 등의 민족들이 여전히 티베트불교를 신봉하고 있다. 티베트가 처음으로 통합되어 통일 체제를 유지하게 된 것은 7세기경 송챈감포608~650왕에 의해서이다.

그는 티베트 전역을 통일한 뒤, 라싸를 수도로 정했다. 이때 송챈감포는 중국 당나라당태종의 수양딸인 문성공주와 네팔 출신척존공주의 두 왕비를 통해 중국계와 인도계의 불교를 영입했다. 티베트 주민들은 예로부터 '본교'라고 불리는 일종의 원시종교를 신봉했다.

본교는 만물에 깃들어 있는 영혼을 숭배하는데, 동물을 희생으로 삼아 복을 기원하고 재앙을 소멸시키며 길흉을 점치고 귀신을 물리치는 무속신앙이다. 티베트불교는 본교를 배척하지 않는 혼합된 형태를 지니고 토착화했다.

그 후 8세기 중엽에 인도에서 밀교가 유입된 뒤부터 티베트불교의 근본은 밀교가 되었다. 밀교는 주술적 의례를 통하여 신비주의적 교리를 교설하는 가르침이다.

티베트불교는 본교의 자연신을 불교의 보호신으로 받아들이고, 본교를 밀교의 체계 안으로 편입시켰다. 791년에 불교를 티베트의 국교로 선포하고 본교의 전파를 금지했다. 지금도 밀교는 티베트의 지배적인 종교 또는 종파이다. 그러므로 '밀교'라는 말은 티베트불교와 동의어로 사용되기도 한다.

티베트불교의 가장 중요한 특징은 활불전세活佛轉世제도이다. 활불전세란 부처가 현실세계 중에 몸을 드러낸 육체가 열반 후에 화신의 방식으로 전생하여 다른 한 육체의 사람으로 되는 것을 말한다. 티베트불교에는 중요한 두 개의 활불이 있다. 달라이라마는 관세음보살의 환생이며, 판첸라마는 아미타불의 환생이라고 한다. 달라이는 몽골어로 대해大海를 뜻하며, 라마는 상인上人, 즉 덕이 높은 스승을 가리킨다. '달라이라마'라는 존호는 티베트를 통치하는 법왕에 대한 존칭이다. 티베트불교는 불·법·승의 삼보 중에서도 라마승을 가장 존숭하기 때문에 라마승이 성불할 수 있도록 정신적으로나 물질적으로 라마승을 공양해야 한다고 주장한다. 역대의 달라이라마들은 포탈라궁에 거처하며 정치와 종교를 장악하는 최고 권력자가 되었다.

판첸은 티베트어로 '대박학자大博學者, 대지혜자'라는 뜻이다. 역대 판첸은 대개 타시룬포 사원에 주석했으며, 정치적으로는 지방 정권을 보유했다.

특히 해발 3000미터의 기슭에 요새 모양으로 지은 달라이라마의 궁전인 포탈라궁은 티베트 전통건축의 걸작으로 1994년 세계문화유산으로 지정됐다. 궁전의 벽 전체에 붉은 빛이 칠해진 홍궁紅宮은 종교의식을 행하는 곳이고, 흰 빛으로 칠해진 백궁白宮은 달라이라마가 정사를 돌보는 곳이다.

중국의 이슬람

이슬람교는 당대에 중국에 전래되었는데, 중국의 종교 중에서 유일하게 소수민족에만 전래되었다. 아랍인들과 함께 이슬람교가 유입됐다. 아랍인은 육로와 해로를 사용해 중국과 교류했다. 이슬람교도는 중국에 일찍이 육로를 통해 두 번에 걸쳐 들어왔다. 한 번은 당 현종이 '안사의 난'을 평정할 때 투르크아라비아 등으로부터 병마 20여 만을 빌렸다. 그중 많은 사람이 중국에 남아서 후대에 번성하여 청진사清眞寺: 중국에서는 이슬람 사원을 청진사로 통칭함를 세웠다. 또 한 번은 원대 칭기즈 칸이 원정 후 돌아올 때 중앙아시아의 많은 이슬람교도들이 중국에 들어와서 중국의 서북 각 지역에 거주했다.

해로를 통해서는 당·송에 걸쳐 남해선을 타고 온 아라비아, 페르시아의 상인이 중국 남부의 광저우, 취안저우泉州, 양저우揚州 등 상업 항구에서 거주하면서 무역으로 거부가 되어 '변방'이라는 외국인 거주구역이 설치되기도 했다. 그뿐 아니라 중국인과 결혼하여 다년간 거주한 서아시아인은

투후루커吐虎鲁克 능묘

'오세 거주 번객', '토생 번객' 등으로 불렀다. 이렇게 중국에 토착화한 서아시아인은 나중에 중국 이슬람교도의 일부를 형성했다.

이슬람교 건축은 동남 해안지대의 도시와 장안 등지에 집중적으로 분포했다. 광저우廣州의 회성사懷聖寺, 취안저우泉州의 청정사淸淨寺, 항저우杭州의 진교사眞敎寺, 양저우의 청진사淸眞寺는 이슬람교의 4대 사찰로 유명하다. 이 4대 사찰은 모두 당·송대에 세워졌다.

13~14세기 원 시기에는 이슬람교에 관용정책을 취하여 서아시아의 이슬람교도가 병사나 직공·노예·상인으로서 원나라로 대거 이주했다. 또 원나라 관리로 일한 자도 많았다. 그들은 중앙아시아를 거쳐 중국의 여러 지방으로 이주해 살았는데, 서역인·색목인·회회인 등으로 불렸다.

원대 이후 중국에는 이슬람교 건축물이 많이 세워졌다. 이슬람교 건축은 전국에 두루 퍼지면서 점차 건축 체계가 둘로 나뉘었다. 시안의 청진사는 내륙 지방에 거주하는 회족이 세운 이슬람교 건축의 전형이다. 이 사찰은 명나라 때인 1392년洪武 25에 건립되었는데, 바닥이 좁고 긴 형태이며 앞뒤로 4중 정원이 있고 동서 축선을 따라 각종 건물이 대칭으로 배치되어 있다. 이는 중국의 다른 전통 건축물과 큰 차이가 없다. 대전大殿은 전랑前廊, 예배전禮拜殿, 후요전後窯殿의 세 부분으로 이루어져 있는데 ㅁ자 모양으로 잇닿아 있는 홑처마 지붕을 하고 있으며, 내부는 붉은색과 금색의 아라베스크 무늬와 아랍 문자로 장식되어 있어 매우 화려하다. 훠청霍城의 투후루커 능묘는 신장 지역에 살고 있는 위구르족 이슬람교 건축의 전형이다. 이 무덤의 주인은 칭기즈 칸의 7대 손인 테무르이다. 묘사墓祠는 바닥이 4각형이며 중앙에 돔이 있다. 대문은 백색·자색·남색의 유리조각을 끼워 넣어 정교하고 아름다우며 특이한 갖가지 무늬를 이루고 있다.

중국의 천주교

천주교가 중국에 전래된 것은 원나라 시기이다. 기록에 의하면 1294년 두 명의 외국인 선교사가 들어와 베이징 문두구門頭溝 후상욕後桑峪에서 선교를 시작했다. 1344년 이곳에서 몇 칸의 민간주택에 베이징 최초의 성당을 건립하게 된다.

명 말인 1582년 이탈리아의 선교사 마테오 리치가 중국에서 선교를 시작했다. 그는 유학자가 입는 옷을 입고, 유학자가 쓰는 관을 쓰고, 중국어를 배우고 한학을 연구했으며, 아울러 서양과학기술을 매개로 하여 중국 사대부와 교제했다. 이로 말미암아 만력 황제의 예우를 받았다. 그에 이어 천주교의 많은 선교사들이 중국에 들어와 선교활동을 했으며, 조정과 사대부의 신임을 얻어 10여 개의 성에서 선교의 자유를 승인받기도 했다.

1622년 선교사 아담 샬이 베이징으로 오고 나서 본격적으로 천주교당이 베이징성 내에 건립되기 시작했다. 현재에는 베이징 시내에 동당東堂·서당西堂·남당南堂·북당北堂·동교민항당東交民巷堂·남강자당南崗子堂·평방당平房堂·동관두당東管頭堂 등 총 8개의 성당이 있고, 교외에 9개의 성당이 있어 베이징 내에는 총 17개의 성당이 존재한다.

베이징 내 성당의 건축 양식은 유럽의 성당 건축양식과 거의 비슷하다. 주로 로마, 고딕양식 위주이다. 다만 서양의 성당 건축 양식이 주로 동쪽을 향하고 있는 반면에 베이징의 성당들은 중국 전통적인 풍수사상에 의해 남쪽을 향하고 있다. 여기에 성당 외부에 별도로 마련된 성모산 혹은 성모정이 있다. 성모산에서 산이란 중국의 전통 정원양식의 인공산을 말한다. 성모상을 이러한 작은 인공산 내의 인공동굴에 안치했고 성모정은 중국식 전각 안에 성모상을 모셨다. 그야말로 독특한 중국전통과 천주교양식의 만남을 이루게 된다.

베이징 시내에서 가장 오래된 천주교성당은 남당南堂이다. 일반적으로 선무문당宣武門堂이라고 불리는 곳이다. 초기에는 마테오 리치에 의해서 건립된 작은 규모의 성당이었던 것이 1650년 아담 샬 신부가 넓게 확장해서 베이징성 내 최대의 성당이 되었다.

북당의 원 소재지는 중난하이 반잠지畔蠶池입구였으며, 1703년 처음 문을 열었다. 1887년 중난하이의 확장공사로 문을 닫았다가 후에 청 정부가 은 45만 냥을 지출하여 서안문西安門쪽으로 새로이 건축했다. 1900년 성당의 개수 때 1층을 더 올려 현재의 원형이 됐다. 북당은 우리나라 천주교회사와 밀접한 인연이 있다. 1784년 이승훈이 예수회 신부 그라몽으로부터 한국인 최초로 영세를 받았고, 이 교회로부터 천주교 자료를 다수 가지고 입국하여 한국 천주교회 발전의 본격적인 시발점이 되었다.

베이징북당성당

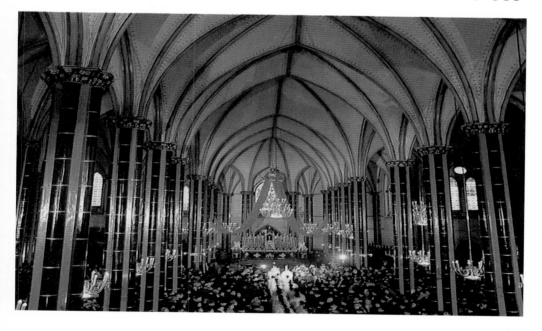

▶ 중국 교육의 어제와 오늘

교육은 인재의 배출과 국민의식 수준의 향상과 밀접한 관련이 있다. 아울러 오늘날 과학, 문화 및 사회 전반적인 발전과도 관련이 있다. 중국의 교육 역사는 유구한 전통을 지니고 있으며 그 내용도 풍부하다. 중국의 이해에는 중국교육의 과거와 현재를 이해하는 것이 반드시 필요하다.

1. 고대 교육

중국 고대 교육은 중국 고대인의 지혜와 뛰어나고 풍부한 문화전통을 함축하고 있다. 아울러 중국 민족문화의 전파와 발전, 중화 민족정신의 형성에 있어 매우 중요한 작용을 했다.

중국은 상고시기인 하夏대부터 교육의 맹아가 싹트기 시작했다. 당시에 전문적으로 경험을 전수하는 장소인 '상庠: 원시적인 학교의 모습'이라는 것이 나타난다. 상商대에 이르러 중국에는 정식 학교가 나타나기 시작했다.

이후에 오랜 노예 사회와 봉건시대에서 중국은 학교 규모와 명칭에는

〈나한도羅漢圖〉, 귀장歸莊의 작
가로 35.3cm 세로 26cm
클리블랜드예술박물관소장
공자가 제자들에게 강연하는 모습

화가 있었지만 교육의 기본 형식은 큰 변화가 없었다. 중국 고대의 교육기관은 주로 '관학교육', '사학교육', '서원교육'세 가지 유형으로 존재했다. 중국 고대 교육은 중국 고대인의 지혜와 뛰어나고 풍부한 문화전통을 함축하고 있다. 아울러 중국 민족문화의 전파와 발전, 중화 민족정신의 형성에 있어 매우 중요한 작용을 했다.

관학교육은 서주西周 시기에 시작되었다. 관학은 정부가 설립한 학교로 국학國學과 향학鄕學으로 분류된다. 국학은 주周왕조나 각 제후국의 수도에 건립되었고, 반면에 향학은 지방에 설립되었다. 교육 내용은 예절, 음악, 활쏘기, 말 타기, 글쓰기, 수학 禮·樂·射·御·書·數 등을 포함하여 '육예六藝'라 했다. 당시 학생들은 대부분 귀족 자제였다. 춘추전국春秋戰國 시기에 이르러 귀족적인 관학이 쇠퇴하고 사학의 건립이 성행했다.

한漢대에 이르러 관학이 다시 흥기했고 중앙 관학과 지방 관학으로 나뉘었다. 수당隋唐 시기에 경제가 번영하고 문화도 번성하여 교육 사업도 큰 발전을 한다. 따라서 중앙관학에서 지방관학, 관학에서 사학에까지 다양한 학교 교육 형태가 형성되었다. 이러한 교육 제도는 송宋·원元·명明·청淸에까지 계승되었다. 수隋대 이후에 중국은 처음으로 과거제도를 시행했다. 이후의 관학은 완전히 과거제도에 종속되어 관리가 되는 과정에 반드시 거쳐야 할 입문과정이 되었다.

사학교육私學敎育은 춘추시기에 시작되었다. 유학의 창시자인 공자孔子의 사학은 그 규모가 가장 컸고, 영향력도 가장 컸다. 그는 귀천의 차별 없이 입학을 허용하여 3,000여 명의 학생을 거느려 비로소 학교 설립 형태인 사학이 만들어졌다. 전국시기에 유가, 묵가, 도가, 법가 등의 학파인 '백가쟁명百家爭鳴' 각 학파의 대표 인물들은 제자들을 모집하여 학술을 강연하며 자기의 사상과 정치 주장을 펼쳤다. 사학의 흥행은 관학과 병립하는 교육의 중추가 되었다. 춘추전국시기의 사학은 학문과 문화의 번영을 촉진시켰다. 사학 교육은 비록 비정규적이었지만 설립 방법이 편리하고 자유로워 다양한 학술 사상의 발전에 많은 도움을 주었다. 동시에 귀족들이 교육을 독점했던 것을 타파하여 평민들에게도 학습할 수 있는 기회를 제공했다. 한漢대 이후부터 사학은 중국 교육제도의 매우 중요한 부분이 되었다.

서원 교육은 당唐대에 시작되어 송宋대에 성행했다. 전통적인 사학 교육에 비하여 서원 교육은 기구, 제도, 학술상에 있어 완비된 구조를 가졌다. 오랜 학교설립 과정 속에서 서원 교육은 독특한 학풍을 형성하였다. 서원 교육은 학술연구를 강조하고 심신을 수양하며 자유로이 학술을 강연하는 백가쟁명을 제창하였다. 교학방법은 선생의 지도하에 학생들이 스스로 공부하고, 개별적으로 탐구하여 서로 묻고 답하고, 선생이 설명을 해주는 세 가지가 결합되었다. 서원 학교의 학생이 된다는 것은 진정으로 학식과 인덕이 높은 학자에게 학문을 익혀 인격도야와 진리추구를 위해서였다.

　　송대의 4대서원으로는 백록동白鹿洞 서원, 악록嶽麓서원, 숭양嵩陽서원, 응천부應天府서원이 있었다. 서원 교육은 중국 고대 교육의 주요한 형태 중의 하나로 인재를 배출하고 학술을 발전시키는 데 중요한 역할을 했다. 그러나 명청明淸시대에 이르러 서원 교육은 관학화 경향이 갈수록 심화되어 대다수는 관학과 결탁되어 과거 시험을 준비하는 장소가 되었다. 청淸대 말기, 즉 1905년에 근대교육의 흥기에 따라 과거제도는 폐지되었고 1,000여 년 지속되었던 서원 교육의 역사도 종결되어 서원은 새로운 형태로 변화되었다.

국자감 벽옹
베이징 국자감은 원·명·청 3대에 걸친 국가 최고의 교육기관으로 오늘날 대학에 해당된다. '벽옹'은 청나라 건륭제 때 지은 건물로 건륭제가 직접 공자의 도를 강의했다.

서원의 전래

서원書院은 본래 당대唐代 현종玄宗 개원開元 13년서기725년에 서적을 모아서 소장하고 정리 편찬할 목적으로 세운 여정전서원麗正殿書院이 효시이다. 당시 서원의 역할은 서적의 편찬과 보관에 지나지 않았다. 송대에 이르러 본격적으로 전국 각처에 설립되어 사학 기관으로서 자리 매김을 하게 된다. 서원은 시대에 따라서 성쇠盛衰를 달리 했지만 그 주된 역할은 크게 두 가지로 나눠볼 수 있다. 하나는 제향祭享이라는 의례를 통하여 선현先賢들의 학덕學德을 추모追慕했으며, 또 다른 하나는 학덕이 높은 지역의 선비들을 중심으로 학생들을 모집하여 인재를 양성했다. 즉, 정신적인 지주가 되는 사당의 역할과 현재의 발전을 도모하는 학교의 기능을 담당했다.

송대宋代초기에 통치자들은 군사와 정치제도의 개혁에만 관심을 가지고, 문교文敎정책은 소홀히 했다. 그 결과 주현州縣의 관학은 점점 쇠퇴하였다. 서원은 의식 있는 지식인들의 각성에 의해 사학 기관으로 새롭게 등장한다. 학자들은 한적한 곳을 택하여 기금을 조성하여 서원과 정사精舍를 세웠다. 어떤 곳은 전답을 임대하여 경비를 충당하기도 했다. 이들 서원은 후대에 일반적으로 조정에서 사액賜額과 서적을 받는 등의 혜택을 입어 관官의 승인을 얻었다. 당시 가장 유명했던 곳은 백록동白鹿洞서원이다. 이곳은 주자朱子가 강학하고 연구하며 도학道學을 전파하던 중심이었다.

이외에도 악록嶽麓 · 응천應天 · 석고石鼓 · 숭양嵩陽 등의 서원이 있었다. 송대 인종仁宗 경력慶歷년간1041~1048을 전후하여 각 지역의 주부州府에서는 관학官學을 세웠다. 어떤 곳은 서원과 관학官學을 하나로 합병하기도 했다. 신종神宗시기에는 조정에서 서원의 돈과 양식을 일률적으로 주학州學에 귀속시켜 서원은 다시 쇠퇴했다.

중국의 사대서원

악록서원嶽麓書嶽

악록서원은 중국 후난성(湖南省) 창사(長沙) 허시악록산(河西嶽麓山) 동쪽에 있는 후난(湖南)대학교 내에 있다. 976년에 건설에 착수하였으며 탄저우(潭州)의 태수(太守) 주동(朱洞)이 창건하였다. 1018년 송(宋)의 진종(眞宗)이 하사한 '악록서원(嶽麓書院)'의 편액(匾額)으로 서원은 더욱 유명해졌다. 송(宋)의 전성기에는 장식(張栻), 주희(朱熹)등이 이곳에 와서 강연을 하였으며, 후상(湖湘)학파의 발상지이기도 하다. 명(明)이후 왕부지(王夫之), 위원(魏源), 증국번(曾國藩), 좌종당(左宗棠) 등 당대의 걸출한 인재를 배출하였다. 서원 내의 조경은 매우 아름다우며, 유적들 또한 보존이 잘되어 있다. 이곳은 후난인들이 자랑스러워하는 대표적인 문화 아이콘이라 할 수 있다. 1959년 후난대학(湖南大学)으로 개편되었다.

백록동서원 白鹿洞書院

백록동서원은 중국 장시성(江西省) 싱쯔현(星子縣) 북쪽의 루산 오로봉(廬山五老峯) 밑에 있다. 이곳은 당대(唐代)의 이발(李渤)이 은거하여 흰 사슴(白鹿)을 기르면서 독서를 하여 즐거운 나날을 보냈다. 이 사슴은 아주 총명하여 항상 좌우를 따라 다녔고, 수십리 떨어진 읍내에 가서 주인이 사려고 하는 서, 지, 필, 묵등을 필요한 만큼 사가지고 왔다. 그래서 세상 사람들은 이발을 백록선생이라고 불렀고, 그가 거주하던 이곳을 백록동서원이라고 불렀다. 5대(代) 10국(國) 때에는 이곳에 학교를 설립하여 루산국학(廬山國學)이라 하였으며, 송대에 이르러 이 서원이 건립되어 지방자제를 교육하였다. 남송의 주희(朱熹)가 남강군(南康軍)의 지사(知事)가 되었을 때 백록동서원 원장이 되어, 학문을 강의하는 동시에 천하의 학자를 초청하는 등 유교의 이상 실현에 힘썼다. 따라서 이 백록동서원은 점차 유명해져 중국 제일의 학교가 되었다.

숭양서원嵩陽書院

숭양서원은 허난성(河南省) 덩펑현(登封縣)의 쑹산(嵩山) 남쪽에 있다. 북위(北魏) 시대인 484년 숭양사(嵩陽寺)라는 명칭으로 창건되었다. 수(隋)와 당(唐) 때는 숭양관(嵩陽觀)이라 불렸고, 오대(五代)의 후주(後周)때는 태을서원(太乙書院)으로 개칭되었다. 북송(北宋) 초기에는 태실서원(太室書院)이라 불리다가 인종(仁宗) 때 오늘날의 명칭으로 바뀌었다. 금(金)에서 원(元)까지 폐기되고, 명(明) 때 어느 정도 복구되었으나 다시 불에 타서 폐허가 되었다. 청(淸) 강희제(康熙帝) 때 증축되었으나 민국(民國) 시기에 군벌이 점용하면서 다시 파괴되었다. 숭양서원은 역사적으로 이학(理學)이 유명했다. 북송의 유교 낙파 대가인 정호·정이가 이곳에서 강의하여, 서원의 명성을 크게 떨쳤다. 저명한 학자인 사마광, 범중엄, 주희, 여회등이 모두 이곳에서 강의한 바 있다.

응천서원應天書院

응천서원은 허난성 상추현(商丘縣) 남쪽에 있다. 상치우는 당나라 때 수양(睢陽)이라 불렸고, 북송 경덕(景德) 3년(1006)에 응천부(應天府)로 승격되었으며, 대중상부(大中祥符) 7년(1014)에 다시 난징(南京)으로 승격돼 당시 4대 경성의 하나가 되었다. 이에 응천서원은 수양서원(睢陽書院), 남경서원(南京書院)이라고도 한다. 상추는 당시 교통이 편리하여 행상들이 집결하는 곳으로 수당(隋唐) 이래로 도시로 발전했다. 송대의 응천서원은 상추의 번화한 도심에 설립됐다.

당시의 응천서원은 허난에서 가장 큰 학부(學府)였다. 이 서원은 유명한 문학가 안수(晏殊) 등의 지원에 힘입어 더욱 크게 발전할 수 있었다. 송 인종 초기에 안수는 응천지부로 부임해 유명한 학자 왕수(王洙)를 서원의 '설서(說書)'로 초빙했다. 박학하고 다재다능한 왕수에 의해 응천서원은 그 명성을 천하에 드날릴 수 있었다. 인종 경우 2년(1035)에 응천서원은 부학(府學)으로 바뀌어 안수는 또 복상으로 수양(睢陽)에 은거하고 있던 범중엄(范仲淹)을 초빙해 강학을 맡겼다.

남송南宋 효종孝宗에서 영종寧宗에 이르러, 도학道學의 흥성에 따라서 백록동, 악록등의 유명한 서원들을 계속하여 중건하고, 다시 남악南嶽·북암北巖·학산鶴山·자지紫芝·려택麗澤 등의 새로운 서원을 세운다. 이종理宗·도종度宗 때에 관학이 점차 부패하자, 전국 각 지역의 관원들은 새로운 서원을 건립하였다. 자호慈湖·학도學道·상강相江·석협石峽·청헌淸獻·백로주白鷺洲·화정和靖·상산象山 등의 서원과 응천산應天山·죽림竹林·괴음槐陰·임증臨蒸 등의 정사가 있었다. 당시의 서원은 북송北宋 시기에 비하여 수가 증가하고 규모도 커졌다. 이곳에 도학가들이 와서 강학을 했다. 일부 서원은 해당 지역 출신 도학가의 이름과 호를 사용하여 서원 이름을 부여했다. 체제는 대개 백록동, 악록서원을 따라서 하되 각 지역의 실정에 맞게 변화를 주었다.

송대 서원은 점차 각 지역에서 도학道學을 전파하는 교육현장의 중심이 되었다. 후대 서원의 흥성은 중국의 고대 교육 제도에 있어서 일종의 혁명으로 수적, 질적인 변화와 발전을 가져왔다. 그곳을 통해서 수많은 학자와 관료를 배출했을 뿐만 아니라, 주변국에 주자학朱子學을 전파하는 데 중요한 역할을 한다.

백록동서원은 장시성江西省 주장九江에서 20km 떨어져 있는 루산廬山 남쪽 10km에 있는 후병산朽屛山 남쪽 자락에 있던 서원이다. 9세기 초에 당나라의 이발李渤 형제가 은거하며 공부하던 곳이다. 이발이 키우던 흰 사슴 한 마리가 종일 그를 따라 다녔다고 하여 백록선생이란 별칭이 있었다.

후에 이발이 주장의 자사가 되고 이곳을 꾸며 유명해졌다. 송나라 때 확장하여 서원을 건립하면서 정식으로 '백록동서원'이란 이름을 얻게 되었고, 수백 명의 학생이 이곳에서 공부했다.

1179년 주희가 남강지군의 관직에 있을 때 백록동서원을 보수했다. 그는 학전學田을 구입하고, 교육과정을 만들었으며, 학규學規를 제정하고, 책도 비치했다. 이때부터 백록동서원은 전국적으로 이름을 떨치게 됐다.

주희에 의해 다시 태어난 백록동서원은 성례전을 중심으로 방대한 건축물들이 들어서 360간의 서당이 되었다. 성례전은 학생들이 공자에게 제사를 지내는 곳이다. 문회당文會堂에는 주희가 쓴 대련이 걸려있다. 백록동서원의 학규는 유가의 '정심正心 · 수신修身 · 제가齊家 · 치국治國 · 평천하平天下'의 교육사상을 실현한 것으로 송나라 이후 전통사회의 서원학규의 표본이 됐다.

악록서원은 북송 초기에 세워졌다. 973년 주동은 담주 태수에 임명됐다. 그는 창사長沙 악록산 포황동抱黃洞 아래의 사찰과 조용한 환경을 보고 유오의 건의를 받아들여 원래 승려들이 운영하던 학교 자리에 악록서원을 창건했다. 창건 당시에 서원은 강당 5칸, 재사齋舍 12칸으로 나누어져 있었다. 그중 강당은 스승이 도를 강학하던 장소이고 재사는 학생들이 평소에 공부하고 숙박하던 장소이다. 중앙에 강당이 있고 동서 양쪽으로 재사가 늘어서 있는 구조는 오늘날까지 이어져 내려온다.

1903년에 약 천 년간 계속 이어져 오던 악록서원의 이름은 후난고등학당으로 바뀌었다. 그 후 다시 후난고등사범학교, 후난공업전문학교로 바뀌었다가 1926년 정식으로 후난대학이라 이름이 붙어 지금에 이르고 있다. 악록서원은 천 년 동안 명성이 끊이지 않았기 때문에 '천년학부' 라 일컫는다.

이 서원은 남송 시대에는 최고의 석학 주희와 장식이 중용의 뜻을 놓고 토론을 벌인 유명한 곳이며, 왕부지 등 중국 최고의 석학이 강의를 한 곳이기도 하다. 이후 증국번, 좌종당 같은 지성이 배출됐다. 마오쩌둥도 이곳에서 스승이자 장인인 양창지 원장 재직 당시 사서로 근무하면서 공부했다.

강당 안으로 들어서면 좌우 벽면에 주희가 쓴 충효염절忠孝廉節이란 글씨가 있고, 학달성천學達性天이라는 강희제의 편액이 걸려있다. 강당 중앙에는 나무 의자 2개가 있다. 주희와 악록서원 원장인 장식이 앉아 그 유명한 주장회강朱張會講이라는 세미나를 주재했던 곳이다. 주희는 이곳에서 정무를 수행하느라 바쁜 와중에서도 밤을 새워가며 학자들과 토론했다. 1천 명에 달하는 제자들이 몰려들어 그들이 타고 온 말이 먹을 물이 모자랄 지경이었다고 한다. 강당 뒤에는 주희가 기거하던 백천헌百泉軒이라는 당호의 집이 있다. 그 집 앞에 있는 샘이 문천文泉이다. 문천은 주자가 먹을 갈던 물이다. 이곳 유생이 아니면 이 물로 먹을 갈 수 없었다고 한다.

원대元代의 통치자들은 서원에 대하여 적극적인 장려 정책을 시행했다. 태종太宗 12년1240 연경燕京에 태극서원太極書院을 건립하고는 각 지역의 이름난 선비들을 초빙하여 강학하게 했다. 지원至元18년1291, 조정은 "선유先儒께서 지나치시어 교화를 입은 땅, 어진 선비가 다스렸던 곳, 좋은 일에 돈을 내어 학자를 부양할 수 있는 자들은 모두 서원을 세울 수 있다"고 규정을 명문화시킨다. 원대는 송대부터 있었던 대량의 서원을 존속시키고 새로 더 많은 서원을 세웠다. 각 지방의 유지나 저명한 선비들이 세운 서원의 수량은 관官에서 관할하는 것보다도 훨씬 더 많았다. 중원中原과 강남江南에 안주하던 몽고인과 색목인色目人의 관원官員들 조차도 기금을

한손에 잡히는 중국

조성하여 해당지역에 서원을 세웠으니, 이는 원대 각 민족문화의 융합을 반영한 것이다. 관에서 주도하는 서원은 주로 정부에서 지급한 전답으로 경비를 충당했으며, 개인이 세운 서원은 지역의 부호들이 전답을 희사하여 그 수입으로 선생과 학생들의 학습비용을 부담했다. 서원에서 가르치고 배우는 규범과 범위는 비교적 자유로웠으며, 정부는 그것에 관하여 아무런 간섭을 하지 않았다.

명대明代초기는 관학을 중시하여 과거를 제창했다. 홍무洪武 원년元年1368, 태조太祖 주원장朱元璋은 원대부터 있었던 수사洙泗, 니산尼山 두 서원을 존속시켰지만, 이것은 개국開國 당시 유학儒學을 높인다는 표시였을 뿐 서원을 중시하지 않았다. 일반적인 학자들도 관학이 대우가 좋고, 과거를 통하여 신분의 상승을 가져올 수 있었기에, 이전처럼 서원에서의 연구와 탁마에 관심을 기울이지 않았다. 그 결과 명대 서원은 점차 쇠퇴했다. 성화成化년1465~1487이후, 과거와 관학의 부패에 왕양명王陽明, 담약수湛若水 등과 같은 학자들은 당시의 폐단을 구하고자 각 지역에 서원을 세워 강학하여, 서원은 다시 흥성했다. 그러나 수많은 서원들은 "강습하고, 때때로 조정을 풍자하며, 인물을 평가하여", 당시의 정치세력과 대립하게 되었다. 대표적인 곳으로 명대 말기의 동림서원東林書院이 있었다. 가정嘉靖 16년1537에서 천계天啓 5년1625사이의 80년 동안 조정朝廷에서는 네 번이나 서원 철폐령을 내렸다. 숭정崇禎 원년元年, 1628, 조서를 내려 천하의 서원들을 복원하게 하지만, 쇠망의 길에 들어선 대세는 되돌릴 수가 없었다.

태극서원

▶ 근 · 현대교육

1840년 아편 전쟁의 시작에서부터 중국은 반식민지 반봉건 사회로 진입하게 되었다. 중국의 교육도 그에 따라 변화가 일어났다. 전통 교육의 몰락, 개혁 사조의 활성화, 서방 자본주의의 영향으로 중국의 교육도 근대교육으로 전환되었다.

1. 아편전쟁~공산당성립

1840년 아편 전쟁 이후에도 청淸정부는 여전히 봉건주의 교육을 계속했다. 그러나 유럽에서 온 선교사들은 중국에 교회와 학교를 세우고 서적을 발행하여 근대 자본주의의 교육을 보급했다. 당시에 중국 내부에서는 혁신파가 등장했다. 그들은 초보적인 서방 학습을 제시했고 중국 사회와 문화 교육을 개혁하자는 주장을 펼쳤다. 1862년 양무파는 베이징에서 최초로 양학당을 수도 동문관同文館에 창설한다. 신학교는 주로 어학관련 학교, 군사 학교, 기술 학교 등이었다. 또 외국에 유학생을 보내기 시작했다. '무술변법戊戌變法'의 캉유웨이康有爲, 량치차오梁啓超, 탄스퉁譚嗣同, 옌푸嚴復 등의 개량파는 일제히 신교육 학당 설립을 주장한다. 아울러 자본주의 교육제도를 건립하자는 주장과 개혁 방안을 내놓았다. 20세기 초에 이르러 중국의 신교육 학당은 잇달아 건립되었다.

1911년 신해혁명이 성공하고 중국에는 공화국이 건립되었다. 1912년 임시정부에 성립된 교육부는 유명한 교육가 차이위안페이蔡元培를 총장으로 지명하고 중요한 교육 개혁령을 공포했다. 봉건적인 교육제도와 내용은 폐지시키고 새로운 교육 이념을 반포하여 덕德 · 지智 · 체體 · 미美의 '사육평

균발전四育平均發展'이라는 방침을 제출했다. 새로운 학제는 초등학교 4년, 중학교 3년, 고등학교 4년, 대학교를 6~7년예과3년을 포함으로 한다. 아울러 문과·이과·상과·법과·의과·공과 등의 학과를 설립했다. 이렇게 중국의 교육 체제는 기본적으로 근대 학교의 특징을 구비하고 있었다. 그러나 신해혁명의 실패로 교육개혁의 성과도 소실되었다.

　5·4 신문화 운동 속에서 진보적 지식인과 교육가들은 백화문 사용, 남녀 평등 교육, 교육의 보급, 대학에서의 학과 분리, 교육관리 체계 개혁 등을 추진했다. 1922년 국민당 정부의 교육부는 신 학제를 공포했고 5·4운동과 이전 교육 개혁의 종합적인 성과를 재현했다.

중화민국시절의 옌징대학

2. 공산당 성립~신중국 탄생

중국 공산당 성립 이후에 공산당 지도 하의 교육 계통과 국민당이 통치하는 교육 계통의 두 가지 교육계통이 출현했다.

중국 공산당의 교육은 처음에는 주로 보충 수업을 하거나 자습 대학으로 문화 전파나 혁명 사상을 선전하는 정도였다. 그러나 이후에 중앙 혁명 근거지가 건립되면서 정식 교육으로 발전하게 되었다. 당시에는 여가 교육, 정규 교육, 간부 배양 학교, 일반 문화 학교, 초등학교, 중등학교, 고등학교, 문맹 퇴치 교육 등이 있었다. 특히 샨시陝西성, 간쑤甘肅성, 닝샤寧夏성의 3성에 항일 혁명 근거지가 건립된 이후에 옌안延安 등지에서 계속하여 항일 군정 대학, 샨베이陝北공학, 루쉰魯迅예술학원, 옌안延安대학 등이 건립되었다. 제2차 국공내전 시기에 해방주의 교육 사업은 한 걸음씩 확대되었다.

공산당 지도 하의 혁명근거지 이외에 대부분의 교육 사업은 국민당 정부의 관리 하에 있었다. 1922년 국민당 정부의 교육부는 초등학교를 6년, 중학교 · 고등학교를 6년, 대학교는 예과를 포함해서 5년으로 연장시켰다.

1937년 7월 일본이 중국에 전면적인 침략전쟁을 일으키자 중국의 108개 대학 중 91개 대학이 전쟁으로 파괴되고 40%의 중학교가 일본 점령 지

1952년 진링(金陵)대학의 모습과 현재 난징대학의 모습이다. 진링대학은 난징대학의 옛 이름이다.

역에 넘어갔다. 북방의 일부 중요 대학은 내륙으로 부득이하게 이전하였다. 항일 전쟁 승리 이후에 파괴되었던 학교는 회복되기 시작했다.

　전체적으로 중국의 근현대 교육 상황은 비교적 복잡하다. 전통 교육 제도를 종결시키고 근대 교육 체제를 만들었다. 그러나 다른 한편으로는 제국주의 침략과 봉건주의 교육의 영향, 전쟁에 의한 파괴, 사회 불안정, 국가의 빈곤 등으로 중국의 교육은 여전히 정상적이지 못하였다.

▶ 신중국 성립에서 현재

1. 발전과정

　1949년 10월 신중국 성립 이후에 중국의 교육은 한 단계 더 새로운 발전단계에 들어섰다. 우선 국민당이 남겨놓은 각종 사립학교와 외국의 영향 하에 있는 학교를 접수하여 파악하고 관리하였다. 이후 1952년에서 1956년까지 전국의 사립학교는 점차 공립학교로 전환되었다. 동시에 전통학교 과정을 접수 관리하면서 전통교육에 대한 개혁을 진행했다. 전통교육 사상을 청산하고 민족적·과학적·대중적인 문화 교육을 구축하기 위해 교육 개혁을 기초로 삼았다. 근대 이후의 교육 중에서 장점을 흡수하면서 당시 소련의 교육 이론과 교육 체계를 참고로 삼았다.

　1957년 이후에 중국정부는 한 걸음씩 개혁을 진행해 나갔다. 그러나 개혁 사상에 오류가 발생하면서 생산노동과 정치운동을 지나치게 강조했다. 맹목적으로 교육 발전의 목표를 세우고 비판하여 불필요한 손실을 발생시켰다.

　1965년에 이르러 중국의 대학은 이미 434개로 증가했다. 재학 중인 대학생은 67만 명, 고등학생은 1,432만 명, 학령 아동 입학률은 85%에 달했다. 직업을 보유한 성인을 교육하는 제도 또한 비교적 큰 진전이 있었다.

1966년 문화대혁명이 일어나 10년간의 정치 혼란 속에서 중국의 교육은 매우 심각한 파탄에 빠졌다. 교사 · 교수와 전문가들은 심한 박해를 받았다. 대학은 4년 동안 신입생 모집이 중지되었고 교육의 질은 하락했다. 전국적으로 10년간 대학원생 10만 명, 대학생과 전문분야 졸업생 100만 명, 전문가 200만 명만 양성할 수 있도록 제약이 가해졌다. 인재와 인력의 공백기가 발생하여 중국 사회는 지식인의 부족상태에 이르렀다.

1976년 10월에서 1978년 말 이후 중국은 문화대혁명의 착오를 바로잡았다. 교육 전략의 지위를 새롭게 확립시켰고, 지식인에 대한 정책을 명확히 했다. 대학 입시, 신입생 모집 등의 교육제도를 회복시켰고, 교육 사업에 대한 정부의 투자와 지도를 강화시켰다. 이와 동시에 교육제도도 조정했다. 직업학교의 발전, 유아교육, 성인교육, 소수민족교육, 연구생 양성 강화 등이다. 1986년 전국인민대표대회는 〈중화인민공화국 의무교육법〉을 반포했다. 전국적으로 9년 의무교육이 점차 시행되었다. 개혁 개방의 기치 아래 중국은 현대화, 세계화, 미래를 향해 순조롭게 새로운 발걸음을 하게 되었다.

1905년에 세워진 푸단대학 이름은 '해와 달은 밝게 빛나고 아침이 지나면 또 다른 아침이 찾아온다日月光華, 旦復旦今.' 에서 유래했다.

2. 새로운 변화

신중국 교육 사업의 발전은 어느 정도의 우여곡절을 겪은 반면 큰 성과를 얻었다. 구중국과 비교해 볼 때 신중국 교육에는 근본적인 변화가 있었다.

첫째, 새로운 교육체계구축이다. 해방 후 40여 년의 발전 속에서 모든 성이나 시, 자치구 등은 대부분 대학을 세웠다. 다수의 중고등학교와 고등 전문 과학 학교도 생겼으며, 모든 현이나 구에는 중고등학교가, 모든 도시와 읍의 주민 지구나 촌락에는 초등학교가 있었다. 외진 지방이나 경제적으로 낙후된 인구 분산 산지나 소수 민족 지구에도 모든 아동들이 입학할 수 있게 되었다.

40여 년의 발전을 거쳐 연해 지역에서 내지까지, 도시에서 농촌까지, 정규 대학에서 취미 학교까지, 일반 교육에서 특수교육까지, 기초 교육에서 고급 인재 양성까지 전국적으로 비교적 완전한 교육 체계가 갖추어졌다.

둘째, 인재양성을 위한 교원 증가이다. 부족한 교사 양성과 교사 대오의 질 향상을 위하여 1980년대 이후에 중국정부는 사범 교육의 발전을 더욱 중시했고 도시의 학교에서 직업 교사의 양성과 훈련을 강화시켰다. 국가를 위해 대량의 인재를 양성시킨 것이다.

셋째, 외국과의 교류 확대를 위한 유학생 파견이다. 1951년부터 1965년까지 15년 간 중국은 모두 29개 국가에 1만여 명의 유학생을 파견했다. 문화 대혁명 전기에 유학생을 파견하는 일이 일시 중단되기도 했으나 1972년에 다시 회복됐다. 1978년 이후 외국 개방 정책에 중요한 조성 부분이 되면서 중국이 외국에 파견하는 유학생의 수도 급격히 증가했다. 국가에서 파견하는 유학생 수도 평균적으로 매년 3,000명 이상이 되었다. 오늘날에 이르러 국비와 자비로 출국하는 유학생 숫자는 매년 수십만 명에 이르렀으며 영미권을 비롯하여 대부분의 지역에 분포했다. 또 중국은 유학 온 학생들을 받아들였다. 이외에도 중국은 외국과 서로 교육을 담당하고 학술을 강연하는 전문가와 학자의 상호파견과 파견된 대표단의 현지 조사와 방문 및 국제 학술회의의 거행을 통해 국제 교류의 관계를 구축했다.

2013년 6월 29일 박근혜 대통령은 칭화대학에서 연설을 했다. 박대통령은 연설에서 관자의 고사 성어와 칭화대학의 교훈인 '자강불식 후덕재물自强不息, 厚德載物'을 중국어로 연설해 큰 찬사를 받았다. 칭화대학은 후진타오와 시진핑 두 명의 주석을 배출했다.

3. 교육 체제

중국의 교육은 기본적으로 사회주의 현대화를 위해 힘써야하고 복무를 위하여야 하며, 생산이 노동과 상호 결합 되어야 하고, 도덕·지혜·체력이 골고루 발전된 후계자를 양성시켜야 한다.

유아원은 3세 이상의 학령 전 아동을 받아들이고, 만6세 이상의 아동은 초등학교에 입학할 수 있다. 초등학교와 중학교 학제는 〈6·3제〉와 〈5·4제〉를 위주로 하며 소수에 한해 〈5·3제〉 및 9년제도를 허용한다. 고등학교 학제는 3년으로 하고, 중등 전문학교 학제는 두 가지 종류로 나눌 수 있다. 보통 단과 대학과 종합대학의 본과 학제는 일반적으로 4년이고 소수의 이공과 학교는 5년이 적용된다. 의과 대학은 5년과 7년 두 종류의 학제가 있다. 고등 과학전문학교의 학제는 2~3년이다. 석사과정 수업 기한은 2~3년이고 박사과정은 일반적으로 3년이다. 성인교육의 학제는 다른 순서와 상황에 근거하여 2~5년이 된다.

보통 단과 대학이나 종합대학은 국가 교육위원회 직속대학이 있고, 국무원 기타 각부 위원회 소속 대학이 있으며 성·시소속의 지방 대학이 있다. 성인교육 학교는 네 가지 유형이 있다. 중앙과 지방교육행정 부문에서 개설하고 관리하는 학교, 중앙과 지방업무부문에서 개설하고 관리하는 학교, 대형·중형 기업에서 개설하고 관리하는 학교, 사회단체와 개인이 개설한 학교이다.

중국의 주요 대학

중국인민대학中國人民大學의 고등교육연구센터에서 '2012년 중국대학 랭킹 50中國大學50强排行榜'을 발표하였다. 2012년도 순위는 최근 통계자료와 큰 차이가 없다. 이 평가의 목적은 고등교육의 과학적이고 건강한 발전에 있으며, 평가기준은 학교운영의 실력과 사회 영향력에 있다.

2012년 중국 10대학 순위

2012 순위	대학	점수	핵심경쟁력부분			사회영향력부분			2011 순위
			학과경쟁력		연구 논문	대학 입학생	지명도	유학생	
			전국 학과배열	국가중점 학과					
1	베이징대	98.83	100.00	100.00	100.00	99.33	97.35	83.28	1
2	칭화대	95.85	98.77	95.12	91.35	100.00	100.00	83.29	2
3	푸단대	89.77	72.35	94.86	88.66	93.27	77.84	89.40	3
4	중국인민대	86.22	80.25	89.70	78.89	92.53	79.13	75.88	4
5	저장대	85.01	73.83	81.96	97.09	87.57	71.93	75.17	5
6	난징대	83.82	69.63	85.38	87.19	89.53	89.53	72.43	6
7	상하이 교통대	82.72	70.37	77.01	87.84	92.72	67.47	76.57	8
8	중국과학 기술대	82.32	67.90	82.82	83.55	92.84	62.18	60.40	7
9	베이징 사범대	80.31	70.37	79.89	84.98	83.98	67.97	67.97	9
10	난카이대	78.47	66.42	76.64	79.84	86.77	66.52	66.52	10

※ 중국 대학연구단체인 중국교우회넷에서 발표한 중국 대학 평가 연구 보고(2013 中国大学评价研究报告)

한손에 잡히는 중국

이 통계는 객관적이고 공정하며 정확하게 평가 하여 대중들의 대학교육에 대한 인지와 수험생들의 입학지도에 도움을 주고자 한 것이다. 이 평가의 체계는 핵심경쟁력 부분과 사회 영향력 부분으로 크게 나눈다. 핵심경쟁력은 학과경쟁력·연구논문으로 나뉘고, 사회영향력 부분은 대중의 대학에 대한 평가 부분으로 수험생·유학생·일반대중의 평가라 할 수 있다.

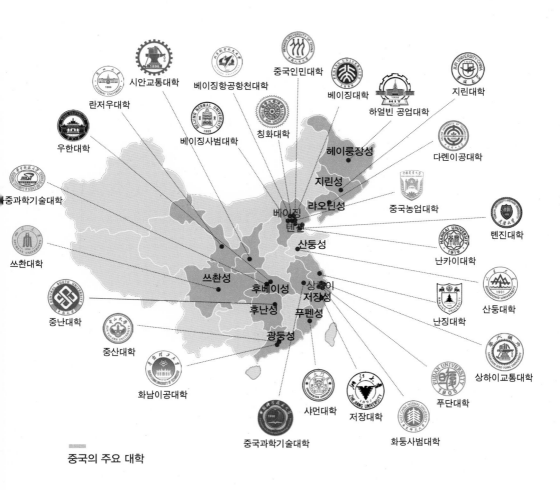

중국의 주요 대학

공자학원

중국 교육부는 중국과 세계 각국 간의 우호 관계를 발전시키고, 세계 각국 국민에게 중국의 언어, 문화에 대한 이해를 증진시키는 한편, 각국의 중국어 학습자에게 편리하고 우수한 학습 컨텐츠를 제공하기 위하여, 그 필요성이 인정되고 조건을 갖춘 국가에 중국어 교육을 주요활동으로 하는 '공자아카데미'를 설립하였으며, 중국 베이징에 공자학원 총본부를 설립하였다.

본 기관은 중국정부가 중국어와 중국문화 보급을 위해 행하는 국가 프로젝트의 일환으로 중국교육부에서 그 필요성과 교육능력을 갖춘 교육기관을 선정하여 공자아카데미의 설립을 지원하고 교사를 파견하여 수준 높은 중국어교육을 진행하고 있다. 오늘날까지 대략 88개 국가와 지역에 282개의 공자아카데미와 272개의 공자학당을 설립하였다. 세계 최초의 공자학원은 2004년 대한민국 서울에 공자아카데미라는 이름으로 설립되었다.

중국정부는 가부장적 사회구조를 추구하는 공자의 유교사상이 공산당을 중심으로 한 중국의 통치철학과 일맥상통하다는 점에 착안해 중국 문화와 중국어 교육을 각국에 수출하기 위한 네트워크인 공자학원을 설립해 중국의 소프트 파워 증진에 노력하고 있다. 공자학원은 공자라는 이름을 사용하고 있지만, 어디까지나 중국어와 중국문화를 교육하는 기관으로 유교교육은 하지 않는다. 그 주요업무는 아래와 같다.

공자학원은 주로 중국어 및 중국 문화 강좌 운영, 중국학 자료실 운영, 중국어 교사 및 비중국어 교사 연수, 중국어 말하기 대회 개최, 중국 문화 관련 전시회 개최 및 중국 영화 상영, 초등학교 특기 적성 교사 양성, HSK · BCT · 중국어 교사 자격 인정 시험 등 중국어 관련 시험 주관, 중국 유학 및 중국 진출 자문 제공, 중국어 교재 및 교육콘텐츠 개발 등의 업무를 지원한다. 현재 국내에는 연세대학교 · 한국외국어대학교 · 경희대학교 · 강원대학교 · 동아대학교 · 안동대학교 · 우송대학교 등에 공자아카데미가 설치되어 있다.

공자학원 엠블럼

베이징 공묘에 있는 공자상이다.
원 · 명 · 청 시대 황제를 비롯해 관료들이 공자의 제사를 지낸 곳이다.

장성長城
유형: 문화
등재연도: 1987
소재지: 17개 성 · 시 · 자치구

베이징 및 선양 명청황가궁전 北京及瀋陽的明清皇家宮殿
유형: 문화
등재연도: 1987, 2004
소재지: 베이징 둥청구東城區, 동성구, 랴오닝성 선양시瀋陽市

진시황릉秦始皇陵
유형: 문화
등재연도: 1987
소재지: 산시성陝西省 시안시西安市

타이산泰山, 태산
유형: 자연문화
등재연도: 1987
소재지: 산둥성山東省 타이안泰安

황산黃山
유형: 자연문화
등재연도: 1990
소재지: 안후이성 황산시黃山市

이화원頤和園
유형: 문화
등재연도: 1998
소재지: 베이징 하이뎬구海澱區

쑤저우 고전원림蘇州古典園林
유형: 문화
등재연도: 1997, 2000
소재지: 장쑤성江蘇省 쑤저우시蘇州市,吳江市 포함

중국의 세계유산
유네스코에 의해 중국 속의 세계유산으로 등록된 곳은 2013년 현재 45곳이다. 세계문화유산 28곳, 세계자연유산 10곳, 세계문화자연유산 4곳, 세계문화경관유산 3곳 등이 지정 관리되고 있다.

제3부 중국의 맛과 멋을 체험하다

새롭게 이해하는 중국음식의 철학

고대 중국인의 식생활

『예기禮記』에 "음식과 남녀의 사랑은 인간의 가장 큰 욕망이다"는 구절이 있다. 2천여 년 전에도 '식욕飲食과 성욕男女'이 인간의 가장 근본적인 문제라는 점을 인식하고 있음을 보여준다. 식욕은 인류의 생존을 위한 기본적인 요소이면서 한편으로는 현재까지도 문제가 되고 있는 '욕망' 중의 하나라고 볼 수 있다.

중국 신화에는 황제黃帝가 솥을 제조하고 부뚜막을 만들어 백성들에게 밥과 죽을 만드는 법을 가르쳤다고 나오기도 하고, 복희伏羲가 농사짓고 고기 잡고 가축 기르는 것을 가르쳤다고도 하며, 수인燧人이 불을 이용하여 음식을 굽거나 끓이는 것을 사람들에게 가르쳤다고도 나와 있다. 이는 대략 원시공동체 수렵채취사회의 모습을 보여주고 있다. 70만 년 전에 생존한 것으로 알려진 베이징원인北京猿人은 직립보행이 가능했을 것으로 보인다.

베이징
북경오리구이
만한전석

산둥
당초리어
구전대창

사자두
동파육

장쑤

안후이

취두부

쓰촨
어향육사
마파두부
궁보계정

후난

불도장

푸젠

광둥
딤섬
홍소어시

산랄분

중국의 음식문화지도

또 동굴 속의 5개 잿더미 층에서 불에 탄 뼈 조각들이 발견되었다. 이 발굴로 인류가 불을 사용한 역사가 수십만 년 앞당겨졌다. 당시 이들은 각종 석기를 다듬어 도구로 활용하는 법과 불씨를 보존하는 기술 등을 터득하고 있었다. 원시시대 중국인들은 대체로 곡식과 채식을 위주로 하고 육식을 보식補食으로 하는 식생활 체계를 형성해왔다. 이러한 식생활 구조를 유지한 것은 농경사회가 오래 전에 형성되었으며, 이때부터 곡식과 채식을 위주로 하는 식생활 체계를 갖추기 시작했다는 것을 의미한다.

그러나 중국은 지역이 방대하고 지역마다 자연환경 조건이 서로 달라 생산되는 곡물의 종류에도 큰 차이가 있다. 황허 유역 앙소仰韶문화유적에서는 조·기장 등의 곡물과 돼지·개·사슴의 뼈·물고기 그림이 그려진 토기가 발굴된 반면, 남쪽 창강 유역의 '허무두河姆渡문화'는 조 대신 벼稻가 다량으로 발굴되었다. 이는 신석기시대부터 남북 간에 다른 음식문화가 존재했다는 증거이다.

　이러한 차이는 주로 기후와 토질 때문이다. 창강 이남은 기후가 온화하고 다습하며 연중 강우량이 많다. 그래서 논水田이 쉽게 조성되었고 주로 쌀이 생산됐다. 반면 황허 이북은 기온이 낮고 건조하다. 벼 대신 주로 조粟, 기장黍, 밀麥, 콩菽 등이 생산됐다. 그 중에서도 조는 다른 곡물에 비해 단위 면적당 생산량이 가장 많고 오래 보관할 수 있다는 장점 때문에 자연스럽게 주식물로 자리 잡았다. 조는 또 품종이 다양하다. 크게 직稷, 조, 수수로 나눌 수 있다. 그 중에서 직은 황허 이북의 북방지역에서 가장 광범위하게 재배됐다. 직은 흔히 '오곡의 으뜸'이라고 불렸다.

　식생활은 춘추전국시대부터 커다란 변화를 보였는데, 가루음식의 개발 때문이다. 조의 보조식품이었던 밀이 가루음식으로 개발되어 사용된 이후 조를 대신했다. 특히 전국시대에는 이미 밀이 조를 대신하여 주식으로 자리 잡았다. 오늘날 밀가루를 주식으로 하는 황허 이북의 음식체계와 쌀을 골간으로 하는 창강 이남의 음식체계는 사실상 전국시대부터 시작되었다고 볼 수 있다.

한나라 때 청동그릇의 단면과 육류 요리의 조리 장면

중국 음식문화의 발달과정

땅은 넓고 물산은 풍부하며, 역사는 오래되고 사람은 많다

地大物博, 史久人多

1. 선진先秦시기

오늘날 사용하는 음력은 하夏왕조시기에 형성되었다. 이는 농업지식이 이미 체계를 구축했고 농업과 목축업이 상당 수준에 올랐다는 의미이다. 기장·조·보리·마·벼를 심는 법, 말·양·소·닭·개·돼지 등 가축 양육법, 각종 과일과 채소를 재배하는 방법이 전승되었다. 하夏왕조의 국가조직에는 음식을 전문적으로 다루는 기구인 '포정庖正'이라는 직책이 있었다. 이는 조직과 제도에 있어서 음식문화의 발전을 알려주는 것이다. 청동기를 사용한 상商나라의 유적지에서는 숭어, 잉어, 산천어 등 생선뼈가 발견되었다.

황허 유역을 대표하는 문학작품집인 『시경詩經』은 서주시대부터 춘추중엽의 사회생활을 반영하는 시집이다. 여기에 식물은 130여 종, 동물은 200여 종, 생선은 19종, 금수는 38종이 등장하고, 소금·간장·꿀·엿·생강·계피·후추 등 여러 종류의 조미료도 등장한다. 『예기·내칙內則』에 서주시대 황제들이 즐겼던 '바전八珍'이라는 요리 조리법이 상세히 기록되어 있는데, 이는 지금까지 발견된 중국 북방요리를 대표한다.

『주례周禮』에는 주나라 왕실을 위해 복무하는 요리기구 22개, 관리인 208명, 종사인원 2,124명에 대한 기록이 있다. 기구의 방대함과 분업의 세분화는 매우 눈여겨 볼 만하다.

중국의 제사제도, 연회제도, 식사제도는 집중적으로 '예禮'라는 한 글자로 표현된다. 천자·제후·대부·선비는 식사와 연회에서는 어떤 것을 먹어야 하는가, 몇 가지 요리를 차려야 하는가, 어떤 조미료를 넣어야 하는가, 어떤 식기도구를 사용하는가, 어떤 식사예절이 있는가, 어떤 음악을 연주하는가, 어떤 노래를 부르는가 등등 매우 자세한 규범이 있다. 주나라 때는 '식의食醫'라는 기구가 있어서 음식으로 건강을 지키는 일과 음식으로 병을 치료하는 일을 전담했고 경험을 집대성하여 전달함으로써 후세에 지대한 영향을 끼쳤다.

창강 유역을 대표하는 문학작품인 『초사楚辭』에는 육류와 곡식은 물론 생선을 비롯한 수산물이 많이 등장한다. 초나라 왕 연회 음식 중에는 주식벼, 기장, 조, 간식고리 모양의 떡, 꿀떡, 음료옥주, 미주, 조미료, 반찬살찐 소의 힘줄, 삶은 자

〈무덤주인생활도墓主人生活圖〉, 작자미상
세로 46.2cm × 가로 105cm
신장위구르자치구 박물관 소장

1964년 신장 투루판 아스티나에서 출토되었으며 동진東晉 시기의 그림이다. 상하 세 부분으로 나뉘어 총 6개의 각기 다른 의미의 그림이 표현되어 있다. 특히 하단 맨 오른쪽 그림은 주방의 모습이 그려져 있는데, 하녀가 부뚜막 쪽에서 분주히 움직이며 주인을 위한 식사를 준비하고 있다. 동진시기 호족들의 생활을 반영하고 있으며, 종이에 그린 그림 중에서 가장 오래되었고, 보존 상태가 좋아 역사적 가치가 높다.

라, 양고기 볶음, 찜과 국이 등장한다. 요리기술은 "소 발굽은 푹 고았고, 자라는 푹 삶았고, 새끼 양은 불에 구웠고, 백조는 초, 소금을 넣고 기름에 볶았고, 물오리는 적은 양의 물로 끓였고, 기러기와 꾀꼬리는 기름에 지졌고, 닭은 소금물에 담그는" 등 다양하게 발전해있다.

2. 한漢나라

한 무제는 장건張騫을 서역 각국에 파견하여, 군사 · 정치 · 지리 · 산물 등과 관련된 지식을 얻었고, 한 왕조와 서역 각국과 연결되도록 하여 비단길을 열었다. 한나라의 교역은 파르티아이란, 조지이라크 지역까지 뻗어나갔다. 수출품은 비단 · 명주 · 황금 · 칠기 · 철기였고, 수입품은 준마 · 담비 모피 · 향료 · 보석 및 각종 외국의 농산품과 식품이었다.

포도: 대원중앙아시아 분지의 특산품. 장건이 대원에서 포도 종자를 구해 옴

석류: 장건이 대하아프간 북부에서 구해 옴

참깨: 장건이 대원에서 얻은 종자를 중원에 이식

호두: 원산지는 페르시아 북부, 아프간 동부.
　　　　 한 무제 때 종자를 얻어 상림원에 심음.

오이: 원산지는 이집트와 서아시아, 오손, 대월씨, 흉노족이
　　　　 모두 심었는데, 장건이 들여 옴

마늘: 장건이 대원에서 가져 옴

당시 중국인들은 다른 민족을 '호胡'라고 불렀기 때문에 외래에서 들여온 식품들은 앞에 '호'자를 붙여 이름을 불렀다.

3. 당송唐宋 : 소미연燒尾宴과 음식업

'소미연'은 고관대신이 처음 관직에 나아갈 때 관례에 따라 황제에게 음식을 바치는 것을 말한다. 또는 선비가 처음으로 과거에 급제하는 영광을 획득했거나, 혹은 인사 이동이 있는 벗을 위로할 때의 향연을 말하기도 한다. '소미연' 풍속은 당 중종中宗 년대에 시작되었다.

'소미연'의 규모는 어떠했고, 어떠한 요리가 있었을까? '소미연'을 열었을 때 남긴 식단 기록에 의하면 요리 58종, 전병과 간식 20여 종이 있다. 전병의 이름은 '단롱금유수單籠金乳酥', '귀비홍貴妃紅', '견풍소見風消', '쌍반방파병雙拌方破餅' 등이다. '훈둔餛飩: 작은 만두국의 일종' 한 가지만 하더라도 24종류의 형식과 재료가 있다. 연회상 위에는 일종의 공예요리인 '간채看菜'가 있는데, 주로 장식과 감상을 위한 것이다. 모두 70개의 간채가 상위에 오른다.

재료는 북방의 곰 · 사슴 · 당나귀 · 남방의 여우 · 새우 · 게 · 개구리 · 자라 외에 생선 · 닭 · 오리 · 거위 · 메추리 · 돼지 · 소 · 양 · 토끼 등으로 산해진미가 모두 있다. 요리 기술은 더욱 신기하고 특별하다. '금령자金鈴炙'는 원료에 수유酥油: 소 · 양의 젖을 바짝 졸여서 만든 기름를 발라 금방울 모양으로

당대 연회 모습을 보여주는 그림으로 당시의 식문화와 더불어 복식문화 등 생활상을 엿볼 수 있다.

만든다. '수련독水煉犢'은 작은 소 한 마리를 '화력을 최대로 해서 통째로 찌는' 것으로 고기가 푹 익을 때까지 찐다. '설영아雪嬰兒'는 개구리의 껍질을 벗기고 내장을 없앤 후 잘게 빤 콩가루를 묻혀서 지져 만든 것이다. 색깔이 눈처럼 하얗기 때문에 이런 이름이 붙여졌다.

송대는 음식업이 성장하기 시작했다. 장택단張擇端이 그린 〈청명상하도淸明上河圖〉는 밀집된 인구, 마차의 운집, 시장의 번영, 상업의 흥행을 생동적으로 반영하고 있다. 위엄을 자랑하는 화려한 큰 식당이 있고, 규모가 작은 식당ㆍ찻집ㆍ술집도 있고, 거리를 따라 소매로 운영하는 음식 장사들도 있다. 음식업에 종사하는 사람들은 친절하고 바쁘게 손님을 접대하고, 탁자 위에는 컵과 그릇들이 어지럽게 널려 있다.

4. 명대明代

명대에 이르러서는 상품생산이 발전하고 도시가 번영하여 사람들은 물질적인 향유를 추구했다. 주색酒色과 축재가 공개적으로 성행했다. 『금병매사화金瓶梅詞話』의 서문경西門慶 일가의 연회에 등장하는 요리들은 화려하기 그지없다. 차, 술, 탕, 음료, 말린 과일, 설탕에 잰 과일, 설탕으로 만든 과자류, 쌀과 밀가루 등 주식, 진귀한 요리 등은 3~4백여 종이다. 그중 어떤 식품은 이전 시기에는 보기 어려웠던 신품종이다. 명대의 식단에 '제비집과 상어 지느러미'가 등장하지 않지만, 『민중해착소閩中海錯疏』에는 제비집은 남해 진품, 『본초강목本草綱目』에는 상어의 배 아래쪽에는 지느러미가 있는데 맛있고 아름다워 남방사람들이 그것을 진귀하게 여긴다고 했다. 개구리, 족제비, 사마귀도 맛있는 요리가 되었는데 『금병매사화』에 등장하는 요리 등이 이미 시정市井에 나왔으며 비교적 대중화되었음을 알 수 있다.

5. 청대 궁중요리

청대 궁중의 어선御膳은 내무부 관할로 총관리 태감 3명, 수석 태감 10명, 태감 100명이 근무했다. 자금성에는 크고 작은 수많은 선방이 있었다. 가장 큰 것은 황제에게 봉사하는 것으로 '어선방' 이라 불렀다. 그 다음 후비들의 선방은 지위고하에 따라 8등급으로 나누었다. 어선방 밑에는 육류국, 채소국, 주식국, 간식국, 화로국전문적으로 불에 굽는 일을 관리이 있다. 재료로는 발해의 참새우, 황허의 잉어, 진강의 전어, 남해의 상어 지느러미, 해남의 제비집, 동북의 곰발바닥, 산둥의 전복 등 천하의 산해진미를 다 모아 놓았다.

서태후의 생활을 묘사한 『자희慈禧사생활실록』에는 서태후가 베이징에서 선양으로 가는 어가 열차에서의 상황이 기록되어 있다. 어가 열차 중 네 칸은 태후의 임시 선방이었는데, 50개의 솥을 설치하고, 일류 요리사 50명, 보조 요리사 50명이 있었다. 정식 요리 100종류를 준비했고 간식류, 과일, 단 음식, 말린 과일 등도 100종류였다.

청나라때 궁중 연회 모습

중국 음식문화와 사상

1. 조화와 균형을 중시하는 가치관

고대부터 중국인들은 조화와 균형을 중시하는 가치체계를 발전시켰다. 이러한 가치체계는 오늘날에도 중국의 정치행위나 경제행위는 물론, 대인관계나 일상생활에서도 중요하게 작동한다. 오랜 내우외환의 역사적 과정을 거치는 동안 국가와 사회, 개인의 안위는 물론 집단과 집단, 개인과 개인 간의 평화적 공존이 조화와 균형에 의해서만 가능하다고 보았기 때문이다. 이러한 가치체계를 발전시킨 것은 주로 오행 철학과 음양철학, 그리고 유가의 중용 철학이다.

2. 오행론과 음양철학

이 중에서도 균형과 조화의 가치체계 확립에 가장 먼저 영향을 준 것은 바로 오행 철학이다. 고대 중국인들은 모든 물질을 물水, 불火, 나무木, 금속金, 흙土등 5가지 요소의 구조체로 파악했다. 인간의 정신적, 현실적, 이상적 관념도 모두 오행 구조로 귀납시켰다. 이러한 오행관념은 음식문화 형성에도 지대한 영향을 미쳤다. 중국인들은 음식재료를 '쌀·콩·조·보리·기장' 등의 오곡과 '양·닭·소·개·돼지' 등의 오축으로 파악했고, 음식의 맛과 향기도 '시고酸, 쓰고苦, 달고甘, 맵고辛, 짠鹹'맛 등 오미五味와 '산초花椒향, 붓순八角향, 계피桂皮향, 꽃봉오리花蕾향, 회향풀茴香子향' 등 오향五香의 구조로 파악했다.

오행철학은 우주의 구조와 구성 요소들을 파악하거나 설명하는 데는 일조했으나 우주의 기원이나 근본을 설명하는 데는 부족하다. 이 점에서 음양陰陽철학은 오행철학이 규명하고자 했던 우주의 기원과 근본을 설명하는 데 크게 기여했다. 중국인들은 음양학적인 해석에 의하여 우주의 모든 물질을 상호 대립되는 음양의 구조체로 봤다. 또 음양구조의 상호 작용으로 우주의 모든 현상이 생성되고 발전하는 것으로 파악하려 했다.

음양철학은 음식문화를 한 단계 격상시켰다. 음양철학에서 양陽은 일광日光, 음陰은 그 반대 개념으로 사용되었으나, 양이 양성陽性, 열熱, 밝음明 등으로 확대되면서 주동主動, 강직剛直등의 관념적 분야로 발전했다. 음陰 역시 음성陰性, 냉冷, 어두움暗, 피동被動, 온유溫柔 등의 개념으로 발전했다.

	색	맛	소리	계절	방위	위치	감정	내장	도덕	신	황제
木	청색	신맛	각(角)	봄	동	좌	분노	간	인(仁)	구망(句芒)	태호(太皞)
火	적색	쓴맛	치(徵)	여름	남	상	기쁨	심장	예(禮)	축융(祝融)	염제(炎帝)
土	황색	단맛	궁(宮)	한여름	중앙	중	그리움	비장	신(信)	후토(后土)	황제(黃帝)
金	흰색	매운맛	상(商)	가을	서	우	근심	폐	의(義)	욕수(蓐收)	소호(少皞)
水	흑색	짠맛	우(羽)	겨울	북	하	두려움	신장	지(智)	현명(玄冥)	전욱(顓頊)

이와 같은 원리로 음식이라는 단어에서 음飮은 양, 식食은 음의 개념으로 사용되었다. 또 식食 중에서도 '육류는 양, 곡류는 음'의 개념으로 발전되었다. 곡물 중에서도 '콩은 양, 녹두는 음'을 나타낸다. 식생활에서도 밥과 반찬을 주식과 부식의 개념으로 받아들여 주식인 밥은 양, 부식인 반찬은 음의 개념으로 사용되었다. 음양철학은 음식물 구조를 이분법적 핵분열 과정으로 인식했다.

만한전석

그러나 중국의 음식문화에서 이러한 음양 관계를 대립의 관계가 아닌 균형과 조화의 관계로 승화시킨 것은 중용中庸에서 강조하는 '화和' 즉 조화 또는 화합, 화해의 개념이었다. '화'는 음과 양의 대립적 통일이며 이것이 바로 균형과 조화이다.

결국 음식이라는 말 자체부터 음양철학과 중용철학에 바탕을 두고 생성된 언어이다. 이로 미루어 볼 때 중국 사람들이 음식물 구조는 물론, 음식의 조리 및 섭취에 이르기까지 조화와 균형을 강조함을 알 수 있다. 이것은 그들이 대립적 음식물이 궁극적으로 체내에서 통일을 이루어야만 신체의 조화와 균형을 이룰 수 있다고 보기 때문이기도 하다.

중국 음식문화의 특징

1. 다양한 재료의 선택

중국만큼 다양한 음식문화를 지니고 있는 나라도 없을 것이다. 음식의 종류에서뿐만 아니라 사용되는 재료, 요리법 등에서 다양성이 두드러지게 나타난다. 음식에 사용되는 재료의 종류만 하더라도 중국인 스스로가 "바다의 기선과 육지의 기차, 하늘의 비행기를 제외하고 모든 것을 다 먹는 민족은 중국 민족 밖에 없을 것"이라고 말할 만큼 식용 가능한 모든 동식물이 그 대상이 된다. 실제로 중국에서는 일반적인 음식 재료들 외에도 제비집, 돼지 내장, 매미, 전갈, 원숭이 골 등과 같이 일반적으로 생각할 수 없는 동식물까지도 재료로 등장한다. 따라서 음식의 종류도 다양할 수밖에 없다.

2. 숙식 위주의 식생활 습관

중국인은 반드시 불이나 뜨거운 물을 사용하여 익혀 먹는 숙식熟食을 기본으로 한다. 오래 전부터 중국인들은 익혀 먹는 숙식과 날로 먹는 생식을 기준으로 중국 민족과 주변 민족들을 구별했다. 이러한 음식 습관은 현재까지도 이어져 오고 있고, 이 때문에 중국인은 생식을 상상할 수 없었다. 마시는 물까지 끓여서 먹는 습관을 지니고 있으며 중국에서 일찍부터 차 문화가 발달한 것도 이러한 이유 때문이다. 숙식의 습관화는 다양한 조리법을 발전시키는 데도 크게 기여했다. 중국인들이 일상적으로 사용하는 중요한 몇 가지 조리법은 다음과 같다.

중국의 다양한 조리법

- **차오炒법** 가정에서 가장 많이 사용하는 조리법으로 중간 불에 식용유를 넣고 볶는 방법
- **젠煎법** 약간의 식용유를 두르고 지져 내는 조리법
- **바오爆법** 강한 불에 뜨거운 기름으로 단시간에 튀겨 내는 조리법. 중국 요리에서는 불의 강도가 매우 중요시된다. 불의 강도를 앞의 두 가지와 비교해 보면 젠법이 우리의 화력과 비슷하고 차오 법이 이보다 강하며 바오법은 불이 요리에 직접 닿을 정도로 강하다
- **자炸법** 강한 불에 기름을 끓여 튀겨 내는 조리법
- **사오燒법** 중간 불로 식용유에 볶은 후 다시 물을 약간 넣어 삶아 내는 조리법. 중국 가정에서 차오법 이외에 가장 많이 사용하는 조리법
- **둔燉법** 약한 불을 이용하여 장시간 끓이는 조리법으로 비교적 질긴 육류를 요리할 때 많이 쓰인다.
- **정蒸법** 물을 끓인 수증기를 이용하여 쪄 내는 것으로 만두나 '바오즈包子' 등을 만드는 대표적인 조리법
- **먼燜법** 기름에 재료를 넣고 튀겨 반숙시킨 뒤 탕을 넣고 뚜껑을 덮어 오래 삶는 조리법
- **주煮법** 가장 오랜 역사를 지니고 있는 것으로, 먼저 뜨거운 물에 데친 후 점점 약한 불로 삶아 내는 조리법
- **쉰燻법** 불을 때면서 나오는 연기로 익히는 전통적인 방법
- **카오烤법** 불에 직접 굽는 방법

3. 음식과 보신

예로부터 중국인의 의식 속에는 '약으로 보신하는 것보다는 음식으로 보신하는 것이 좋다藥補不如食補'는 말이 강하게 각인되어 있다. 이 말은 평소에 좋은 음식을 균형 있게 섭취하는 것이 건강에 좋다는 의미이다.

현대 사회에서 의사와 요리사는 완전히 구별되는 직업이고 약품과 식품도 완전히 다른 상품으로 구분된다. 그러나 고대 중국에서 의와 식은 같은 원류에서 시작되었으며 약물의 발견과 사용은 바로 식품에서 출발했다. 식품과 약품이 구별되지 않는 식용 과정에서 약의 성분을 분리해냈던 중국인들은 오히려 식용 가능한 약재를 일상의 식생활에 광범위하게 사용하는 지혜를 발휘함으로써 약재가 식생활 문화의 한 부분을 차지하게 되었다. 중국인들의 일상 식생활 습관에 나타나고 있는 음식 요법은 대체로 다음 4가지로 요약된다.

첫째는 음식물로 약을 대신하는 방법이다. 식품을 주재료로 하고 이에 상응하는 약용 식품을 부재료로 하여 약효를 극대화시키는 방법이다. 예를 들어 돼지 내장에 인삼을 배합하여 식용함으로써 허약한 몸을 보하는 방법과 같은 것이다.

둘째는 약용 식품에 식품을 첨가하는 방법이다. 약용 식품을 주재료로 하고 식품을 부재료로 사용하는 방법이다. 구기자를 주재료로 동물 내장을 첨가하여 양기를 보하는 방법과 같은 것이다.

셋째는 약용 식품과 약용 식품을 결합하여 약효를 극대화시키는 방법이다. 정초丁草라고 불리는 제비꽃과 녹두를 배합하여 식용함으로써 열을 제거하고 해독 작용을 하는 것과 같은 것이다.

넷째는 식품과 식품을 배합하여 건강을 도모하는 방법이다. 예를 들어

중국음식은 강한 화력으로 빠르게 조리하는게
특징이다.

오골계와 버섯을 배합하여 탕을 끓여 식용하면 허약한 몸을 보할 수 있는
것과 같은 것이다. '식의합일食醫合一'이라는 개념은 중국인의 일상 식생활
문화에 깊이 뿌리를 내리고 있다.

종교와 음식문화

1. 유가와 음식문화

공자의 음식에 관한 사상은 완전한 체계를 이룬다. 공자는 음식의 원칙, 음식의 예의, 요리의 기술 등 각각의 방면에 대해 언급을 했고, 고대 음식 이론에 대한 사유공간을 확대했다.

(1) 음식이 인생의 기본적인 욕구임을 긍정하였으며, 음식에 대한 욕구의 존재는 합리적이며 반드시 중시해야 한다.

(2) 음식이 인생의 유일한 목적임을 인정하지 않았으며, 정신적인 추구가 때로는 음식보다 중요하며 더욱 의미가 있다고 여겼다.

(3) 요리에 있어서 식품과 조리는 반드시 명확하고 자세해야 한다.

(4) 식품은 색깔·향기·맛·모양의 종합적인 아름다움과 전체적인 아름다움을 갖고 있어야 한다.

(5) 음식은 건강의 원칙에 따라야 한다고 생각하였으며, 식사 때는 반드시 양과 정도의 문제를 염두에 두어야 하며, 폭음과 폭식을 반대하였다.

(6) 식품 위생에 대한 요구는 엄격하였으며, 그 중에서 규칙적인 것을 찾았고, 먹을 것과 먹지 말아야 할 것을 구분하였다.

(7) 양호한 식사 습관을 길러야 한다고 강조하였으며, 특히 연회에서의 몸가짐과 예절을 중시하였다.

(8) 조미료의 배합을 중시하였다.

2. 불교와 음식문화

동한東漢시대부터 중국에 전파되기 시작한 불교는 중국의 음식문화에도 지대한 영향을 미쳤다. 인과응보와 생사윤회를 강조하고 살생을 죄악시하는 불교는 육식을 멀리하고 채식을 위주로 하는 음식문화를 형성하는 데 크게 기여했다. 이러한 음식 습관은 불교가 왕성했던 수나라와 당나라를 거치면서 전국 각지로 널리 전파되었다. 소식素食을 위주로 하는 이러한 음식문화는 17세기 청나라에 들어와 더욱 발전되었다.

이와 같이 불교는 육식을 금하는 대신 채소 음식을 확산시키는데 크게 기여했다. 식용 가능한 채소를 발굴해내고 이를 조리하는 방법을 다수 개발함으로써 중국의 음식문화를 더욱 풍성하게 만들었다. 일례로 콩으로 만든 두부 요리는 지금도 수십 가지에 달하며 죽을 비롯하여 면류나 빵과 같은 밀가루를 이용한 음식도 수를 헤아릴 수 없을 정도로 많다. 이러한 음식들 대부분이 불교의 영향을 받은 것들이다.

중국의 요리 중에서 대표음식인 딤섬, 동파육, 마파두부

3. 도교와 음식문화

진시황은 불로초를 구하기 위하여 방사方士들을 봉래산으로 보냈다. 영원히 살고 싶은 것은 인간의 기본적인 욕망이다. 중국에서는 신선·불사不死를 위한 여러 방법과 설들이 제기되었다. 중국의 종교 내지 사상인 도교는 이러한 신선·불사사상과 함께 노장사상, 음양오행, 예언, 점복占卜 등이 결합되어 있어 한마디로 정의하기 어렵다. 이러한 여러 요소들은 현세의 건강과 행복을 추구하며 이를 위한 방안이 도교에 집약되어 있다.

도교의 장생불사 방법은 내단內丹과 외단外丹으로 나누어진다. 호흡법, 체조법, 방중술 등이 전자에 속한다. 공통점은 스스로 신체를 단련시켜 장생불사하려는 것이다. 후자는 외적인 요소, 즉 음식이나 약물을 통해 불사에 도달하려는 것이다. 약물을 복용하는 방법과 곡기를 끊는 방법이 있다.

도교 신봉자들이 생각한 장생불사를 위한 최상의 방법은 아무 음식도 먹지 않고 기를 먹고 사는 것이었다. 이것이 바로 벽곡辟穀이다. 생명을 유지시키는 수단인 음식이 오히려 생명 유지를 위해 부정되는 기이한 현상과 만난다.

한편 도교는 유교의 엄숙주의와 형식주의 아래서 심리적 압박감을 느끼는 중국인들을 자유롭고 낭만적인 세계로 인도한다. 이때 술은 자유롭고 싶어 하는 인간의 본능을 풀어헤치는 촉매제 역할을 한다. 그래서 도교와 술은 뗄 수 없는 관계에 있다. 중국의 시선이라고 불리는 이백이 엄청난 술꾼이었음은 잘 알려진 사실이다. 그의 시에서 그려진 자연은 바로 도교에서 이상향으로 생각하는 무릉도원이다.

4. 이슬람과 음식문화

중국에서 이슬람교도들의 식생활 습관은 독특한 음식문화로 평가받는다. 한족들이 주로 돼지고기로 요리를 하는 반면, 이슬람교도들은 돼지고기를 먹지 않는다. 이 때문에 중국의 이슬람교도들은 남방에서는 소고기를, 북방에서는 양고기를 주로 즐겨 먹는다. 중국인들이 소고기와 양고기를 먹는 습관을 갖게 된 것은 거의가 이슬람교의 공헌이라고 해도 과언이 아닐 것이다. 베이징을 비롯한 북방의 주요 도시에서 먹을 수 있는 '취안양시全羊席', '쏸양러우涮羊肉'나 '양러우촨羊肉串' 등은 이슬람 음식문화의 영향을 받은 대표적 음식이라고 할 수 있다.

이슬람교도들은 돼지고기를 먹지 않고
주로 양고기, 쇠고기, 닭고기를 즐겨 먹는다.

지역의 음식체계

중국은 한반도의 약 50배에 달하는 광활한 영토를 가졌다. 지역마다 기후와 토양이 다르기 때문에 생산되는 산물 또한 크게 다르다. 따라서 음식문화 역시 다를 수밖에 없다. 크게 나누어 보면 창강과 황허를 중심으로 화남, 화북의 음식문화가 다르게 발달했고 동쪽 연해 지역과 서쪽 내륙 지역의 음식문화가 다르게 발달했다. 중국의 음식 체계를 8대 음식체계 또는 10대 음식체계로 나누는 이유도 바로 여기에 있다. 어느 지역의 음식체계든 재료의 다양성, 숙식, 다양한 조리법, 음식의 약용화, 음식의 균형과 조화 등은 기본적인 공통점이다.

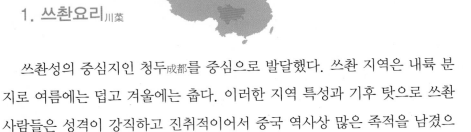

1. 쓰촨요리 川菜

쓰촨성의 중심지인 청두成都를 중심으로 발달했다. 쓰촨 지역은 내륙 분지로 여름에는 덥고 겨울에는 춥다. 이러한 지역 특성과 기후 탓으로 쓰촨 사람들은 성격이 강직하고 진취적이어서 중국 역사상 많은 족적을 남겼으며 근래에도 많은 인물들을 배출하고 있다. 이러한 쓰촨의 지역적 특성과 기후는 이 지역의 식생활 문화에도 커다란 영향을 미쳤다. 쓰촨요리는 고추·후추·날생강 등과 같은 조미료를 사용하여 조리하기 때문에 음식이 맵다. 신 음식을 즐기기도 한다. 조리법은 38가지가 있을 정도로 풍부하다.

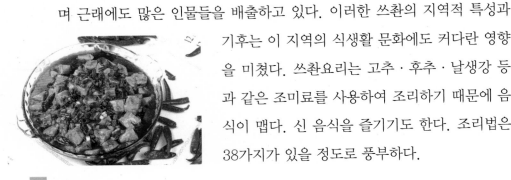

대체로 매운 쓰촨요리

2. 장쑤요리蘇菜

쑤저우蘇州, 양저우揚州, 난징, 전장鎭江 등 장쑤지방과 상하이의 요리를 총칭한다. 장쑤지역은 바다에 면해 있고 내륙에도 호수가 많아 '어미지향 魚米之鄕'으로 불릴 만큼 수산물과 쌀이 풍부하다. 요리에 사용되는 재료도 수산물이 주종을 이룬다. 요리는 가능한 한 재료 본래의 맛과 향기를 잃지 않도록 하고 느끼하지 않으며 담백하게 조리하는 것을 특징으로 삼는다. 찌는 방법, 약한 불에 오래 익히는 방법, 모양 그대로 굽는 방법 등이 주로 사용된다.

3. 광둥요리奧菜

광저우廣州, 차오저우潮州 등 광둥지방의 요리를 총칭하는 요리체계이다. 광저우는 특히 주강 삼각주에 위치하여 교통이 편리했기 때문에 한 이후부터 영남 지역의 정치 · 경제 · 문화의 중심지였다. 청에 이르러서는 중국과 해외를 연결하는 주요 통로였으며 육상과 해상을 연결하는 중요한 무역의 집산지이기도 했다. 외국인들의 왕래가 빈번하여 중국과 판이하게 다른 외국 문화를 가장 먼저 접하는 곳도 광저우였다. 자연스럽게 음식문화를 포함한 일반문화에 외국의 영향을 가장 많이 받게 되었다. 그 결과 광둥의 음식문화는 내륙과는 다른 모습으로 발달했다. 서양과의 경제 · 문화 교류를 통하여 서양요리법을 가장 먼저 배운 곳도 광저우 지역이었고 내륙의 요리법을 가장 많이 배운 곳도 광저우 지역이었기 때문에 광둥 요리는 상당 부분 서양요리법과

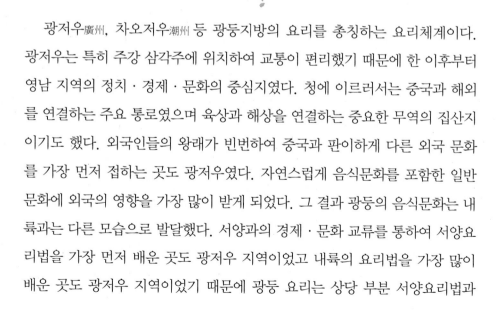

내륙요리법이 혼합됐다. 광둥요리의 특징은 무엇보다도 음식의 재료가 풍부하고 타 지역에 비하여 이것을 광범위하게 사용한다는 점이다. 광둥 사람들은 스스로 "새와 짐승, 곤충과 뱀 등을 불문하고 먹지 않는 것은 없다."고 말한다. 특히 뱀을 위주로 하는 요리가 서한 시대부터 오늘에 이르기까지 상품上品요리로 애용되고 있을 정도이다. 광둥 요리가 먹을 수 있는 모든 재료를 요리의 대상으로 삼고 있다는 것을 알 수 있다.

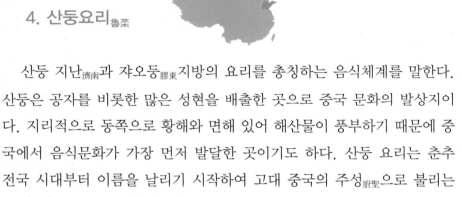

4. 산둥요리鲁菜

산둥 지난濟南과 쟈오둥膠東지방의 요리를 총칭하는 음식체계를 말한다. 산둥은 공자를 비롯한 많은 성현을 배출한 곳으로 중국 문화의 발상지이다. 지리적으로 동쪽으로 황해와 면해 있어 해산물이 풍부하기 때문에 중국에서 음식문화가 가장 먼저 발달한 곳이기도 하다. 산둥 요리는 춘추전국 시대부터 이름을 날리기 시작하여 고대 중국의 주성廚聖으로 불리는 '역아易牙'를 배출하기도 했고, 당송唐宋 시대에는 이미 중국의 북방 지방을 대표하는 요리로 전국 각지에 전파됐다. 청나라에 이르러 궁전 요리사는 주로 산둥에서 파견되었기 때문에 베이징요리의 형성에도 지대한 영향을 미쳤다.

산둥요리는 해산물을 주요 재료로 사용하는 경향이 있으며 그중에서도 해삼·생선·조갯살 등이 많이 쓰인다. 조리 방법은 강한 불에 올려 기름을 부어 조리하거나 뜨거운 물에 데쳐 내는 것으로 유명하다. 뜨거운 불에 올려 짧은 시간에 지지고 볶고 튀겨 내는 조리법은 타 지역의 조리법에도 많은 영향을 주었다.

5. 푸젠요리_{閩菜}

푸젠성의 푸저우_{福州} 요리를 중심으로 하는 요리체계로 푸젠성 남부와 서부의 요리를 포함한다. 푸젠성은 동쪽은 바다와 접했고 북쪽은 산악 지역이 많아 기후가 온화하고 다습하다. 이러한 자연 조건 때문에 해산물을 비롯하여 농산물과 야생자원이 풍부하다.

푸젠요리는 절이거나 특이한 조미료를 많이 사용하는 것으로 유명하다. 특히 찹쌀이나 멥쌀로 누룩을 만들어 조미료화 한 '홍자오_{紅糟}'를 많이 쓴다. 요리의 재료로는 해산물·닭고기·돼지고기·죽순·버섯 등이 많이 사용되며, 특히 장어 또는 돼지 살코기 등에 '홍자오'를 섞어 기름에 볶아 독특한 향기를 낸다. 푸젠 요리는 또 구기자와 오미자·인삼·녹각 같은 약용 동식물을 보식_{補食} 재료로 쓰거나 오골계와 자라 같은 약용 동물을 주재료로 사용한다. 푸젠 요리는 대부분 독특한 향과 함께 비교적 달고 시큼한 맛을 내는 것이 특징이다.

산둥과 푸젠은 해변가에 위치해
주로 해산물음식을 먹는다.

6. 베이징요리 京菜

베이징을 중심으로 하는 북방요리에 속한다. 베이징은 오랜 기간 여러 왕조의 수도였기 때문에 베이징 요리도 궁중 요리의 색채를 띤다. 뿐만 아니라 한민족은 물론 흉노족·거란족·여진족·몽고족·만주족 등이 번갈아 통치한 곳이었기 때문에 소수 민족 음식문화의 색채도 뚜렷하다. 만주족이 청나라를 세워 통치했기 때문에 만주족과 한족의 음식문화가 듬뿍 배어 있다. 청나라 초기부터 많은 왕들이 궁중 요리사로 산둥 요리사를 고용했고 이때부터 이미 일반 음식점도 대부분 산둥 사람들이 주도했다. 베이징요리는 궁중 요리와 소수 민족, 산둥 요리의 색채를 고루 지니고 있다. 중국 각 지역에서 왕에게 진상했던 진귀한 요리들과 전국 각지의 유명 요리들이 청나라가 무너지면서 일반 시중으로 흘러들어 전국적인 음식 맛을 고루 볼 수 있는 특색을 지니기도 한다.

7. 후난요리 湘菜

샹강湘江 유역과 둥팅호洞庭湖 지역, 샹시湘西 지역 등의 요리를 총칭하는 음식체계를 말한다. 후난 지역은 중국 내륙의 중남부에 위치하여 지역이 낮고 기후가 온화하며 강우량이 많을 뿐만 아니라 습도가 높아 농산물이 풍부하다.

후난 서부 지역은 죽순이나 버섯, 산나물이 풍부하고 동남 지방은 농업, 목축업 등이 발달했으며, 북부 지역은 둥팅호를 끼고 있어 민물고기가 풍부하다. 후난 지역은 다습한 기후 때문에 음식이 쉽게 부패할 수 있어 소금에 절여 말린 음식이 많다. 쓰촨 사람들과 비슷하게 매운 음식을 즐기는 것도 특징 중의 하나다. 계절적으로 여름에는 덥기 때문에 싱겁고 연한 음식을 즐기나, 겨울에는 음식을 뜨겁고 맵고 진하게 먹는다.

8. 안후이요리 _{徽菜}

안후이성의 완난皖南, 옌장沿江, 옌화이沿淮 지역의 요리를 총칭하는 음식체계를 말한다. 안후이성은 중국의 동남부에 위치하여 당송 시대부터 농업과 상업, 수공업이 발달했던 곳이다. 그러나 명나라 때부터 경제 중심이 난징·상하이·항저우·쑤저우·양저우 등 인근 도시로 옮겨가면서 안후이성 사람들도 이들 도시로 많이 유입됐다. 이와 함께 안후이성의 음식문화도 널리 전파되었다. 안후이성 요리는 산나물과 산짐승을 주재료로 사용한다. 일찍부터 완난 지역의 특산물인 자라로 요리를 만들어 이름을 날렸다. 옌장의 민물고기로 만든 요리는 일품으로 꼽힌다. 음식을 차릴 때 산해진미를 상 위에 올리는 것뿐만 아니라 냄비와 목탄을 사용하여 약한 불에 오랫동안 삶는 요리법으로도 유명하다.

▶ 중국의 차문화

우리는 예사롭게 자주 일어나는 일을 보통 '다반사茶飯事' 라고 한다. 즉 차를 마시고 밥을 먹는 일처럼 흔하다는 뜻이다. 그만큼 차는 혼자 마시든지 여럿이 함께 마시든지 휴식과 오락과 교제의 장소에서 삶의 중요한 부분을 차지해 왔다.

차의 재배와 소비가 전세계에서 이루어지고 있는 지금은 뜨거운 물과 티백만 있으면 언제 어디서든지 쉽게 차를 마실 수 있다. 그러나 어떤 사람들은 다양한 종류의 차와 아름다운 찻주전자를 준비하고, 고급스런 찻잔에 절차를 지키며 차를 즐기기도 한다. 중국에서는 언제 어디서나 매일 차를 마시고 즐기는 중국인을 만날 수 있지만, 우리나라 대형 상점이나 편의점에서도 중국차를 쉽게 구할 수 있고, 전통 문화 거리에서조차 중국차 전문점을 찾을 수 있을 정도로 중국차는 어느새 우리 생활 깊숙이 들어와 있다고 해도 과언이 아니다.

1. 차와 차마 무역

오늘날 세계에서 가장 많이 소비되는 음료의 하나인 차는 중국에서 처음 마시기 시작한 것으로 알려져 있다. 차나무의 어린 순筍이나 잎葉을 재료로 해서 '차茶'를 만드는데, 차나무는 현재 40여 개국에서 재배되고 하루에 20억 잔 이상 소비되고 있다. 그 중에서도 중국·인도·스리랑카 등 3개 국가는 세계 차 생산량의 절반 이상을 차지한다.

차나무는 북위 38도에서 남위 30도에 이르는 광범위한 지역에서 재배가 가능하다. 연평균 기온은 14~16도가 적합하며 최고 기온이 섭씨 40도를 넘어서면 고온장해가 발생한다. 중국의 남부 지역, 특히 윈난과 구이저우 등에서는 19세기 말 이후로 야생 차나무가 지속적으로 발견되어 왔다. 그중 1951년 윈난의 멍하이현猛海縣의 다헤이산大黑山 산림에서 발견된 높이 32m의 대형 야생 차나무는 수령이 약 1,700년으로 지금까지 발견된 것 중 가장 크다. 이 외에도 중국의 쓰촨·광시·광둥·후난 등의 지역에서 높이 10m 이상의 야생 대형 차나무가 발견되었다.

야생 차나무가 발견된 곳이 차나무의 발원지라고 할 수는 없으나, 중국에서는 차나무의 기원과 자연적 분포 상태에 대한 연구를 통해 중국 서남 지역이 차나무의 원산지라고 여기고 있다.

중국 서남부 지역의 찻잎과 차의 종자는 창강을 따라 각 지역으로 전파됐다. 차를 마시는 풍습 역시 이 일대를 따라 점점 유행되었다. 특히 당618~907 제국

의 건립으로 수백 년간의 분열 상태가 종식되면서 남북 문화가 광범위하게 융합되는 가운데 차를 마시는 풍습도 널리 전파되었다. 차는 윈난·쓰촨에서 창강 주변 강남으로, 다시 중국 전역으로 보급됐다. 차는 우유를 마시던 중국 북방의 선비족에게는 물론, 나아가 동쪽으로는 한국과 일본으로 전해졌고 서쪽으로는 위구르와 돌궐 상인에 의해 아랍으로 전해졌다.

차는 당대에 이미 대중화된 음료의 하나이며 대중적으로 소비되는 일용 상품이었다. 또한 국민 경제의 중요한 부분을 차지하게 되면서 국세國稅의 큰 부분을 차지했다. 당나라는 처음 다세茶稅를 징수하기 시작했고, 대규모의 국영 다원茶園을 개척하고 다엽茶葉을 전매했다. 조정에서는 대량으로 공차貢茶를 수납하고 물자로 저축했다. 당으로부터 청대까지, 차세는 소금과 철 다음가는 국가 재정의 주요한 수입원 중의 하나였다.

20세기 초 '차마고도' 의 인부들

차마고도(茶馬古道)

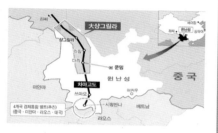

당대 이래로 중국 서남지역의 윈난·쓰촨·티베트(西藏) 등의 세 지역을 이어주던 고대 상업도로를 가리킨다. 주로 윈난과 쓰촨의 차·소금·설탕·견직물과 티베트의 말·모피·약재 등의 생활 용품을 교역하던 상업도로이다. 이 길은 말에 짐을 싣고 무리 지어 다니며 장사하는 마방(馬幇)이 깊은 산과 계곡 등 험난한 길을 건너 상품을 운송하는 가운데 완성된 길로 '차마고도' 혹은 '차마상도(茶馬商道)라고 칭했다. 당·송 이래로 차마고도는 중국과 티베트 지역의 경제와 문화 교류를 담당했던 통로였다. 윈난성의 리장(麗江), 쓰촨성(四川省) 야안(雅安), 티베트의 라싸(拉薩)등은 이 고도에서 가장 유명한 상품 집산지였다. 차마고도는 여러 경로가 있었는데, 대부분 중국 남부의 4,000m 이상의 험준한 산악지역과 수천 km에 이르는 협곡과 해발 6,000m 이상의 히말라야 설산(雪山)을 거쳐 부탄·네팔·인도까지 이르는 길을 가리킨다.

차는 또한 비단, 도자기와 함께 중요한 수출물자의 하나였다. 차는 특히 봉건시기 마정馬政과 긴밀한 관계가 있었다. 당나라는 일찍부터 차를 서부와 북부 소수민족의 수십만 필의 전마戰馬와 교역했다. 신식무기가 출현하기 이전에 말은 중요한 전략 물자의 하나였다.

송·원·명 각 왕조마다 차는 조정에서 정치적으로 변방 지역의 전마와 교역하는 중요한 무역상품의 하나였다. 더욱이 차가 점차 육로와 해로를 통해 서양에 전파되면서 상인들은 차를 통해 많은 재산을 축적했고 높은 부가가치를 지닌 상품으로 발전했다.

2. 차의 해외 전파

중국 내에서 전국적으로 전파된 차는 당나라와 교역이 활발하던 9세기 초에 한국에 전해졌다. 『삼국사기三國史記·신라본기新羅本紀』의 흥덕왕興德王 3년 12월조에 의하면, 신라의 사신인 대렴大廉은 당나라에 파견되었다가 돌아오는 길에 차나무를 가지고 와서 왕에게 바쳤다. 그 후 왕명에 의해 지리산에 차나무를 심었다는 기록이 있다. 통일신라

시대에는 일부 승려와 화랑들이 수행과 관련하여 차를 마시는 풍속이 있었다. 고려시대에는 왕실, 귀족, 사찰 등에 차가 유행처럼 번져 널리 보급되었다. 조선시대에는 불교와 함께 차 문화도 쇠퇴했으나, 다도의 전통은 사찰을 중심으로 이어졌다. 조선시대에 이르러서 명맥만 유지해오던 한국의 다도는 초의선사艸衣禪師, 1786~1866에 이르러 다시 크게 중흥되었다. 조선 후기에 초의선사와 친교를 나누던 다산茶山 정약용丁若鏞과 추사秋史 김정희金正喜 사이에는 차에 얽힌 아름다운 일화도 전해진다. 『다신전茶神傳』과 『동다송東茶頌』을 저술한 초의선사는 한국의 다성茶聖으로 불린다.

차는 또한 12세기에 중국에서 수련 중이던 일본 승려에 의해 일본으로도 전해졌다. 일본의 다조茶祖로 숭상되며 『끽다양생기喫茶養生記』를 지은 에이사이 선사榮西禪師, 1142~1215가 당에서 차씨를 가져와 건인建仁 2년1202 고산사高山寺에 심으면서 전 일본으로 퍼졌다. 14세기에 이르러 일본에서는 차

가 선종禪宗보다 더 인기가 있었다. 15세기 말에 일본의 유명한 선종 승려인 무라타 주코村田珠光, 1422~1502가 차 의식에 종교적 의미를 부여하면서 절제된 분위기에서 차를 마시는 전통이 생겼다. 16세기에 다케노 조오武野紹鷗, 1502~1591는 선종 규범에 맞게 다도를 확립했다.

차는 중국의 주변국가인 한국, 일본, 티베트 등에 다양한 교류를 통해 일찍이 전파되었지만, 서양에는 차의 존재가 뒤늦게야 전해졌다. 차가 유럽으로 직접 유입되기 시작한 것은 17세기 초로 알려져 있다. 동양 항로가 개척된 이후 육로와 해로를 통해 서양으로 전파된 차는 이후 네덜란드와 영국 상인들이 인도와 인도네시아 등의 식민지에 대량의 차 재배지를 형성하면서 생산이 더욱 확대됐다. 나아가 19세기 말, 런던에서 개최된 만국박람회를 통해 차가 세계적으로 널리 알려지면서 세계 차시장은 대규모로 성장 발전했다.

3. 차의 종류와 효능

고대 중국인들은 일찍부터 찻잎에서 피로를 없애주고 갈증 해소를 도와주는 효과와 효능을 발견했다. 전설에 의하면 농업의 신이자 의약의 신인 신농씨神農氏는 각종 풀의 효능을 알아보기 위해 온갖 풀을 맛보면서 독초에 중독되었다가 우연히 찻잎을 먹고 해독되었다고 전해진다. 현대 과학에 의해서도 차에는 비타민 · 아미노산 · 미네랄 등의 영양성분과 탄닌산 · 알칼로이드 · 폴리페놀 · 엽록소 · 규산 · 플라보노 등의 약효성분이 밝혀졌다. 그러나 차는 한성寒性이

유송년劉松年의 〈연다도〉煮茶圖

강하여 몸이 허약한 경우에는 많이 마셔서는 안되는 것으로 알려져 있다.

중국차의 종류는 그 오랜 역사만큼이나 매우 다양하지만, 기본적으로는 제조과정에 따라 크게 6가지로 분류한다. 중국인들은 처음으로 뜨거운 물에 차를 우려낸 찻물의 색에 근거하여 백차류·황차류·녹차류·청차류·홍차류·흑차류 등으로 구분했다. 백차·황차·녹차 등은 발효시키지 않은 차에 속하고, 청차·홍차·흑차 등은 발효차에 속한다.

차는 재배 조건과 그 과정도 까다롭지만, 차의 품질을 좌우하는 제조과정 또한 많은 시간을 요하며 여러 단계의 공정을 거쳐야만 한다. 차의 수확 이후에 신선한 찻잎은 대략 위조萎凋·유념揉捻·분별·발효醱酵·건조 등의 과정을 거쳐 차로 제조 완성된다. 위조는 찻잎을 수확한 이후에 첫 번째 제조 단계로 찻잎을 말리는 과정이다. 잎을 말리면 다음 단계인 유념을 할 때 찻잎을 부드럽게 하여 부서지는 것을 막을 수 있다. 유념은 차의 제조 과정 중 두 번째 단계로 찻잎을 비벼주어 찻잎의 세포가 파괴되어 즙이 나오게 하여 발효의 화학 반응을 일으키게 한다. 위조와 유념을 거친 차는 찻잎의 파쇄여부와 찻잎의 크기에 따라 선별 과정을 거친다. 다음으로 차는 가장 힘들고 중요한 발효과정을 거치게 된다. 발효란, 차의 빛깔과 맛에 변화를 일으키는 과정으로 찻잎 속의 효소가 공기 중의 수분과 함께 생화학 변화를 일으켜 찻잎의 향과 맛에 변화를 일으키는 것을 말한다. 건조는 차의 제조 과정 마지막 단계로 가장 까다로운 과정이다. 찻잎은 수분 함유량에 따라 알맞은 온도와 시간으로 건조된다. 특히 녹차는 발효 효소를 억제하기 위해 열을 가하여 녹차의 고유 성분을 보존토록 한다.

(1) 녹차와 홍차

우리는 일반적으로 차라고 했을 때 녹차와 홍차를 떠올린다. 녹차는 차를 우려내면 맑고 짙은 녹색에서 연녹색, 연노랑에 이르기까지 다양한 색깔을 띤다. 반면에 홍차는 옅은 오렌지색이나 적갈색을 띤다.

중국의 녹차류는 대략 백차·황차·녹차 등 3가지로 분류한다. 녹차는 불발효차라고도 하는데, 발효시키지 않거나 아주 약간만 발효시킨 차이다. 녹차는 찻잎과 찻물이 모두 녹색인 것에서 유래하여 붙여진 이름으로 신선한 찻잎을 고온 습열로 찻잎의 효소 활성화를 거쳐, 솥에서 볶거나 증기로 쪄서 만든다. 중국 차 중 생산지가 가장 넓고 생산량도 가장 많다. 중국 차 전체 생산량의 70%를 차지한다. 특히 녹차의 카테킨이라는 성분은 항암효과가 탁월하다. 녹차에는 서호용정西湖龍井·동정벽라춘洞庭碧螺春·황산모봉黃山毛峰

등이 속한다. 황차는 기본적으로 녹차와 비슷한 과정을 거쳐 만든다. 약 15% 정도로 경미하게 발효시킨 차로, 군산은침君山銀針이 대표적이며, 군산은침의 주요산지는 후난이다. 백차는 황차보다 더 가볍게 약 10% 정도로 발효시킨 차로, 흰 솜털이 많은 찻잎을 사용하므로 백차라고 부르게 되었다.

위에서부터 서호용정,
동정벽라춘, 황사모봉,
기문홍차

살청과정을 거치지 않고, 장시간 찻잎을 시든 상태에서 음지에서 건조시킨 후, 잎이 부드럽게 되어 차향이 날 때, 다시 햇볕이나 기계로 건조시킨다. 푸젠에서 생산되는 백호은침白毫銀針이 대표적이다. 곡우 이전인 청명 무렵 채취하므로 녹차 중에서 향이 그윽하기로 유명하다.

홍차는 완전발효차로 약 95% 정도로 발효시킨 차를 말한다. 홍차는 발효과정 중의 찻잎의 폴리페놀 물질이 산화되어 차탕과 찻잎 모두 홍색을 띠므로 홍차라고 부른다. 홍차는 간염을 예방하는데 좋고 신체가 비교적 허약한 사람은 홍차에 꿀을 첨가하여 마시면 좋은 효과를 볼 수 있다. 안후이성에서 생산되는 기문祁門 홍차는 세계 3대 홍차에 속한다. 섬세하고 연한 맛의 기문홍차는 난향이 나는 것으로 유명하다.

(2) 우롱차와 보이차

우리는 흔히 중국차하면 우롱차와 보이차를 떠올린다. 우롱차는 본래 오룡차烏龍茶의 중국음이나, 국내에서는 대중적으로 소비되는 차음료로 잘 알려져 있다. 우롱차는 중국에서 생산되는 반발효차 전체를 지칭하는 말이다. 반발효차는 발효를 반만 시킨 차라는 뜻이다. 발효 정도는 약 20%에서 70%정도로 다양하다. 반발효차인 우롱차는 홍차와 녹차의 장점을 두루 갖춘 특별한 풍미를 지닌다. 반발효차는 홍차의 떫은맛과 녹차의 쓴맛이 적어서 이 두 차의 중간 맛이 난다.

반발효차는 청차靑茶라고도 하는데, 청차는 광둥, 푸젠성 사람들이 즐겨 마시며 가을에 생산되는 차를 최상품으로 친다. 찻잎이 까맣고 용처럼 구불구불하다고 하여 오룡차라고도 한다. 생산과정 중에 찻잎을 넓은 광주리에 펼쳐놓고 흔드는 과정을 거치는 것이 특징이다. 원료로는 거칠고 큰 찻잎을 쓴다. 청차靑茶에는 철관음鐵觀音 · 동정오룡凍頂烏龍 · 문산포종文山包種 등이 속한다.

보이차普洱茶의 중국음은 '푸얼차'로 대표적 후발효차로서 흑차黑茶에 속한다. 흑차는 특히 악퇴渥堆라고 부르는 제조 과정을 거친다. 악퇴란 위조와 유념을 거친 차를 높게 쌓아놓고 물을 뿌리고 마포를 덮어 발효시키거나, 상온에서 위조와 유념의 과정을 여러 차례에 걸쳐 자연적으로 발효시키는 과정을 말한다.

보이차(푸얼차, 普洱茶)

중국 10대 차의 하나인 보이차는 그 원산지이자 집산지인 보이(普洱, 푸얼)란 지명에서 유래했다. 윈난의 보이차 주요 산지는 크게 바오산(保山) · 린창(臨滄) · 쓰마오(思茅) · 시솽반나(西雙版納) 등의 4대 지역으로 나눈다. 보이는 쓰마오 지역에 속한다. 보이차는 차의 종류인 동시에 윈난에서 생산된 차를 가리킨다.

2003년 윈난성은 '윈난푸얼차'를 윈난성 내에서 쇄청(曬靑)한 대엽종의 차엽을 주원료로 하여 발효 과정을 거쳐 완성된 차로 정의했다. 보이차는 형태에 따라 산차(散茶)와 긴압차(緊壓茶)로 나누고, 그 발효과정에 따라 생차와 숙차로 분류한다. 자연발효, 즉 물을 뿌리는 악퇴 과정을 거치지 않고 자연 상태에서 오랜 시간에 걸쳐 발효가 이루어진 보이차는 '생보(生溥)' 혹은 '생차'라고 약칭하고, 인공발효, 즉 물을 뿌리는 악퇴 과정을 거쳐 빠르게 후발효시켜 완성된 보이차는 '숙보(熟溥)' 혹은 '숙차'라고 부른다.

보이차는 원료와 제조 과정 외에도, 현대적으로 기계화되기 이전 전통적인 긴압차의 포장 · 인쇄 및 그 압축 형태에 따라 다양한 보이차의 역사와 문화적 특징을 나타낸다.

공부차(功夫茶, 工夫茶)

옛 사람들은 차의 색과 향과 맛에 잘 어울리는 전문적인 다구를 갖추고 차를 마시는 것을 음다의 표현 양식의 하나로 중시했다. 중국의 광둥, 푸젠(福建), 타이완 사람들은 주로 우롱차를 즐겨 마시며 차를 마시는 격식을 중시하였다. 특히 광둥의 차오저우(潮州)와 산터우(汕頭) 일대에서는 최소 10여종 이상의 다양한 다구를 갖추고 정교한 음다법을 완성했다. 공부차의 중심은 다구에 있으며, 차를 우리고 마시는 과정이 마치 공부를 하듯 일정 수준의 소양이 요구되는 것을 뜻한다.

전하는 바에 의하면, 윈난의 보이차는 변방 지역으로 운송 중 비바람으로 인해 습기가 후발효를 일으킨 데에서 유래했다고도 하고, 다른 한편으로는 덥고 습한 서남지역에서 장기보관 과정 중에 후발효가 자연 발생적으로 일어나는 과정에서 유래했다고도 한다. 후발효차 중엔 윈난의 보이차가 가장 유명하다.

가공차 중의 하나인 긴압차緊壓茶는 흑차를 주원료로 만드는데, 증기로 찐 찻잎을 보름달餅茶 · 벽돌磚茶 · 접시沱茶 등 여러 가지 모양으로 압축하여 만든 차를 가리킨다. 긴압차는 단단하게 압축되어 있으므로 차를 잘게 부순 후 뜨거운 물에 충분히 우려서 마신다.

어떤 지역에서는 단순히 뜨거운 물에 우리는 방법만으로는 차가 충분히 우러나지 않기 때문에 각종 야채나 곡식 등을 첨가하여 끓여서 마시기도 한다. 긴압차가 압축하여 부피를 줄인 이유는 변방지역까지 쉽게 운송하기 위해서였다. 차는 육류와 유제품을 많이 섭취하는 변방 소수민족에게도 필수적인 요소였다. 고온 건조한 지리적 특성으로 말미암아 티베트의 장족藏族을 비롯하여 네이멍구內蒙古, 신장新疆 등지에서 많이 마신 운남타차雲南沱茶 · 보이타차普洱沱茶 · 칠자병차七子餅茶 · 육보차六堡茶 등이 긴압차에 속한다.

중국차는 이와 같이 대체로 차의 제조 방법에 따라 분류하거나 차의 발효정도에 따라 분류하였다. 그러나 생산지의 이름을 그대로 차 이름으로 사용하는 경우가 많다.

(3) 기타

중국차 중에는 순수한 맛의 차 이외에도 여러 가지 맛을 혼합한 차들도 있다. 이를테면 화차花茶, 과일향차, 약용보건차, 차음료 등이 여기에 속한다.

화차花茶는 크게 계화차桂花茶 · 장미화차玫瑰花茶 · 국화차菊花茶 처럼 꽃을 차로 직접 끓여 마시는 것과 향기로운 꽃을 혼합하여 꽃의 향이 찻잎에 스미도록 만든 것으로 나눈다. 화차는 남송 시기부터 본격적으로 생산이 시작되었으며, 다른 차와 달리 향기의 신선도, 향기의 농도, 향기의 순도를 품질 기준으로 삼는다.

대체로 녹차와 혼합한 것이 가장 많고, 홍차와 우롱차를 쓰기도 한다. 흔히 재스민차라고 불리는 모리화차茉莉花茶는 찻잎과 꽃잎을 혼합한 대표적 가향차佳香茶의 하나다.

또한 찻잎을 다양한 모양으로 엮은 가공차도 있다. 가공차는 찻잎이 뜨거운 물속에서 꽃잎이 피어나듯 하나씩 펼쳐지는 환상적인 순간을 감상할 수 있어 차 애호가들도 즐겨 마신다.

4. 차와 다구

차를 마시는 방법은 명확한 격식이 있는 것은 아니며 상호 통용될 수 있다. 다만 차마다 서로 다른 색과 향과 맛을 지니고 있어 그 고유의 특징을 어떻게 잘 우려내는가 하는 것이 중요하다.

차를 마시기 위해서는 기본적으로 차와 물, 그리고 다구가 있어야 한다. 차를 마시기 위해 필요한 다구茶具, 혹은 다기茶器라고도 칭함는 실용적 가치 외에도 그 예술적 아름다움에 따라 차 애호가들의 주목을 끌어왔다. 차의 종류가 다양한 만큼이나 차를 마시는 전용 다구도 청자·백자·유리·대나무 등의 많은 변화가 있었다. 다구의 변화는 도자기의 생산 발전과 밀접한 관련이 있다. 중국 최초의 다구는 도기 위주였다. 그러나 자기가 발명된 이후, 다구는 자기로 대체되었다. 그리고 시대마다 청자와 백자 및 흑자 다구가 교대로 유행했다.

서진 시기에 청자 다구가 처음 등장한 이후로, 당나라 시기엔 병차餠茶를 솥에 끓여 마셨기 때문에 월주越州의 청자 다완이 가장 좋은 것으로 여겨졌다. 송에 이르러선 압축하여 만든 병차를 가루 내어 다완에 저어서 마시는 방법이 유행하자, 하얀 포말을 감상하기 좋은 건주建州의 흑유黑釉 다완이 높은 평가를 받았다.

그러나 명에 이르러 찻잎에 직접 뜨거운 물을 부어 우려 마시는 산차散茶가 일반화되자, 다구의 유행이 크게 바뀌었다. 백자가 뒤늦게 유행했고 이어서 등장한 청화자기靑花瓷器를 비롯하여 명대 창조된 채자彩瓷도 널리 환영을 받았다. 제다법과 음다법의 변화로 청대에 이르러서는 자사紫砂로 만든 이싱宜興의 소형 자사호紫沙壺가 널리 유행하기 시작했다. 일반적으로 자기瓷器나 유리 다기는 여러 종류의 차를 우려내는 데 다양하게 사용할 수

있지만, 자사호는 청차에 더욱 적합하다.

차를 끓이고 우리는 방법은 이렇게 찻잎의 생산 기술과 다구의 발전 과정에 따라 부단히 변화되었다. 처음 차를 직접 끓여서 마실 때에는 차를 끓이는 방법과 도구는 매우 간단했다. 그러나 시대의 발전 변화에 따라 다구는 차를 끓이고 우리는 도구와 차를 마시는 그릇 및 차를 보존하는 그릇 등으로 분류되었다.

차에 조예가 깊은 차 애호가들은 먼저 다음과 같은 다구를 갖춘다. 차를 준비하기 위한 기본 다구로는 물을 끓이기 위한 자수기煮水器, 차를 보관하는 차통茶罐, 차를 조금씩 뜰 때 사용하는 다시茶匙 등을 갖춘다.

다음으로 차를 우려내기 위해서는 뜨거운 물을 부어 차를 우려내는 다관이라고도 하는 다호茶壺, 다호를 받쳐 주는 다선茶船 및 다호에 묻은 물기를 닦아내는 다건茶巾 등을 준비한다.

그리고 주전자에서 우려낸 차를 찻잔에 따르기 위한 다충茶盅, 다해茶海 또는 공도배公道杯라고 함, 차를 마시거나 평가하기 위한 다배茶杯, 찻잔받침인 다탁茶托 등을 갖춘다. 찻잔 중에서 특이한 것은 개완배蓋碗杯와 문향배聞香杯다. 개완배는 차를 우리는 동시에 차를 마실 수 있는 일인용 다구로 널리 사용된다. 문향배는 차의 향을 음미하는 다구로 차의 향을 음미하는 길쭉한 모양의 문향배와 차를 마시기 위한 음용 잔飮用杯 혹은 品茗杯라고 함으로 구성된다.

이와 같은 다구 중에서 차를 우리는 찻주전자는 더욱 심사숙고해야만 한다. 차에 조예가 깊은 사람은 대체로 차의 종류에 따라 알맞은 주전자를 다르게 사용한다. 도자기로 된 주전자는 대부분의 차에 모두 적합하다면, 유리로 된 주전자는 가향차에 어울린다. 중국인들에게 가장 이상적으로 평가되는 것은 장쑤 이싱宜興에서 생산되는 점토로 만든 주전자이다. 중국인들은 이를 자사호紫沙壺라고 한다.

그러나 좋은 차를 마시기 위해서는 좋은 물과 좋은 다구 외에도 차를 우리는 기술이 중요하다. 차를 잘 우리기 위해서는 차의 용량과 찻물의 온도 및 차를 우리는 시간을 잘 조절하는 것이 중요하다.

다구

5. 차와 문화

차를 어떠한 이유로 마시기 시작했건 차는 점차 가정에서건 대중적인 공공장소에서건 음료이면서도 생활 예술의 중요한 부분으로 발전했다. 생활 속에서 차는 손님을 접대하는 음료로 발전하여 연회에서 때로는 술을 대신했다. 차로서 술을 대신하는 다연茶宴에선 차를 음미하고 평가할 뿐 아니라, 그 다구와 차를 마시는 분위기와 환경도 중요했다.

기록에 의하면, 삼국시대에 이미 다연 풍습이 시작되었다. 『삼국지·오지』에는, 오나라의 손호孫晧가 주연을 베풀 때 술을 마시지 못하는 사람에게는 비밀리에 차를 내려주어 술을 대신하게 했다는 기록이 보인다. 송에 이르러선 차의 생산이 확대되고 제다방법이 변화되면서 다연이 더욱 성행했다. 특히 송의 휘종 황제는 『대관다론大觀茶論』을 지을 만큼 차에 조예가 깊었다. 따라서 송대 귀족 사회와 승려 사이에서도 다연이 크게 유행했다.

한편, 일반 대중의 삶과 밀접한 관련이 있는 전문적인 찻집다관 茶館 혹은 다루 茶樓도 등장했다. 찻집은 남녀노소와 직업의 구분 없이 교제와 휴식과 오락의 장소가 되었다. 진대에 처음 등장한 찻집은 송대에는 정치와 경제와 문화의 중심인 도성 변경汴京을 중심으로 대도시와 교통 중심 도시에서 크게 성행했다. 송대 맹원로의 『동경몽화록』에는 찻집이 즐비하게 늘어선 도성의 모습을 생생하게 묘사하고 있다. 나아가 청대엔 대도시만이 아니라 중소도시까지 찻집이 더욱 널리 보편화되었다.

차생활이 이렇게 일반화되자, 일상생활의 필수품으로 등장한 차는 경제에 커다란 영향을 미쳤다. 혼례식이나 장례식 예식 중에 차를 사용했을 뿐 아니라, 다양한 문화 현상으로 파생되었다. 차를 소재로 한 다가茶歌, 다무茶舞, 다시茶詩가 등장했고, 회화와 공연 예술에서도 주제가 되었다. 다가는 차 농사를 많이 짓는 저장·후난·후베이·푸젠·쓰촨 등에서 다농茶農에 의해 일찍부터 민가로 불려졌다. 또한 각 지역에서는 무용의 명칭이나 춤에는 다소 차이가 있지만, 차의 채취 과정을 표현한 '채다采茶' 춤도 다양하게 전해진다. 그리고 차를 제재로 하거나 차를 언급한 시가도 약 2,000수가 전해진다. 그 중에 매 구마다 두 글자씩 더하여 탑처럼 쌓았다고 해서 보탑시寶塔詩로 알려져 있는 당대 원진元稹. 779~831의 〈한자에서 일곱자에 이르는 시一字至七字詩〉를 감상해 보자. 이 시는 원진이 다연茶宴 석상에서 즉흥적으로 읊은 것으로 알려져 있다.

라오서의 〈찻집〉 중에서

한자에서 일곱자에 이르는 시—字至七字詩

원진元稹

차

향기로운 잎, 부드러운 싹.

시인들이 사모하고, 스님들이 사랑하네.

맷돌은 조각한 백옥이요, 채는 붉은 명주로 짰네.

솥에서는 연한 황색으로 끓더니, 잔에서는 노란 거품으로 바뀌네.

밤에는 밝은 달님 모셔 들이고, 새벽에는 아침노을 마주하게 하네.

예부터 사람들의 피곤함을 씻어 주니, 술에 취하는 것이 어찌 자랑이리오.

茶

香葉, 嫩芽.

慕詩客, 愛僧家.

碾彫白玉, 羅織紅紗.

銚煎黃蘂色, 碗轉麯塵花.

夜後邀陪明月, 晨前命對朝霞.

洗盡古今人不倦, 將至醉後豈堪誇.

처음 다시가 출현한 이후로, 차를 소재로 한 시는 다양하게 지어졌다. 명차名茶, 명천名泉, 다구茶具는 물론 채다采茶, 조다造茶, 전다煎茶, 음다飲茶 등 차를 채취하고 만들고 끓이고 마시는 모든 과정이 시의 소재가 되었다. 그리고 차의 생산과 역사 만이 아니라 다법茶法과 다사茶事에 관한 것은 다서茶書로 지어졌다. 청 이전에 지어진 100여종 다서 가운데 가장 대표적인 서적으로는 당대 육우陸羽의 『다경茶經』을 비롯하여, 송 휘종의 『대관다론』 및 명대 주권朱權의 『다보茶譜』를 들 수 있다.

　차의 생산과 소비와 무역으로 생활과 문화의 중요한 요소가 된 차는 또한 회화와 희곡 예술의 주제가 되었다. 다호나 다완 등의 다구나 병차餠茶나 단차團茶의 제조와 장식에도 조소의 기예가 표현되었고, 다관이나 다실茶室, 다정茶亭 등은 당시 건축과 회화 예술을 나타냈다. 당나라 때 다시가 널리 지어지면서 차를 제재로 한 그림은 물론 벽화, 판화 등도 다양하게 그려졌다. 차사茶事 그림으로는 원대 조맹부趙孟頫. 1254~1322의 〈투다도鬪茶圖〉를 비롯하여, 명대 문징명文徵明. 1470~1559의 〈혜산다회도惠山茶會圖〉, 정운붕丁雲鵬의 〈옥천팽다도玉川烹茶圖〉 등이 가장 널리 알려져 있다. '옥천팽다도'는 차를 좋아했던 당대 시인 노동盧소를 제재로 그린 것으로 '노동팽다도盧소烹茶圖'로 알려져 있다.

　차를 마시는 전통은 희곡의 발전에도 영향을 미쳤다. 일찍부터 창강 이남지역에선 '채다희采茶戲'라 하여 차를 따는 과정이 놀이로 만들어져 유행했다. 극장이 처음 형성되었을 때에도 극장은 차를 팔기 위해 다양한 희극 공연으로 손님을 끌었다. 차문화를 상징적으로 보여주는 연극이 바로 라오서老舍의 『찻집茶館』이다. 라오서는 찻집을 통해 청말부터 중화민국 시기까지 약 50년에 걸쳐 개인의 삶과 사회의 변화를 그렸다. 찻집은 차를 마시는 곳일 뿐 아니라 바로 사회의 축소판이며 역사의 현장이다.

　차는 정신세계에도 많은 영향을 미쳤다. 나아가 차는 그 시대를 지배하던 사상과 종교에 의해 차문화로 완성되었다. 전통적인 고대 문화가 유교와 도교 및 불교에 의해 발전되었듯이 3대 종교는 차문화의 형성과 발전에도 많은 영향을 주었다. 민간과 궁정에서는 물론 유학자와 도학자 및 승려들도 차를 즐겨 마시면서 차를 마시는 법도와 체계가 만들어졌다. 유가에선 손님접대와 관혼상례에 차를 도입하여 다례茶禮 의식을 제정했고, 도가에선 신

선사상과 결합시켜 풍류와 양생養生의 정신세계를 완성했으며, 특히 불가에
선 참선을 중시하는 선종의 영향으로 선사상과 결합시켜 다선일여茶禪一如의
정신세계로 승화시켰다. 차를 마시는 과정을 다도나 다법으로 부르건 다예
茶藝로 부르건 차는 여전히 현대 중국인의 일상생활에서 중요한 부분을 차지
하는 것만은 분명하다.

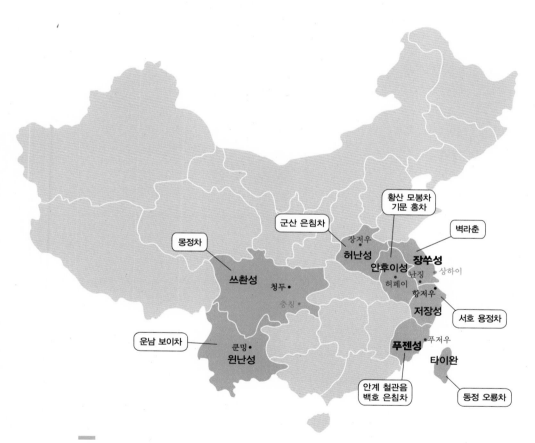

중국의 10대 명차

햇차를 보내온 간의대부 맹간에게 글로 감사하며 走筆謝孟諫議寄新茶

노동廬仝

至尊之餘合王公,	황제께서 드시는 차는 왕공에게나 어울리거늘
何事便到山人家.	어찌하여 산사람의 집까지 보내 왔는가
柴門半關無俗客,	사립문 반쯤 열였으되 속된 손님 없으니
紗帽籠頭自煎吃.	사모를 머리에 쓰고 손수 차를 다려 마시네.
碧雲引風吹不斷,	푸른 구름이 끌고 온 바람 쉬엄없어
白花浮光凝碗面.	하얀 포말 같은 차 거품이 찻잔에 어리누나
一碗喉吻潤,	첫 잔은 입술과 목을 축이고
兩碗破孤悶.	둘째 잔은 외로움과 번민을 없애주고
三碗搜枯腸,	셋째 잔은 내 모자란 생각을 다듬게 해주어
唯有文字五千卷.	뱃속에는 오천 권의 문장과 시가 있구나.
四碗發輕汗,	넷째 잔은 가벼운 땀을 내게 하니
平生不平事,	평생의 불평스러운 일들
盡向毛孔散.	모두 털구멍으로 빠져 나가네
五碗肌骨淸,	다섯째 잔은 살과 뼈를 맑게 하고
六碗通仙靈.	여섯째 잔은 신선과 통하게 하니
七碗吃不得也,	일곱째 잔은 마셔서는 아니 되리
唯覺兩腋習習淸風生.	두 겨드랑이에 맑은 바람 솔솔 일고 있음을 느껴서이네

노동盧仝과 칠완차七碗茶

당나라 시인 노동盧仝. 775 ?~835이 지은 〈햇차를 보내온 간의대부 맹간에게 글로 감사하며走筆謝孟諫議寄新茶〉시는 흔히 '칠완차七碗茶' 혹은 다가茶歌로 널리 알려져 있다. 산문에 가까울 정도로 긴 장편의 이 시는 아름다운 시어들로 인해 더욱 널리 회자되었다.

시인은 조정 관료인 맹간孟簡이 보내온 햇차를 받은 뒤, 차를 채취하고 만드는 백성들의 고통을 생각하고, 이어서 차를 마시는 느낌을 차례로 묘사했다. 그 가운데 첫 잔에서 일곱 번째 잔까지 차를 마실 때의 느낌과 쾌감을 써내려 간 부분은 이 시의 핵심으로 차를 보내준 이에 대한 최고의 찬사로 표현되었다.

중국의 술문화

1. '주酒'라는 글자

『한서漢書·식화지食貨志』에는 술을 '하늘이 내려준 복天之美祿'이라 표현하고 있다. 갑골문자와 금문金文에는 모두 '酒'자가 있다. '酒'자를 '酉'자로 표기하였으며, 표기 방법 또한 모두 항아리 모양의 관과 같은 형태로 썼다. 더 거슬러 올라가면 시안西安의 반파촌半坡村 유적에서 발굴한 칠천여 년 전의 도기 중에도 '酉'자 형상으로 된 항아리가 있었고, 4,000여 년 전의 산둥 대문구大汶口 유적의 유물 중에도 주기尊, 제기斗, 술잔杯, 가斝:다리가 셋인 옥으로 된 술잔 등 술을 담을 수 있는 도기가 발굴되었다. 당시 음주는 상당히 보편적이었으며 특별한 예를 갖추고 있었음을 알 수 있다.

2. 중국 술의 기원

『사기』에는 "의적儀狄이 처음으로 탁주를 만들었으며 다섯 가지 변화된 맛을 가지고 있었다. 소강少康은 고량주를 만들었다."고 기록되어있다. 후에 여기서 "황제의 딸 의적이 술을 만들어 우왕에게 바쳤고, 우왕이 이를 맛보고는 그것이 달콤하니, 곧 감미로운 술을 끊고는 의적을 멀리했다." 는 내용이 파생되었다. 의적을 술을 발명한 사람으로 추대하려는 설은 이런 기록에 근거한 것이다. 소강은 하夏의 5대 임금이다. 그러나 이런 설은 모두 근거할 바가 없다. 어떤 기록은 두강杜康 술의 창시자로 주장하기도 하나, 두강은 주周와 진秦 사이의 유명한 술 제조가였을 것이고, 당시 그 일가족이 양조한 미주美酒는 널리 명성을 떨쳐 굉장히 유명했기 때문에 사람들 사이에서 '두강' 하면 곧 술을 의미하는 말이 되었을 것이다.

3. 중국 술의 종류

(1) 바이주白酒

바이주 중에서도 독한 종류는 60도 이상에 이른다. 이는 증류법을 이용해 만들기 때문에 에틸알코올과 같이 높은 도수의 원액을 걸러 낼 수 있는 것이다. 그렇다면 이처럼 증류로 술을 제조하기 시작한 것은 언제부터인가?

『중국화학사화中國化學史話』에 의하면, 증류주는 당唐대에 아직 존재하지 않았으며 송宋대에 이르러서야 비로소 만들어졌다. 또한 영국 니담박사의 조사에 의하면, 증류주가 중국에 보이기 시작한 것은 기원 5세기 경의 남북조시대南北朝時代로 까지 거슬러 올라가며 이는 바로 중앙아시아의 진상품에서 비롯되었다고 한다. 남북조시대 사람인 가사협賈思勰은 『제민요술齊民要述』이란 책에서, 예로부터 당시까지의 양조법에 대해 상세히 기록하고 있으나 증류주의 제조법에 대해서는 한마디도 언급하지 않고 있다. 그밖에 당송시대 사람들의 각종 술에 관한

바이주

기록 중에도 또한 이에 관해 언급한 것이 하나도 없으니 그나마 믿을 만 한 것은 이시진李時珍의 『본초강목本草綱目』에 기재된 내용이라 할 수 있다.

"소주燒酒, 즉 바이주는 옛날부터 전해오는 방법으로 만든 것이 아니다. 이것은 원元때에 이르러 처음으로 만들어 졌다. 그 제조법은 진한 술과 지게미를 시루에 넣고 쪄서 증발을 시켜 그 이슬 같은 방울들을 용기에 받아내는 것이다. 그 맑기가 물과 같고 맛이 대단히 강렬하니 마치 이슬 같은 술이다."

이시진은 또한 이런 술을 다른 이름으로 화주火酒나 한주汗酒, 증류한 액체가 마치 땀방울 같다고 하여 붙인 이름 혹은 아랍길주阿拉吉酒라 불렀다고 말한다. 또한 "불과 같은 성질을 가지고 있으며 불을 붙이면 타오르고 초석硝石의 불꽃과 같다."고 말하는 걸로 미루어 바로 요즈음 흔히 볼 수 있는 술인 백간白幹의 형상과 같은 성질이라 할 수 있다. 남북조 시대에 중앙 아시아인들이 이런 술을 진상했다는 니담박사의 주장은 아마 사실인 듯 하다. 그러나 중국 내에서의 제조는 대개 송宋이후로 추정할 수 있다. 초기에는 극소수의 양조장에서 시험적으로 제조했을 것이며 원元에 이르러 서역과 중앙아시아인들로부터 대량으로 중원에 반입되어 비로소 이런 제조법이 보편화되었을 것이다.

사오싱주

(2) 황주黃酒

황주는 알코올 도수가 20도 이하인 갈색의 술로, 소흥주紹興酒, 노주老酒가 대표적이다. 이 중에 여아주女兒酒라는 것이 있는데, 이 술은 옛부터 여자아이를 낳으면 술을 담아서 묻어 놓았다가 딸이 성장하여 결혼 혼례를 치르게 되면 술을 파내어 잔치를 한다. 그러나 아이가 성장하는 도중에 사망하면 그 존재를 잊어버리게 되어, 훗날 집을 고치기 위해 땅을 파는 과정에서 발견되는 술을 '여아주' 라고 칭하기도 한다. 그래서 몇 십 년에서 몇 백 년 된 술이라 하여 노주老酒라 한다.

3. 술그릇의 종류

고대에 술을 따랐던 그릇의 모양과 종류는 굉장히 다양하고 많았다. 고서에 기록된 것과 지하의 발굴물 중에 볼 수 있는 것으로는 현대에 사용하고 있는 잔 외에도 준尊, 두豆, 두斗, 작爵, 굉觥, 고觚, 가斝, 치, 각角, 뇌罍, 이彝, 유卣등이 있다. 이러한 술 용기들은 토기나 구리로 만들어졌으며, 그 외에 옥, 쇠뿔, 소라껍질 등을 이용하여 만들었다. 후대에 이르러서는 금, 은, 칠보, 유리등을 이용해 만들었다. 같은 종류의 술 용기들일지라도 크기와 형태가 조금씩 달랐으며, 고대의 술그릇들은 당시에 제사와 귀족의 연회에서만 사용되었을 뿐이고 민간에서는 그렇게 특별히 중시하지는 않았다.

무대예술 훑어보기

중국 연극 어디서 볼 수 있을까

1. 한국

뉴욕의 브로드웨이만큼 연극 및 공연예술이 특성화된 문화거리, 한국의 대학로. 빼곡하게 들어선 100여 개의 소극장에서 한국 작품을 위시한 각국의 작품들이 공연된다. 외국 작품은 단연 서구 작품이 주류를 이루고 있지만 이 외에도 〈바다와 양산〉, 〈과학하는 마음〉, 〈도쿄노트〉, 〈웃음의 대학〉 등 적지 않은 일본 작품이 많은 관객을 불러 모으며 공연된다. 하지만 유독 중국 연극은 찾아보기 힘들다.

무엇이든 많고, 넓고, 오래된 중국. 연극도 예외는 아니다. 1000여 년의 무대극 역사와 300여 종의 전통극, 그리고 베이징과 상하이를 중심으로 공연되는 현대극이 있음에도 불구하고 마치 경극京劇을 중국의 유일한 연극으로 여기는 인식은 한국에서 여전히 유효하다.

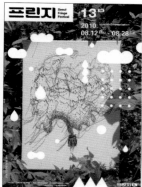

중국공연을 볼 수 있는 한국 페스티벌

그도 그럴 것이 우리나라에서는 중국 연극을 잘 볼 수 없기 때문이다. 연극은 장르적 특성상 무대 위에서 공연될 때 비로소 완전한 생명력을 갖는다. 가장 가까운 나라 중국인데, 중국의 연극은 참으로 멀리 있다. 이런 특수성을 감안해 볼 때 '중국 연극＝경극'이라는 피상적이고 왜곡된 이해는 어찌 보면 당연하다.

2012년은 한중 수교 20주년이 되는 해였다. 그러나 냉전 체제 속에서 지속되었던 한ㆍ중 간 단절의 시간을 극복하기에 20년은 부족했던 것 같다. 새로운 관계 수립을 위한 양국의 관심은 주로 정치ㆍ경제상의 협력으로 집중되었고, 문화에 대한 협력과 이해는 다소 부족했다. 유달리 강한 한국의 '반공' 풍조 때문에 사회주의 문학에 대한 관심과 이해도 적었을 뿐더러, '한류韓流'에 근거한 문화 선진국이라는 피상적 자부심으로 중국문화를 홀시하기조차 한다. 조선시기에는 *연행사燕行使들이 베이징에 가서 중국 연극을 관람하기도 하고, 추사 김정희가 중국 희곡 *『서상기西廂記』를 번역하기도 했지만 중국의 연극은 어느새 저 멀리 있는 미지의 영역이 되었다.

하지만 이러한 현실을 극복하기 위한 움직임도 적지 않다. 페스티벌을 통해 중국 극단이 한국 관객과 직접 만날 수 있는 장을 여는 것이다. 대표적인 페스티벌은 *베세토BESETO 연극제이다. 3년에 한 번씩 한국에서 개최되는 베세토 연극제는 그간 현대극과 전통극을 막론하고, 엄선된 중국 작품과 극단들을 소개했다. 베세토 연극제는 다른 국제 규모의 페스티벌과 달리 매회 고정적으로 중국 연극을 초청하기 때문에 중국 연극을 만날 수 있는 가장 좋은 기회이다.

또 매년 10월에 열리는 국립극장페스티벌 및 서울국제공연예술제SPAF가 있다.* 이들은 고정적으로 중국 연극을 초청하지는 않지만, 큰 규모의 공연을 주로 초청하기 때문에 중국 대가大家들의 작품을 볼 수 있다. 이밖에 매년 3월 경 열리는 아시아 연출가전, 매년 8월 홍대부근에서 열리는 프린지FRINGE 페스티벌에도 중국 · 타이완 · 홍콩 예술가들이 활발하게 참여하고 있다. 이 페스티벌에서는 독립예술가와 젊은 연극인들의 작품을 만나볼 수 있다.

아시아 혹은 국제 규모의 페스티벌은 극장 및 관객 동원 등의 편의성 탓에 주로 서울에 집중되어 있지만, 의정부국제음악극 축제, 부산국제연극제, 거창국제연극제 등 각 지역의 페스티벌도 적지 않다.

중국 극단의 내한 공연 외에 한국 극단이 중국 작품을 공연하는 사례도 점차 늘고 있다. 그 중 위화余華 소설을 각색한 극단 '미추' 의 *〈허삼관 매혈기2003〉, 노벨문학상 수상자 가오싱젠高行健의 작품을 극단 '바람풀' 과 '반反' 이 공동 제작한 *〈저승2011〉은 예술성과 대중성을 확보하여 한국 관객의 호평을 이끌어낸 대표적 공연이다.

직접 보지 않고 책에 적힌 언어를 통해 공연예술을 이해하기란 쉽지 않다. 공연예술은 언어를 뛰어넘는 것이기 때문이다. 기회가 닿을 때마다 직접 극장으로 찾아가 공연을 보는 것이 중국 연극을 이해하기 위한 첫걸음이다.

페스티벌	일시	장소
베세토 연극제	3년마다 10월	대학로 및 명동
서울 국제공연예술제	매년 10월	대학로
아시아 연출가전	매년 3월	대학로
국립극장 페스티벌	매년 10월	장충동 국립극장
프린지 페스티벌	매년 8월	홍대 인근 극장
의정부 국제음악극 축제	매년 5월	의정부 예술의 전당 外
거창 국제연극제	매년 8월	거창 수승대 일원 야외극장
부산 국제연극제	매년5월	부산문화회관 外

2. 중국

중국은 한반도의 99.6배에 해당하는 땅을 가진 나라이다. 중국은 그 광활한 땅, 각 지역마다 지역 방언과 지역 색을 기반으로 하는 연극을 보유하고 있다. 중국의 연극지도는 중국대륙의 지도만큼 광범위하고 복잡하다. 이렇게 각 지역을 기반으로 발전한 연극을 *지방희地方戲라고 부른다.

우리에게 잘 알려진 경극도 지방희 중 하나로, 베이징에 기반을 둔 연극이다. 베이징의 경극, 저장浙江의 월극越劇, 안후이安徽의 황매희黃梅戲, 허난河南의 예극豫劇은 중국 4대 지방희로 손꼽는다. 지방희는 현재 317종으로 집계되어있지만, 지역 간의 교류를 통한 흡수와 변형으로 경계가 모호하거나, 집계되지 않은 지방희도 다수 존재하여 지방희 지도를 그리기는 쉽지 않다.

위에서 부터 〈코뿔소의 사랑〉·
〈찻집〉·〈중국몽〉

　　과거 지방희가 누렸던 인기와 창작성과를 감안해보면 현재는 많이 쇠퇴했다. 하지만 각 지역마다 여전히 건재하는 지방희 전용 극장, 명절 때면 지방희 공연을 보기 위해 사찰에 붐비는 인파, 평소에도 공원에 모여 노래와 연기 연습을 하는 동호회 사람들을 보면 지방희를 박제된 전통으로 보기는 힘들다. 또 지방희는 시대 정신과 미학에 부합하기 위해 끊임없이 변모하고 있다.* 이를 두고 원형 그대로 보존해야 하는가, 시대에 맞춰 변모해야 하는가의 논란은 분분하지만 이러한 관심과 애착 덕분에 현재에도 전통을 이어가고 있음은 분명하다.

　　중국에서 태어나 중국의 자양분 속에 자라난 중국 토종 연극 지방희는 마치 일본의 가부키歌舞伎와 노能처럼 우리에게 매우 이질적이다. 그러나 소위 '연극'이라고 말하는 익숙한 형태의 공연도 있다. 20세기 초 중국이 서구 연극을 수용한 *화극話劇이다. 중국 연극은 보통 희곡과 화극의 이원二元 구조로 정리된다. 각 지역에서 성행하는 희곡과 달리 화극은 베이징과 상하이를 중심으로 발달했다.

　　베이징 화극의 양대 산맥은 베이징인민예술극원北京人民藝術劇院, 이하 인예과 국가화극원國家話劇院이다. 특히 인예는 1952년부터 중국 리얼리즘의 전통을 이어오며 *차오위曹禺·라오서老舍·궈모뤄郭沫若 등 우수한 연극인들과 작품을 배출했다. 국가화극원은 과거 인예와 함께 베이징 연극을 이끌었던 중국청년예술극원中國靑年藝術劇院과 중앙실험화극원中央實驗話劇院을 합병한 것으로 활발한 국제 교류와 더불어 정극, 희극, 실험극 등 다양한 장르의 작품 활동을 하고 있다. 대표인물로는 90년대 이후 중국의 실험연극을 이끌고 있는 멍징후이孟京輝와 톈친신田沁鑫이 있다. 상하이의 연극은 상하이의 화려한 도시 분위기와 걸맞게 상업성과 예술성의 조화가 특히 돋보인다. 상하이의 대표 극단으로는 상하이화극예술중심上海話劇藝術中心이 있다.*

이 외에 최근 중국 공연예술계에 하나의 움직임이 눈에 띤다. 바로 밀폐된 극장을 벗어나 명승지·관광명소에서 공연을 하는 *'대규모 실경공연'이다. 화극·희곡과 별개로 실경공연을 다루는 이유는 잘 알려진 곳에서 상시공연을 하기 때문에 접근성이 좋다는 것이 가장 큰 이유이다. 게다가 이 실경공연들은 그저 관광 상품으로 치부할 수 없는 훌륭한 미학적 성취를 보인다.

실경공연은 각 지역 설화와 민속, 소수민족 및 자연환경 등 지역 특유의 색채를 모티브로 제작된다. 그 중 장이머우 감독이 제작한 〈임프레션 시리즈〉가 돋보인다. 이들은 지역역사와 관련된 '사실'을 전달하는 공연이 아니라 〈임프레션 시리즈〉라는 제목처럼 말 그대로 지역의 강렬한 '인상印象'을 남기는 공연이다. 우리는 이 실경공연을 통해 과거 중국이 설화임에도 불구하고 유적지를 만들어 역사사실로 정립하려 하던 것과 사뭇 다른 문화태도를 엿볼 수 있다. 더군다나 대규모 상업자본이 더해져서 규모와 완성도마저 갖추고 있다. 그간 정치의 도구로 사회적 효용성이 강조되었던 연극이 그 굴레에서 벗어나 문화의 범주로 회귀하고 상업자본과 융합되는 양상은 현재 중국 연극계의 특징이다.

그러나 실경공연에서는 또 다른 국가적 욕망이 포착되기도 한다. 지역성과 예술성·상업성이 잘 결합된 실경공연은 이미 외국인들의 긍정적 평가를 받고 있다. 마치 정말 '중국적인' 것을 본 것 같고, 소수민족의 문화를 자연스레 '중국'이라는 하나의 국가 이미지로 편재한다.

　그러나 소수민족의 독립운동은 여전히 진행 중이다. 그들을 중국 역사로 편입하여 근대적 단일국가를 완성하고자 하는 중국의 국가적 욕망을 고려할 때, 정치 이데올로기의 굴레를 막 벗어난 중국 공연예술이 새로운 문화 이데올로기에 종속되는 것이 아닐까하는 우려가 드는 측면도 있다.

대표적인 실경공연
임프레션 려강　印象麗江
임프레션 류삼저　印象劉三姐
임프레션 서호　印象西湖
대송·동경몽화　大宋·東京夢華
칭기즈 칸　成吉思汗

중국 대표연극 경극京劇과 곤극崑劇

1. 경극과 곤극, 무엇이 같은가

세계 속에 중국 경극의 아름다움을 각인시킨 〈패왕별희霸王別姬〉는 우리에게 중국 연극 하면 경극을 떠올리게 한다. 경극은 중국의 국극國劇이자 중국화, 한의학과 함께 중국 3대 국수國粹: 국가의 정수로 손꼽힌다.

그러나 2001년 유네스코 세계문화유산에 등재된 것은 경극이 아니라 곤극이었다. 중국이 국극으로 내세우는 경극이 아니라 생소한 곤극이 선정된 것도 의아하지만, 한국인들 눈에는 경극과 곤극의 차이가 잘 보이지 않기 때문에 더 의아하다.

화려한 분장과 의상, 양식화된 동작, 연극 내내 동반되는 음악, 그리고 대사보다 더 많은 비중을 차지하는 배우들의 노래. 우리 눈에 보이는 이러한 공통점은 바로 희곡戲曲의 특징이다. 경극과 곤극은 모두 희곡 예술에 속한다. 앞서 말한 바 있지만 희곡은 서구 연극과 대비되는 중국 고유의 연극 양식을 지칭하는 말이다.

〈임프레션 려강印象麗江〉 옥룡설산을 공연무대로 활용하여 윈난 소수민족의 생활과 정서를 표현한 공연

희곡 배우들의 무술연기

희곡예술의 특징

종합예술	창唱–노래 · 념念–대사 · 주做–동작 · 타打–무술
허구의 예술	사실적인 무대가 아닌 상상과 상징을 사용한다.
양식화된 예술	대다수 연극 요소가 약속으로 규정되어 있다.

희곡예술의 첫 번째 특징은 창唱: 노래 · 념念: 대사 · 주做: 동작 · 타打: 무술로 정리되는 종합예술이라는 점이다. 노래와 음악이 상당히 큰 비중을 차지하기 때문에 서구권에서는 경극을 "Peking Opera"로 번역하여 오페라와 같은 범주로 소개했지만 경극과 서구 오페라는 또 다른 차이를 보인다. 그것은 바로 노래를 제외한 대사, 동작, 무술의 비중이다. 서구 오페라는 약간의 제스쳐 및 분장을 첨가한 성악 중심의 무대극이라면, 경극은 노래와 더불어 대사, 동작, 무술이 함께 어우러지는 극이다. 이를 잘 설명해주는 것이 *항당제行當制이다. 항당이란 인물의 성별 · 연령 · 성격 · 기질 등에 따라 유형화된 배역을 말한다. 즉 문인 부류의 배역, 아가씨 부류의 배역, 광대 부류의 배역, 무인 부류의 배역 등등 비슷한 유형의 배역을 모아 구축한 생

生·단旦·정淨·축醜의 체제이다. 배우들은 한 항당에 속하여 훈련을 받는다. 이들은 상당 시간의 노력과 공을 들여 노래·대사·동작·무술 등 그 항당에 필요한 연기법을 연마한다. 영화 〈패왕별희〉에는 장국영이 단항旦行 배우로 성장하는 과정이 잘 드러난다. 성악 연마에 공을 들인 성악가들이 오페라 배우로 무대에 서는 것과 중국 희곡 배우들이 무대에 서기까지 갖는 훈련 시스템은 사뭇 다르다. 이를 통해 희곡은 노래뿐 아니라 모든 연기 요소가 중시되는 종합 예술임을 알 수 있다.

둘째, 희곡은 허구의 예술이다. 물론 연극 자체는 어떤 장르를 막론하고 모두가 허구의 예술이다.

중국의 대표적인 희곡의 종류

그러나 무대를 현실로 느낄 수 있게끔 만드는 자연주의나 리얼리즘과 비교했을 때 희곡은 수많은 상징들로 채워질 뿐, 결코 현실처럼 무대를 꾸미지 않는다. 화려한 얼굴 분장을 보면 희곡이 얼마나 과감하게 무대의 허구성을 용인하는지를 느낄 수 있다. 리얼리티를 포기하고 허구성을 선택한 희곡의 무대는 수많은 상징과 상상력으로 채워진다. 그 일례로 무대에 바다를 표현하고자 할 때 빈 무대를 유지한 채 손에 노를 든 배우가 등장한다. 그러면 그곳은 바다가 된다. 또 손에 말채찍을 들고 있으면 말을 타고 있는 것이다. 때문에 관객들은 무대에 구현되는 것 이상의 것을 보게 된다. 아무런 무대 전환 없이 순식간에 바다에서 전쟁터로, 전쟁터에서 서재로 상상의 공간을 넘나든다.

셋째, 희곡은 양식의 예술이다. 즉 음악과 대본·배역·분장에 모두 정해진 격식이 있다. 대사는 음율에 맞춰야 하며, 음악은 연주 순서와 배역에 따른 발성법이 정해져 있고, 분장은 인물 성격과 사회적 속성에 따라 도안과 색상이 정해져 있고, 배역은 항당에 따라 연기 표현법이 정해져 있다. 상술한 특징들 때문에 우리는 경극과 곤극을 비슷하게 느낀다. 엄밀히 말하자면 우리는 경극과 곤극을 통해 희곡 예술의 특징을 느낀 것이다.

2. 경극과 곤극, 무엇이 다른가

경극은 베이징베이징, 北京의 '경京' 자를 따서 지은 이름이고, 곤극은 장쑤성 쿤산쿤산, 崑山지역의 '곤崑'을 따서 지은 이름이다.

다시 말해 기반지역의 이름을 따서 연극의 이름을 붙인 것이다. 다른 지방희들의 이름 또한 마찬가지이다. 예를 들어 쓰촨의 연극은 천극, 저장의 연극은 월극 '월(越)'은 저장지역의 옛 이름이라고 부른다. 지도에서 살펴보면 베이징은 중국의 북부에, 쿤산은 중국의 남부에 있다.

중국의 여타 문학 장르에서도 살펴볼 수 있지만 중국은 남북 간 문화색채의 차이가 크다. 때문에 베이징 기반의 경극과 쿤산 기반의 곤극 또한 차이가 크다. 북방의 경극은 통속적이고 화려하고 호방하며 남방의 곤극은 유려하고 부드럽다. 때문에 경극은 일반 민중들에게 환영받았고, 곤극은 사대부와 문인들에게 사랑을 받았다.

경극과 곤극의 차이

경극	곤극
중국의 국극	유네스코 세계문화유산 등재
200년의 역사	600년의 역사
베이징 지역 기반	쿤산 지역 기반
통속적이고 화려하고 호방하다	유려하고 부드럽다
서구 연극 이론 형성에 영향을 미쳤다	중국연극의 백희지모百戲之母로 여러 지방희 형성에 영향을 미쳤다

경극은 200년 남짓한 역사를 가진 연극이다. 이에 비해 14~15세기경에 발생한 곤극은 600여 년의 역사를 가지고 있다. 곤극에는 송·원 남희南戲에서부터 전기傳奇를 거쳐 위량보魏良輔가 남·북곡을 집대성하여 개량하

기까지 중국 연극의 역사가 고스란히 담겨있다. 또 곤극은 경극과 천극을 비롯한 수많은 지방희에 영향을 미친 전통극의 맏형 격이다. 때문에 중국에서 곤극은 '백희지모百戲之母: 연극의 어머니'로 불린다. 곤극이 유네스코 '인류 구전 및 무형 유산 걸작'에 등재된 것은 당연한 일이다. 오히려 짧은 역사의 경극이 중국의 국극이 된 것이 더 의아하다. 여기에는 경극의 기반지역이 베이징이라는 점을 간과할 수 없다. 경극은 안후이安徽의 극단이하 휘반이 청 건륭제의 생일 축하 공연을 하기 위해 베이징에 들어오면서 시작되었다. 생일 축하 공연에서 좋은 반응을 얻은 휘반은 이에 그치지 않고 안후이의 방언을 쓰던 대사를 베이징 말로 바꾸고, 곡조와 레퍼토리를 베이징인들의 심미적 기호에 맞춰 끊임없이 개선했다. 또 각종 지역의 우수한 창법 및 곡조를 수용했다. 이러한 노력 끝에 휘반의 연극은 청 황실과 베이징관객들의 사랑을 얻어 '경극'이라는 명칭을 얻게 된 것이다. 문화와 경제의 중심인 수도 베이징에서 사랑을 받은 경극은 자연스레 국극으로 자리매김하고 다시 상하이를 비롯한 전국으로 확대되어 갔다.

경극이 세계에 이름을 떨친 데에는 경극이 중국의 국극인 이유 외에 브레히트의 영향도 무시할 수 없다. *브레히트는 자신의 유명한 연극이론인 '서사극 이론'과 '소격효과 이론'을 메이란팡梅蘭芳의 경극 공연을 보고 구체화할 수 있었다고 한다. 무대를 마치 현실처럼 재현하여 관객과 배우 모두가 감정몰입을 하는 *스타니슬라브스키식 무대가 다수였던 당시, 경극의 양식화된 무대와 허구성에 대한 인정은 브레히트에게 낯선 충격을 주었고, 이로부터 그의 이론이 구체화되었다. 사실 이들이 경극을 통해 본 것도 크게보면 희곡 장르의 특징이다. 만약 브레히트가 경극이 아닌 곤극을 보았다면지금과 달라졌을까?

1. 중국에도 신파극이 있었다

우리나라 신파의 대명사 〈이수일과 심순애〉, 중국에도 이런 신파극이 있었다. 세월이 흘러 우리나라에서 신파란 '촌스러운 감정 과잉 연기'를 지칭하는 말이 되었지만, 사실 신파는 동양의 서구연극 수용 초기단계의 연극을 가리킨다. 신파는 한국, 중국보다 서구 문물 수용이 빨랐던 일본에서 시작되었다. 일본은 가부키와 노 등 자국의 전통극이 현실 반영을 하지 못 한다는 반성 아래, 서구 근대극을 받아들이면서 '새로운 극'이라 하여 '신파극新派劇'이라 명명했다. 그리고 중국과 한국이 일본을 통해 이 *신파극을 수용했다. 당시 중국은 서구 열강의 침략 아래 중국이 세계의 중심이라는 과거의 세계관이 흔들리기 시작했다. 서구 열강의 침략에 속수무책이던 중국에게 '반봉건 반제국' 정신을 민중에게 널리 퍼트리는 것은 시급한 과제였다. 연극이라는 장르는 민중에게 다가가 민중을 계몽하기에 더할 나위 없이 좋은 장르였다. 그러나 중국의 전통희곡은 주로 봉건사상에 기반한 사랑 이야기이기에 급박하게 돌아가는 현실 정세를 담아낼 수 없었다. 때문에 *량치차오梁啓超에 의한 희곡개량운동 및 *후스胡適 · 천두슈陳獨秀의 5 · 4시기 화극운동 등 지식인들이 주도한 사회개혁운동은 연극 개혁에 주목했다. 이러한 연극 개혁운동에 자양분을 공급한 것이 바로 신파극이다. 중국에서는 이를 '신극新劇' 또는 '문명희文明戱'라고 불렀다. 물론 문명희는 수용초반의 사회적 성격이 변질되어 상업화되는 경향을 보였고, 5 · 4시기 화극운동은 서구 리얼리즘의 표면적 이해에 그친 문명희를 배격하고 등장하였다. 이렇듯 한계점이 분명 존재하지만 신파극은 단순히 구시대의 촌스러운 연극이 아니라 격동하는 근대역사에서 살아남기 위한 한 · 중 · 일 동양 삼국의 고민과 몸부림이 담겨있는 과도기적 연극이라고 할 수 있다.

2. 화극, 정치와 상업 사이

항일 학생연극이 담긴 영화 〈색·계〉의 한 장면

중국 화극의 역사는 정치와 계몽을 떠나 논하기 힘들다. 위에서도 언급했지만 격변하는 근대 역사 속에 중국 사회의 변화는 시급한 과제였고, 민중과 접근성이 좋은 연극은 정치와 계몽의 도구로서 언제나 일순위로 불려갔다. 반봉건 운동과 반외세 운동이 끝나기도 전에 항일 전쟁 및 국공내전 그리고 사회주의 계급투쟁, 문화대혁명까지 중국 근대사는 그야말로 숨 가쁘게 달려간다. 이 사회개혁 운동의 중심에는 언제나 연극이 있었다.

사회 · 정치와 연극이 밀접한 관련을 갖는 것은 중국 연극만의 특수성은 아니다. 신파극 역시 당시 서구의 리얼리즘 사조를 수용하는 과정의 산물이었다. 리얼리즘 연극은 사회의 부조리하고 모순된 모습을 그대로 드러내는 비판정신을 기반으로 하기 때문에 주제의식을 탐구하다보면 자연스레 사회 · 정치 및 이데올로기 문제로 확장되기도 한다. 한 · 중 · 일 동양 삼국의 근대극은 동일하게 사회적 효용과 계몽을 이유로 신파극을 수용하면서 배태되었다. 1919년 5 · 4신문화운동 후 중국은

1920~1940년대까지 예술성과 사회성을 갖춘 주옥같은 리얼리즘 명작들이 쏟아져 나왔다. 특히 라오서老舍의 〈찻집茶館〉은 격변하는 중국사회 속의 각 계층 사람들의 모습을 예리하고 진솔하게 담아낸 세기의 걸작이다. "눈물을 머금은 웃음"으로 평가되는 라오서의 필체에는 유머와 눈물, 중국 고유의 민족성이 담겨있다.

그러나 1942년 공산당의 근거지인 옌안延安에서 마오쩌둥毛澤東이 *옌안문예강화를 통해 사회주의 리얼리즘 규범을 발표하면서 연극을 포함한 중국의 문학 및 예술은 경직되기 시작한다. 리얼리즘을 표방하면서도 공산당에 대한 비판은 성역으로 보호하고, 자산계급에 대한 비판만 허용했기 때문이다. 이로써 중국 리얼리즘 연극은 점차 비판정신과 예술성이 거세되고 공산당의 계몽의지만 남은 사회주의 선전물로 전락한다. 결국 문화대혁명 시기에는 문학과 예술의 암흑기가 찾아온다.

중국의 연극이 비판정신을 상실한 채 집권당의 선전도구로 존재할 수밖에 없었던 암흑기 문화대혁명이 종료되자 다시 원래의 생기를 찾아 꽃피우기 시작한다. 1980년대 이 시기를 신시기新時期라고 부른다. 광기 어린 집단지성이 종료되고 말 그대로 새로운 시대가 도래한 것이다. 신시기 연극은 정치적 압박과 경직되었던 리얼리즘의 틀에서 벗어나 모더니즘을 비롯한 각종 문학사조를

라오서의 〈찻집〉을 기념하여 세운 노사차관

받아들였다. 동시에 실험극 창작이 꽃을 피워 〈소리 없는 곳에서 於無聲處〉·〈홍백희사 紅白喜事〉·〈버스정류장 車站〉·〈상수평기사 絫樹坪紀事〉 등 주옥같은 작품들이 대거 출현한다. 노벨문학상 수상자인 가오싱젠 高行健도 이 시기 크게 주목받는다. 연극이 다시 예술의 범주로 회귀한 것이다.

그러나 얼마 지나지 않아 1989년 천안문 민주화운동이 발생한다. 중국 정부는 이를 무자비하게 탄압했다. 이에 절망한 지식인들과 예술가들은 더 이상 첨예한 주

노벨문학상 수상자 가오싱젠

제를 다루지 않게 되었고 일부 지식인들은 홍콩이나 미국 등지로 망명을 가기도 했다.

예술의 범주로 회귀하여 다시 꽃을 피운지 얼마 되지 않았지만, 현실에 존재하는 정치적 금기와 성역은 사회를 반영하는 예술의 힘을 축소시켰다. 그러나 개혁개방에 따른 경제성장과 자본 축적으로 중국 연극은 이전과는 다른 양상으로 발전하게 된다. 즉 상업자본과 연계하여 미학적 완성도를 추구하는 연극작품들이 출현하기 시작한 것이다. 멍징후이 孟京輝의 작품은 예술성과 상업성이 조화된 대표작으로 손꼽힌다. 위에서 다룬 실경공연 또한 이러한 상업자본연극의 일부라고 볼 수 있다. 현대 중국 연극은 매우 세련된 미학을 선보이지만 이전 중국 연극인들의 날카로운 통찰력은 더 이상 찾아보기 힘들어졌다. 중국인들은 자조적으로 중국의 현대연극을 "일류 무대미술, 이류 배우와 연출, 삼류 극작"이라 평가하기도 한다. 정치와 상업 사이, 연극이 걸어가는 길이 순탄하지만은 않아보인다.

*조선 시기, 명·청의 수도를 왕래한 외교사절단의 기행문인 『연행록燕行錄』에는 중국 연극 및 공연예술에 대한 기록이 상세하게 적혀있다.

*〈서상기西廂記〉: 왕실보王實甫가 〈서상기제궁조諸宮調〉를 각색하여 쓴 원잡극元雜劇. 주인공 앵앵과 장생이 봉건도덕의 가르침을 무릅쓰고 사랑을 성취하는 이야기로 원잡극의 대표적 명작으로 평가받는다.

*베세토BESETO는 베이징Beijing·서울Seoul·도쿄Tokyo의 앞 글자를 따서 지은 이름이다. 베세토 연극제는 18년간 한·중·일이 번갈아 개최하고 있다.

*2011년, 한국 국립극장과 중국의 국립극장 국가화극원國家話劇院은 이러한 교류를 기반으로 교류 협약인 MOU를 체결하기도 했다.

*연극 〈허삼관 매혈기〉는 격동하는 역사 속에 허삼관이 자신의 피를 팔아 생계를 꾸리며 가족을 지켜가는 이야기이다. 2003년 연극협회 선정 올해의 연극 베스트7, 평론가협회 선정 올해의 우수연극, 제40회 동아연극상 작품상, 연기상 등을 휩쓸었다.

*연극 〈저승〉은 장자莊子가 죽음을 가장하여 아내를 시험에 드는 중국의 고전 레퍼토리를 페미니즘적 시각으로 각색한 작품이다. 2011년 서울문화재단 공연예술창작기금 및 2012년 한국문화예술위원회 공연예술창작기금 선정작. 한팩HanPAC, 한국공연예술센터 최다관객부문 2위, 2012년 한팩 우수 레퍼토리에 선정되었다.

*지방희는 각 지역 방언을 기반으로 통속적인 언어를 사용하고, 스타일이 화려하고 호방하기 때문에 화부花部라고도 불리며 대중들의 사랑을 널리 받았다. 이와 반대로 우아하고 유려한 곤곡崑曲은 아부雅部라고 불리며 문인·사대부들의 사랑을 받았다.

*희곡을 개량하는 문제는 사회적 효용성에 의거하여 청말 연극계 혁명부터 희곡개량운동 및 희곡민족화 운동까지 줄곧 제기되어왔던 문제이다. 현재는 또 다른 양상이 보이는데 서구 미학의 수용으로 인한 인물 및 문체의 변화가 보편화되고 있다.

*화극話劇은 대사 중심의 연극이란 뜻으로 지방희 등 노래 중심의 중국 고유의 연극양식을 통칭하는 희곡戲曲과 구별하여 명명한 것이다.

*특히 찻집을 배경으로 청말·민국 초·항일전쟁의 격변하는 역사와 역사 속 각 계층의 모습을 풀어낸 라오서의 〈찻집茶館〉은 중국 리얼리즘의 대표적 걸작이라 평가된다.

한손에 잡히는 중국

*상하이 연극의 대표작으로는 황쭤린黃佐臨의 〈중국몽中國夢〉이 있다. 경직되어 가던 중국 리얼리즘의 한계를 탈피하여 새로운 실험극의 장을 연 작품으로 평가된다.

*2002년 장이머우張藝謀 감독의 〈임프레션 류삼저印象劉三姐〉로 시작된 대형 실경공연은 〈임프레션 서호印象西湖〉・〈임프레션 려강印象麗江〉 등 이미 중국 전국에 20여 개 이상의 공연이 생겨났으며, 앞으로도 계속 증가할 추세이다.

*항당제는 중국 희곡 특유의 체제이다. 서구는 배우가 바로 구체적인 인물로 분하는 "배우–배역" 체제인 반면, 중국은 유형화된 항당 훈련을 거친 후에 구체적인 인물을 연기하게 되는 "배우– 항당– 배역" 체제이다.

*브레히트는 스타니슬라브스키와 쌍벽을 이루는 20세기 연극인이다. 그는 연극이 관객의 감성이 아닌 지성을 자극하기 위해 관객으로 하여금 극과 일정한 거리를 두게 만들어야 한다는 '서사극' 이론과 '소격효과' 기법을 주장했다.

*메이란팡梅蘭芳:경극을 대표하는 배우로 중국 대중들의 큰 사랑을 받았으며 해외로 경극을 알리는 데에도 큰 기여를 했다. 매파梅派라 불리는 자신만의 독특한 연기법을 창안했다.

*스타니슬라브스키는 20세기 연극계에 가장 큰 영향을 미친 연극인으로 과거 과장된 연기를 탈피하여 오늘날까지도 지속되고 있는 사실적인 연기방식을 창안해냈다.

*당시 한국과 중국은 일본의 신파극을 서구의 연극이라 여겨 수용했으나 사실 일본이 서구의 연극을 수용하는 과정에서 변형된 일본의 연극이었다. 하지만 당시에는 이를 구별하지 못 했다.

*양계초는 중국 근대 대표적 계몽지식인으로 국민을 새롭게 해야 한다는 신민新民론을 펼치며 그 일환으로 희곡개량을 주창했고 스스로 대본을 쓰기도 했다.

*후스와 천두슈는 〈신청년〉을 창간하여 5・4 신문화운동을 선도했다. 〈신청년〉 발행 기간 동안 두 번의 특집호가 발행되었는데 "입센특집호"와 "희곡비평"으로 모두 연극에 관련된 것이었다. 또 후스는 입센의 〈인형의 집〉에서 착안하여 직접 『종신대사終身大事』라는 작품을 쓰기도 했다. 이를 보면 신문화운동 진영이 연극의 사회적 효용을 얼마나 중시했는지 알 수 있다.

*마오쩌둥이 옌안문예강화를 발표하여 문예공작자의 입장과 태도, 학습 문예의 내용과 대상을 규정한다. 이어 공산당을 비판했던 문인들에 대한 대규모 비판과 숙청을 단행한다. 옌안문예강화는 중화인민공화국 건국 후에도 사회주의 문예의 핵심강령으로 자리잡는다.

스크린에 비친 중국
:영화도시를 찾아가다

중국영화는 지역의 역사나 문화와 다양한 관계를 맺으며 발전해 왔다. 영화는 전통적인 예술장르와 달리 지역을 초월한 보편성이 강할 것 같지만, 지역의 문화 요소와 시장의 성격은 창작과 유통의 메커니즘 안으로 깊게 스며들기 마련이다. 더욱이 중국의 특별한 근현대사는 영화의 지역성에 절대적인 영향을 끼쳤다. 이하에서는 대표적인 영화 작품들을 짚어보면서 중국어권의 주요 4개 도시, 즉 베이징·상하이·홍콩·타이완의 간단한 영화역사와 지역 특성에 따른 영화의 차이에 관해 알아보기로 하자.

▶ 5세대 영화의 발원지, 베이징

베이징은 원·명·청, 그리고 현대 중국에 이르기까지 한결같은 중국의 수도였다. 영화사적으로 이 도시가 더욱 의미가 있는 것은 중국의 첫 국산영화인 〈정군산定軍山〉1905이 여기에서 탄생했기 때문이다.

그러나 우연스럽게 경극 필름들이 제작된 이후 영화의 중심지는 이내

베이징의 중국영화박물관에 재현된 중국 최초의 영화촬영 장면

남방의 상하이로 옮겨진다. 그러다 1949년 신중국이 성립되자, 베이징은 행정중심으로서 영화산업에 가장 큰 영향력을 미치는 도시로 군림하게 된다. 그 영향력은 1993년 중국영화공사中國電影公司의 해체와 더불어 영화의 국영 관리시스템이 사라지기 전까지 지속되었다. 그러나 베이징의 영화작품들이 세계적으로 유명해진 것은 개혁개방 이후에 나타난 일련의 신예 창작자들 덕분이었다.

이 책의 독자들은 2008년 베이징올림픽의 성대하고 화려한 개막식을 기억할 것이다. 다른 올림픽 때보다 엄청나게 많은 출연자들이 일사불란하게 움직이며 중국의 문화 스케일을 보여주기 위해 안간힘을 쓰던 모습은 감동을 넘어서 충격적이기까지 했다. 그 문화 에너지의 원천은 중국보다는 베이징에서 나왔다고 할 수 있고, 그것을 만들어낸 주체로 이른바 '5세대'라는 그룹을 거론할 수 있다. 지금은 중국 최고의 문화 권력층이 된 5세대 영화감독들은 문화대혁명 시기에 모두가 농촌으로 하방下放을 떠났었다. 문혁 직후에 그들의 잠재된 에너지를 이끌어낸 공간이 바로 베이징영화대학

北京電影學院이었다. 그리고 그들의 출세작은 대부분 신출내기였던 그들을 기꺼이 스텝으로 기용해준 지방의 스튜디오들에서 나왔다. 문혁은 5세대의 청춘을 앗아갔지만, 문혁의 공백으로 인해 달아오른 영화 붐은 오히려 5세대들에게 기회가 되었다.

5세대 이전의 혁명영화들은 민족적 · 계급적 투쟁사와 그 이데올로기를 효과적으로 나타내기 위해 소련에서 수입된 몽타주 기법을 부단히 발전시켰다. 1950~1960년대 영화들은 분명한 서사와 과장된 연기를 통해 관객의 직관에 호소하고자 했다. 이러한 중국영화의 타성을 파괴하기 시작한 것은 4세대였지만, 파괴를 영화미학의 경지로 승화시킨 것은 5세대였다. 그들은 양감이 강조된 비대칭적인 공간, 절제된 사실감을 보여주는 롱 테이크, 주제를 강렬하게 암시하는 색채 등등 전에 없던 영화기교를 활용했다. 그들의 영화에는 또한 기성의 혁명영화에서와 같은 영웅들이 사라지고, 민중과 자아 사이에서 방황하는 계몽적인 인물들이 예외 없이 나타났다.

5세대는 중국문화의 원형성을 간직한 공간으로서 1980년대에 주목받은 서북지역의 황토고원에서 영화소재를 취했다. 마치 동양화의 하얀 여백처럼, 공간과 인물을 온통 누렇게 덮어버리는 이 지역의 흙먼지는 그들이 묘사하는 삶의 원시성과 생명력을 더욱 신비롭게 만들었다. 그렇게 하여 〈붉은 수수밭紅高粱〉1988 등에서 장이머우張藝謀는 고난을 딛고 일어서는 여

천카이거의 〈황토지〉

성을 형상화했다. 천카이거陳凱歌는 〈황토지黃土地〉1984 등에서 중국의 민족성에 대한 성찰을 시도했다. 그들은 새로운 영화운동 속에서 문혁으로 실종된 중국 문화의 뿌리를 찾고자 했으며 내면화된 시선으로 문혁의 어두운 역사를 반추하였다. 그러나 그들의 시도는 중국인을 감동시키기보다는 중국 바깥의 세계인들을 열광시켰다. 민족의 근원 탐색에 집착한 그들의 영화는 현실의 문제를 회피함으로써 중국 내부로부터 비판에 봉착한다.

5세대를 부정하면서 출발한 중국영화의 6세대 그룹도 베이징영화대학 출신이었다. 6세대의 청년적인 감성은 현실의 도시에 대한 관심으로 나타났다. 변화의 상징 베이징은 가장 좋은 소재였다. 베이징을 영화 속에 담은 작품으로는 장위안張元의 〈북경잡종北京雜種〉1993, 왕샤오솨이王小帥의 〈북경자전거十七歲的單車〉2000, 자장커賈樟柯의 〈세계世界〉2004 등이 있다. 6세대가 청춘시절에 체험한 개혁개방 초기는 자본에 의한 계급적 소외가 사회적으로 허용되기 시작할 무렵이었다.

따라서 그들의 영화 속 주인공은 5세대에서처럼 혼란스러워하면서도 역사의식 자체는 아직 남아 있는 계몽자들이 아니라, 사회의 변화를 따라잡지 못하는 도시의 주변인으로 대체된다. 더욱이 6세대에게는 5세대와

왼쪽 〈북경잡종〉 촬영 중의 장위안 감독과 주연 최건, 오른쪽 〈북경자전거〉 포스터

〈샤워〉의 한 장면

같은 직장 운이 따라주지 않았다. 예술영화가 도외시되는 풍조 속에서 그들은 독립영화 제작 같은 자구책을 통해 세상과 만날 수 있었다. 그러나 어둡고 난해한 예술영화와 달리, 베이징을 따뜻한 삶의 공간으로 묘사한 영화도 있다. 6세대 가운데는 서민사회의 희로애락을 통해 관객과 융화하려는 감독도 나타났다. 예를 들면 장양張楊의 〈사랑의 샤브샤브愛情麻辣燙〉1997와 〈샤워洗澡〉1999 같은 영화들은 베이징 후퉁胡同, 골목이란 뜻 사람들의 삶의 애환을 통해 잔잔한 휴머니즘을 보여주었다. 1990년대에 흥행의 보증수표로 부상한 펑샤오강馬小剛은 5세대와 같은 연배이지만 전혀 다른 방식으로 도시를 표현했다. 그가 1990년대 후반에 연말연시 대목마다 발표한 〈갑방 을방甲方乙方〉1997, 〈올 때까지 기다려줘不見不散〉1998, 〈끝도 없는 여로沒完沒了〉1999 등은 현대 중국의 인간상을 희화하여 폭발적인 호응을 얻었다. 그는 철저하게 자국 관중의 지지에 의해 기반을 닦았는데 그 비결 중 하나는 바로 베이징식의 유머였다. 그의 영화들에 페르소나처럼 등장하는 배우가 바로 거여우葛優이다. 펑샤오강의 영화를 통해 거여우는 표준적인 베이징 서민의 상을 만들어내며 희극연기의 정상에 올랐다.

'베르톨루치의 〈마지막 황제〉를 패러디,
중국의 배금주의 풍조를 고발한 펑샤오강의
코미디 〈거장의 장례식 大腕〉(2001)

스차하이의 명물 인딩차오銀錠橋

중국영화를 가장 중국답게 만드는 도시로 베이징을 꼽는 데 누구라도 주저하지 않을 것이다. 물론 이것은 전통적인 베이징, 즉 '베이징성北京城'에 한정된 말이기는 하다. 그 베이징성의 성중성城中城인 자금성은 영화에 단골로 등장하는 곳이다. 영화 속에서 만인지상의 권력을 보여주기에 이만큼 적절한 세트는 없을 것이다. 그러나 〈마지막 황제〉1987, 베르톨루치에서의 자금성은 황제에게 오히려 세상에서 가장 화려한 감옥이 된다. 극중에서 황제에게 구중궁궐의 절망감을 더해주는 자금성의 높고 붉은 이중 담장은 다른 영화나 TV 드라마에도 비슷한 설정으로 자주 등장하는 곳이다. 현대극으로 내려오면, 베이징의 얼굴은 더 다양하게 나타나지만, 그중에도 강렬하게 베이징의 체취를 내뿜는 영화들은 필경 베이징의 전형적인 풍경을 담고 있다.

영화 속에 인상적으로 등장하는 베이징의 또 다른 공간으로 도심호수인 스차하이什刹海 일대를 꼽을 수 있다. 스차하이는 원래 황실 정원의 일부였지만, 또한 베이징 구도심의 후통을 방사선처럼 연결하는 지극히 평민적인 공간이기도 하다. 〈북경자전거〉2000에서 자전거를 새로 장만한 샤오젠小堅이 여자 친구에게 자전거를 자랑하고 나서 득의양양하게 페달을 밟을 때, 싱그러운 버드나무 가로수 사이로 언뜻 언뜻 나타나는 호수가 바로 스차하이이다. 〈쉬즈 더 원非誠勿擾〉2008에서 구혼광고를 낸 화교 꽃중년 친펀秦奮이 사랑에 좌절한 스튜어디스 량샤오샤오梁笑笑를 처음 만나는 곳도 스차하이다. 고대 중국의 서정문학 속에서 연밭은 연정의 무대로 등장하곤 했는데, 이제 영화 속 현대 연인들이 맞선을 보는 곳은 연밭이 내다보이는 카페이다. 스차하이는 한국의 미사리처럼 라이브 카페들이 우후죽순처럼 들어서서 원래의 고풍스런 분위기가 많이 훼손됐지만, 펑샤오강 감독은 오히려 이점을 역이용한다.

또 하나 인상적인 곳으로 둥청구東城區의 후퉁 안에 소재한 서양식 건물이 있다. 이 건물은 원래 청나라의 육군본부 청사로서, 1906년 광서光緖 황제 시절에 지어졌으며, 후일 돤치루이段祺瑞가 군벌 정부의 행정청사로 사용했기에 현지에서는 '돤치루이 집정부'로 통하는 곳이다. 1926년의 3·18 사건, 즉 돤치루이 군벌 정부의 실정에 항의하는 학생과 시민들의 시위가 일어난 곳이 바로 이 건물 앞이다. 이 집이 가장 극적으로 등장하는 영화는 〈햇빛 쏟아지던 날들陽光燦爛的日子〉1994이다. 때는 문화대혁명이 한창일 무렵, 주인공 소년 마샤오쥔馬小軍은 모두가 혁명하러 나가고 텅 빈 골목을 철없이 헤집고 다닌다. 그가 담배를 꼬나물고 〈뜨거운 양철 지붕위의 고양이〉라는 미국소설 제목처럼 경중경중 건너가는 곳이 바로 돤치루이 군벌정부 청사의 지붕이다. 이제 흉가가 다 되어서 당년의 화려하고 낭만적인 풍채는 몰골만 남았지만, 그래도 이 집은 여전히 클래식한 매력을 풍긴다. 마샤오쥔의 지붕 신에서 흘러나오는 마스카니의 오페라 '까발레리아 루스티카나'의 간주곡은 그래서 이 낡은 건물과 썩 훌륭한 조화를 이룬다. 천카이거 감독도 〈패왕별희霸王別姬〉1993와 〈메이란팡梅蘭芳〉2009의 일부 신을 이 집에서 찍었다.

옛 돤치루이 집정부 청사의 북쪽 현관

중국영화의 메카, 상하이

1843년 개항한 이후 100여 년간 서구 열강에 조차된 신흥 도시 상하이는 베이징보다 서구의 근대문명이 신속하고 폭넓게 수용되었고, 그에 따라 베이징보다 더 체계적으로 근대문화의 인프라가 형성되었다. 초기의 영화는 이러한 문화적 배경에 힘입어 상하이에서 빠르게 확산된다. 20세기 초 속속 들어선 상하이의 근대식 극장에서 더 환영받은 것은 기술적으로 앞선 서양영화들이었다. 그렇지만 최초의 드라마영화₁₉₁₃를 시작으로 국산영화들이 자기영역을 확보할 수 있었던 공간도 상하이였다. 상하이는 1949년 사회주의화되기까지 영화 수입업자와 유통업자, 극장주, 그리고 국산영화 제작자들의 거대한 각축장이 된다. 통계에 따르면 1939년까지 상하이는 영화관수가 무려 50여 곳에 이르는 세계에서 일곱 번째로 극장이 많은 도시였다.

중국영화사에서 상하이가 가장 의미 있던 시기는 1930년대 사회현실을 담은 리얼리즘 영화들이 쏟아져 나올 때였다. 우리나라에도 잘 알려진 전설의 스타 롼링위阮玲玉와 한국출신의 '영화 황제' 김염이 활동하던 때도 바로 이 시기였다. 대중의 기호에 영합했던 1920년대와 달리 사회영화가 주조를 이룬 1930년대에는 영화제작자, 극작가, 감독,배우들의 영화 표현에 대한 인식이 고르게 신장되었다. 당시 양대 영화사였던 명성明星과 연화聯華는 다양한 전략으로 새로운 영화운동을 이끌어갔다. 우융강吳永剛의 〈여신神女〉1934, 쑨위孫瑜의 〈대로大路〉1934, 위안무즈袁牧之의 〈거리의 천사馬路天使〉1937 등 무성영화 혹은 초기 유성 영화의 걸작들이 모두 이때에 탄생되었다. 이 시기의 영화를 중국 사람들이 얼마나 의미 있게 생각하는가 하는 것은, 중국의 국가가 〈풍운아녀風雲兒女〉1935, 쉬싱즈, 許幸之라는 영화의 삽입곡이었다는 점을 생각하면 능히 짐작할 수 있을 것이다.

위안무즈의 〈거리의 천사〉   홍콩의 TV시리즈 〈상해탄〉 포스터

　상하이 영화계는 사회주의 정부가 들어선 이후 대대적인 변화에 직면한다. 중국정부는 기존의 민영영화사에 대한 구조개편과 동시에 영화산업의 중흥을 위해 전국 각지에 스튜디오를 설립한다. 이 영화스튜디오들은 문혁 기간 중 폐쇄되었다가 개혁개방시기에 부활하여, 16개 스튜디오 체제가 한동안 중국 영화계를 이끌어간다. 그중 대표적인 곳으로 해방군의 팔일스튜디오八一電影制片廠, 창춘長春스튜디오, 시안西安스튜디오, 베이징스튜디오, 그리고 상하이스튜디오를 들 수 있다. 상하이스튜디오는 1949년에 출범하여 1953년에 구 상하이의 8대 민영영화사를 합병하면서 규모가 확대되었다. 영화제작소가 전국으로 분산되면서 상하이영화의 독점적 명성은 이전보다 퇴색되었다. 그러나 그 여력이 완전히 사라진 것은 아니었다. 개혁개방 직후 최초의 본격 멜로영화였던 〈루산의 사랑盧山戀〉1980, 루쉰魯迅의 소설을 새롭게 각색한 〈아큐정전阿Q正傳〉1981, 한국에도 소개된 문혁비판 영화 〈부용진芙蓉鎭〉1986 등은 모두 상하이스튜디오에서 제작되었다.

　그러나 상하이의 지역성은 상하이에서 제작된 영화보다 상하이를 소재로 한 영화에서 더 뚜렷하게 나타난다. 개혁개방 이후, 혁명시대에 죄악의 온상처럼 여겨진 '올드 상하이'가 사회주의 시장경제 체제로 면죄부를 받게 되자, 올드 상하이의 신화를 담은 영화들이 우후죽순처럼 나타났다. 올

자장커의 〈상하이의 전설〉

드 상하이를 소재로 장르영화를 만들기 시작한 곳은 홍콩이었다. 1980년 신예 저우룬파周潤發를 내세워 제작된 TV 시리즈 〈상해탄上海灘〉은 홍콩 뿐 아니라 동남아시아 시장까지 석권할 정도로 인기를 끌었다. 이 드라마는 느와르 소재에 적합한 상하이의 이미지를 만들어내고, 올드 상하이에 대한 노스탤지어 열풍을 이끌어냈다. 대륙영화에서의 올드 상하이 서사는 조금 늦게 5세대 감독인 장이머우가 〈상하이 트라이어드搖呵搖, 搖到外婆橋〉1995를 발표할 무렵 시작된다. 리샤오李曉의 소설을 각색한 이 영화는 거칠게 묘사된 디테일 때문에 비판을 받았지만, 상하이서사를 예술영화의 경지로 끌어올렸다는 점에서 긍정적으로도 평가된다.

상하이의 생활과 감성을 묘사한 영화들은 정작 중국 바깥에 잘 알려지지 않았다. 그중 대표적인 작가로 베이징영화대학 출신의 여성감독 펑샤오롄彭曉蓮을 들 수 있다.

그녀가 1990년대 후반부터 발표한 〈상하이의 기록上海紀事〉1998, 〈아름다운 상하이美麗上海〉2005, 〈상하이 룸바上海倫巴〉2006 등 일련의 영화들은 역사·

가족관·여성의식 등 다양한 생활의 면모로 상하이를 담아냈다. 그밖에 상하이를 감성적으로 담아낸 감독으로는 홍콩의 관진펑關錦鵬을 들 수 있다. 〈완령옥阮玲玉〉1992, 〈레드로즈 화이트로즈紅玫瑰與白玫瑰〉1994, 〈장한가長恨歌〉2005 등 그의 상하이 3부작은 올드 상하이의 디테일을 가장 잘 보여주는 영화로 꼽힌다. 흥미로운 점은 앞의 두 영화에서는 연극의 무대장치 같은 모조 세트로 상하이가 재현된다는 점이다. 그럼으로써 영화는 올드 상하이가 인위적으로 복원될 수 없음을 암시하며, 도시에 존재했던 영화로움에 대한 향수를 더 간절하게 드러낸다. 상하이의 감성을 담은 다큐멘터리 영화로는 상하이 엑스포를 앞두고 만들어진 자장커의 〈상하이의 전설海上傳奇〉2010을 들 수 있다. 이 영화는 올드 상하이를 체험한 다양한 계층과의 인터뷰를 통해 도시의 빛과 그림자를 발굴하고 고증한다. 상하이에 관한 이야기가 중심이지만, 또한 뉴욕·도쿄·타이베이·홍콩, 그리고 베이징을 오가며 촬영함으로써 올드 상하이의 코스모폴리탄한 면모를 입체적으로 보여주기도 한다.

왼쪽부터 〈상하이 트라이어드〉, 〈완령옥〉,
〈레드로즈 화이트로즈〉, 〈송가황조〉

    1949년 이전의 근대 중국을 배경으로 한 중국영화에서 상하이는 흔히 유럽식 건물이 즐비한 이국적인 도시, 혹은 폭력과 범죄가 난무하는 혼탁한 항구로 등장한다. 상하이 특유의 이러한 영화적 분위기는 다분히 조계 시절의 도시 구획에서 비롯된 것이다. 그 당시 상하이에는 공식적인 조계로 영미 공동조계와 프랑스 조계, 그리고 조계에 상당하는 일본인 밀집지역, 그보다는 적지만 유태인 게토와 백계 러시아인들의 공간까지 다국적으로 분산된 구역이 혼재했다. 윤봉길 의사가 홍커우虹口를 의거 장소로 선택한 것은 홍커우 공원이 일본인 거주지의 중심에 있기 때문이었다. 하지만 상하이를 배경으로 한 많은 갱 영화들에서 거친 세트를 통해 이러한 세밀한 차이를 인식하기란 쉽지 않다.

    서양 영화중에서 비교적 사실적으로 올드 상하이를 그린 영화는 〈태양의 제국〉1987이다. 스필버그는 프랑스조계의 쉬자후이徐家滙성당과, 공동조계와 홍커우를 잇는 가든 브릿지外白渡橋 등 옛 상하이의 랜드마크를 효과적으로 활용했다. 이 영화에 원경으로 등장하는 황푸강黃浦江변 상하이번드外灘의 서양식 빌딩 20여 채는 상하이 서사 영화마다 올드 상하이의 상징처럼 등장하는 곳이다. 장이머우의 〈상하이 트라이어드〉1995는 상하이의 실물 공간에서 로케이션을 한 흔치 않은 영화이다. 영화 속에서 밤무대의 여왕 샤오진바오小金寶의 늙은 탕唐 보스가 사는 저택은 프랑스 조계의 옛프랑스클럽

옛 프랑스조계의 구 프랑스클럽

옛 홍콩상하이은행의 중앙 홀

현재는 '科學會堂'과 공공조계 번드의 캐세이호텔현재의 '和平飯店'을 각각 일부씩 합쳐 놓은 것이다.

조계시절의 부동산 재벌 빅터 사순이 지은 캐세이빌딩에 소재한 이 호텔은 상하이번드에서도 최고급 호텔로, 1980년대까지만 해도 중국을 방문한 국빈들의 숙소였다. 번드에서 가장 규모가 큰 건물은 현재 푸둥浦東발전은행이 쓰고 있는 옛 홍콩상하이은행 건물이다. 홍콩 감독 장완팅張婉婷의 〈송가황조宋家皇朝〉1997에서 장제스蔣介石와 쑹메이링宋美齡의 성대한 결혼식이 열리는 곳이 바로 이 건물의 중앙 홀이다. 그들이 실제로 결혼식을 올린 마제스틱 호텔은 오래전에 사라졌다. 조계시절 상하이 세관의 주거래 은행이었던 홍콩상하이 은행이 1923년 완공한 이 사옥은 청나라 1년 예산의 1.5배가 시공비로 투입되었다는 초호화건물이다. 그러나 올드 상하이의 실물공간을 필름에 담아낸다는 것은 어수룩하던 시절의 얘기다. 지금도 상하이에는 조계시절의 건축물들이 많이 남아 있지만, 그것들은 혁명시기에 너무 오래 방치되었고 개혁개방 이후로는 개발의 북새통 속에서 섬 같이 고립되는 존재가 되었다. 최근에는 상하이 교외의 쑹장松江에 올드 상하이를 재현한 대규모 야외 스튜디오가 생겨, 영화나 TV 드라마의 옥외 신 대부분은 그곳에서 촬영된다. 하지만 테마파크처럼 꾸며진 미국의 초대형 스튜디오를 상상하고 찾았다가는 낭패감만 들 것이다.

▶ 아시아의 영화공장, 홍콩

1842년 아편전쟁 시 영국 해군의 찰스 엘리엇 사령관이 본국의 협상 전략을 무시하고, 계획에도 없던 홍콩 섬을 무단 점령할 때만 해도, 영국은 이 쓸모없는 돌섬이 세계 경제를 좌우하는 금융 중심지가 되리라고는 상상조차 하지 못했다. 아무튼 1898년 주강珠江 삼각지의 신제新界 구역을 할양 받음으로써 극동의 식민영토를 확정한 영국은, 1997년까지 근 150여 년간 중국의 코앞에서 태연하게 식민지 체제를 유지했다. 식민 초기에 상하이의 그늘에 가려 있던 홍콩은 1949년 상하이가 공산화 된 뒤, 중국 대륙에 붙은 마지막 자본주의 도시로서 동아시아 경제의 거점으로 급부상하였다.

홍콩의 영화사는 19세기 말엽에 첫 영화가 수입되면서부터 시작된다. 1913년에는 첫 국산영화 〈아내를 시험한 장자莊子試妻〉 리민웨이(黎民偉)가 탄생한다. 1949년까지 상하이와 크게 구분되지 않을 정도로, 홍콩과 상하이 두 도시의 영화산업상의 상호관계는 밀접했다. 그러나 상하이가 공산화된 후 중국 정부가 영화산업의 국영화에 착수하자, 상당수의 상하이 영화자본과 영화인들이 홍콩으로 건너와 민영 영화의 명맥을 이어간다.

1960년대에는 홍콩 영화계의 판도를 바꾸는 양대 영화사가 출연하게 되는데, 이는 우리나라에도 잘 알려진 '쇼브라더스邵氏'와 '다이안모電懋'였다. 동남아시아에 모기업을 둔 이 영화사들은 홍콩으로 진출 뒤 할리우드의 경영방식에 따라 영화의 생산과 발행, 상영의 3대 메커니즘을 동시에 관리하였다. 이에 따라 홍콩에 대규모 스튜디오를 세우고 스튜디오 안에서 촬영과 편집을 해결하는 할리우드식의 영화공장 시스템이 가동되었다. 쇼브라더스는 홍콩영화의 지역색을 탈각하고, '관념적인 중국'을 무대로 한 멜로드라마와 무협영화를 선보여 우리나라와 동남아시아 시장을 석권했다. 우리나

라에도 수입된 〈스잔나
珊珊〉1967 시리즈 같은 멜
로드라마, 〈방랑의 결투
大醉俠〉1966, 〈용문객잔龍門
客棧〉1967, 후진취안(胡金銓),〈의
리의 사나이 외팔이獨臂
刀〉1967, 장처(張徹) 등의
무협영화들이 이 때

〈쿵푸허슬功夫〉(2005)

발표되었다. 쇼브라더스에 맞서 1970년대에 등장한 신흥 '골든하베스트嘉
禾사'는 리샤오룽李小龍을 내세워 출발부터 대단한 성과를 올렸다. 리샤오룽
의 사망 후 골든하베스트는 청룽成龍 식의 코믹 쿵푸영화, 그리고 스타일을
강조한 느와르 영화 등을 선보이며 잇달아 흥행에 성공했다. 1986년에 발표
한 〈영웅본색英雄本色〉은 홍콩식 느와르 영화의 새로운 모델이 되었다.

그러나 홍콩영화의 발달한 산업구조는 오히려 영화인들의 창작역량을 억
제함으로써 상업영화만 기형적으로 양산하는 악순환을 만들어냈다. 단기수
익 위주의 제작이 관행이 되어 관객에 영합하는 복제영화가 넘쳐났고, 한 아
이템이 성공하면 그 속편이 부단히 제작되었다. 뿐만 아니라 창작성보다는
스타의 명성에 의존하여 영화가 만들어지는 경우가 많았다. 이러한 상업일
변도적 풍토에 대한 자각에서 홍콩의 뉴웨이브홍콩식으로는 '新浪潮'로 표현 1세대
가 탄생한다. 1970년대 후반 한 방송국의 도산으로 영화계에 발을 들인 이
신예 영화인들은 대부분이 유학파들이었다. 이들은 영화제작 구조를 현대적
으로 바꿔갔지만, 상업적인 오락영화 자체를 부정한 것은 아니었다.

1980년대에는 홍콩의 토착문화에 대한 사회적 관심이 높아졌다. 영화와
TV에서 광둥어 사용 빈도가 높아진 것은 홍콩인들이 자신들의 정체성을 자

각하고 홍콩의 토착문화를 기꺼이 향유하기 시작했음을 의미한다. 이어 홍콩반환이 임박해지자 1세대 '신랑조' 때보다 훨씬 순도가 높은 예술영화들이 나타나게 되는데, 그것이 바로 2세대 신랑조라고 할 수 있다. 2세대는 1세대보다 더 직접적으로 홍콩의 정체성을 얘기하기 시작했고, 해외영화제를 통해 적극적으로 국제성을 확보해갔다. 이들 중 대표작으로는 관진평의 〈연지구胭脂扣〉1988, 왕자웨이王家衛의 〈아비정전阿飛正傳〉1990, 〈중경삼림重慶森林〉1994, 〈동사서독東邪西毒〉1994, 〈화양연화花樣年華〉2000, 천궈陳果의 〈메이드인 홍콩香港製造〉1997, 〈리틀청細路祥〉1999 등이 있다. 이 영화들에는 공통적으로 '시간'에 대한 사유의 흔적이 남아 있는데, 그것은 정해진 반환시각까지 '빌려온 시간'을 살아가는 홍콩의 당대적 삶을 반영하려 했기 때문이다. 뉴웨이브 운동을 통해 홍콩영화는 이전의 대륙풍 영화들과 구분되는 분명한 지역성을 확보했다고 할 수 있다.

그러나 홍콩식 감성은 반드시 예술주의적 영화에서만 발견되는 것은 아니다. 예컨대 홍콩의 코미디스타 쉬관제許冠傑를 내세운 〈최가박당最佳拍檔〉1982 시리즈, 무협영화와 귀신 소재를 코미디로 버무려낸 〈강시선생殭屍先生〉1985 시리즈 등은 홍콩식 개그를 구사함으로써 예술영화와 다른 차원으로 홍콩적인 감성을 담아냈다고 할 수 있다. 이런 맥락에서 특별하게 언급할 사람은 저우싱츠周星馳이다. 그는 〈식신食神〉1996, 〈희극지왕喜劇之王〉1999, 〈서유기西遊記〉상(1994) · 하(1995), 〈쿵푸허슬功夫〉2005 등을 통해 1980년대부터 유행한 홍콩 개그를 젊은 감각에 맞게 재편하였다. 상식적인 서사논리를 뒤집는 극도의 과장법과 만화적 표현은 젊은 관객층에게 환영받았다.

쇼브라더스사의 사오이푸邵逸夫회장과 배우들

VAR LORDS AND BUCKETS OF TEARS

Run Run's starlets and starmen, war lords and wizards gather with him around his Rolls-Royce on a Shaw set

〈중경삼림〉의 한 장면

현대의 물욕을 정신없이 세계로부터 받아들이고 전파하는 금융도시, 초고층 마천루들이 콩나물 시루처럼 경쟁하며 위태롭게 군거하는 도시. 홍콩에 대한 상상은 항상 속도와 유동성으로 넘치는 초현대도시의 이미지를 벗어나지 않는다. 과연 홍콩에도 홍콩만의 생각과 감성이 존재할까? 이런 의문이 든다면 잠시 영화 속의 공간을 통해 홍콩을 느껴보는 것도 무방할 것이다. 이 도시는 아편전쟁의 결과로 엉겁결에 1842년 영국의 식민지가 된 이후 동양과 서양의 길목이 되었다. 냉전시대가 되자 서방 국가들은 전통 중국에 대한 오리엔탈리즘적인 대역을 이 도시에 맡겼다. 그런 점에서 영화 속에서 중국이나 영국의 대역이 아닌 진정 홍콩다운 공간은, 홍콩 사람들이 자신들의 정체성을 궁구하기 시작하는 시점부터 등장한다고 할 수 있겠다.

홍콩이 세계적인 금융도시로 부상한 것은 1970년대였으며, 이때에 와서 비로소 도시성은 홍콩을 규정하는 명실상부한 특징이 된다. 한편 속편과 아류작이 넘치는 정신없는 통속시대에서 벗어나 홍콩의 영화인들이 정체성을 탐색하기 시작한 시기는 1980년대이다. 홍콩만의 공간적 특성 안에서 도시인의 정체성을 탐색한 결과로 나타난 것이 왕자웨이의 초기작들이며, 그 주요 무대 중 하나가 바로 충킹맨션 일대이다. 1961년 구룡반도의 침사추이에 준공된 이 건물은 지금도 홍콩 배낭여행자들의 살아 있는 전설이다. 그것은 홍콩 도심의 화려함과 대비되는 뒷골목의 우중충한 문화를 상징하는 대명사이다. 〈중경삼림重慶森林〉1995에서 223호 경찰관진청우(金成武) 분이 범인을 잡기 위해 격투를 벌이고, 마약을 빼돌린 인도인을 찾으러 금발의 살인청부업자린칭샤(林

青霞) 분가 누비고 다니던 곳. '세계화가 축약된 공간'이라고 혹자가 비아냥댔듯이, 이곳은 환전소와 잡화점을 오가는 인도·동남아·아랍·아프리카 사람들로 늘 북적거린다. 홍콩의 도시성이 담긴 그 밖의 영화무대로 홍콩섬의 코즈웨이베이(〈아비정전阿飛正傳〉1990·〈무간도無間道〉2002)와 란카이팡(〈중경삼림〉·〈해피 투게더春光乍洩〉1997), 그리고 구룡반도의 몽콕(〈열혈남아 旺角卡門〉1988) 등도 꼽을 수 있다. 개성은 약간씩 다르지만 모두가 충킹맨션의 침사추이처럼 사람과 차량으로 혼잡한 대표적인 홍콩의 번화가들이다.

시간을 좀 더 거슬러 올라가 홍콩의 과거를 알고자 한자면 홍콩 출신은 아니지만 홍콩에서 유학한 장아이링張愛玲의 소설을 펼쳐보는 것도 좋을 것 같다. 그녀가 다닌 홍콩대학은 그녀의 소설을 영화화한 〈색·계色·戒〉2007의 초반 신에서 본관 건물이 실물과 컴퓨터 그래픽으로 등장한다. 리안李安 감독이 군이 홍콩대학까지 가서 로케이션을 한 것은 원작의 절반이 홍콩을 무대로 해서이기도 하지만, 이 대학을 다닌 원작자를 기념하려는 의도도 있었을 것이다. 장아이링의 또 다른 소설 〈경성지련傾城之戀〉의 무대도 홍콩이다. 그러나 주인공들의 사랑싸움이 벌어지는 홍콩 섬 남쪽 리펄스베이 호텔은 이제 철거되고 그 자리에는 콘도형 아파트가 무지막지하게 들어서 있다. 이 호텔의 실경은 1984년 홍콩의 여성감독 쉬안화許鞍華가 만든 영화 〈경성지련〉에서 확인할 수 있다.

철거 이전의 리펄스베이 호텔

충킹맨션 앞

영화로 주체 찾기, 타이베이

타이완은 1554년 포르투갈 외항선의 한 선원이 붙인 '포모사Formosa, 아름다운 섬이란 뜻'란 이름으로 서구 세계에 처음으로 알려졌다. 인도양 쪽에서 극동으로 접어드는 길목에 위치한 타이완은 그 지리적 위치만큼이나 역사 속에서 극적인 운명을 겪어야 했다. 원래 폴리네시안 원주민들이 살았던 이 섬은 1624년 이후 네덜란드와 스페인에게 국부적으로 점령된다. 이어 명나라 멸망 직후인 1662년 '반청복명反淸復明'의 기치를 내세우며 군대를 이끌고 남하한 명나라의 유신 정성공鄭成功에 의해 한동안 전 섬이 통치된다. 1684년 청나라 강희제는 군대를 파견하여 정성공을 제압하고 타이완을 푸젠福建성에 편입시킨다. 이 시기를 전후하여 대륙 남부해안 일대의 중국인 유민들이 대거 타이완으로 넘어와 섬 동부에 정착한다. 그러나 타이완은 행정적으로만 청나라의 영토일 뿐 중앙정부로부터 거의 방치되다시피 했다. 그리고 1895년 청일전쟁에 패한 청나라 조정은 타이완을 일본에 할양하기에 이른다. 타이완의 식민지 역사는 1945년까지 50여 년 간 지속되었다. 타이완의 영화역사는 이 일제 강점기에 일본인들에 의해 시작되었다.

일제가 물러난 뒤 타이완은 다시 격변에 휩싸인다. 대륙에서 내려온 통치세력과 본토 민중이 충돌하여 비극적 결과를 남긴 1947년의 '2·28사건', 100만 장제스 국민당 군대의 1949년 타이완 퇴각, 국민당에 의한 강압적인 반공 통치, 그리고 1960~1970년대 개발독재형 경제성장 등 타이완사람들은 광복 후 30여 년 간 굵직한 역사적 사건들을 집약적으로 체험했다. 타이완의 새로운 영화운동이 시작되는 1980년대는, 타이완의 당대사에 대한 반추 열풍이 달아오른 시기였다. 특히 1987년 계엄령의 해제와 함께 단행된 해외여행 자율화, 양안간의 왕래 허용 등 일련의 해금조치는 성찰의 열기에 불을 붙였다. 이 시기 역사 다시보기를 주도한 학자들은 영화창작에도 깊은 영향을 끼쳤기에, 이 시기 일어난 타이완의 1차 뉴웨이브 운동은 한편 '지식인 영화운동'으로 불리기도 한다.

계엄 해제 이후에 전개된 2차 뉴웨이브 운동은 해외영화제를 통해 세계로부터 타이완영화의 지지를 확보해 갔다. 그중 가장 성과를 올린 영화는 허우샤오셴侯曉賢이 1989년에 발표한 〈비정성시悲情城市〉이다. 이 영화의 소재는 일본 통치에서 해방된 1945년부터 장제스의 국민당 군대가 내려오는 1949년까지 4년 동안의 격변기에 한 가족이 겪는 수난사이다. 주인공인 벙어리 사진사 원칭文清과 간호사 콴메이寬美 부부가 나누는 필담은 핵심적인 서사장치로서, 타이완 현대사의 상흔에 대한 치유와 소통의 열망을 매우 서정적으로 구현한다. 허우샤오셴과 쌍벽을 이루는 사람은 양더창楊德昌으로, 대표작에 〈구링가 소년 살인사건牯嶺街少年殺人事件〉1991이 있다. 이 영화는 타이완 현대사가 초래한 사회적 분열과 경제개발의 혼란한 틈새에서 상처받으며 자라나는 소년·소녀들의 이야기이다. 홍콩의 뉴웨이브 영화가 반환 이후에 대한 상상 속에서 홍콩의 미래를 모색했다면, 타이완의 뉴웨이브 감독들은 과거와 기억을 통해 타이완의 정체성을 재구성하고자 했다.

허우샤오셴의 〈비정성시〉1989

리안의 〈결혼피로연〉1993

　그러나 한편으로 타이완의 현재에 관심을 둔 수작도 적지 않다. 예를 들면 타이완의 중산층을 통해 변화하는 도시인의 정체성 문제를 다룬 리안李安의 〈쿵후 선생推手〉1991, 〈결혼피로연喜宴〉1993, 〈음식남녀飮食男女〉1995 등이 대표적이다. 그의 영화들은 평범하지만 전형적인 타이베이 사람들의 가족관과 소소한 삶의 고민을 표현했다. 한편 차이밍량蔡明亮 같은 감독은 뒤틀리고 과장된 표현주의적 묘사를 통해 도시인의 단절과 소외를 묘사한다. 〈애정만세愛情萬歲〉1994, 〈강河流〉1996, 〈거기는 지금 몇 시니?你那邊幾點〉1999 등은 대중성은 낮지만 해외 영화제를 통해 타이완 영화의 예술적 위상을 높이기도 했다. 그러나 1980~1990년대 타이완영화가 보인 예술 일변도의 행보는 국산영화에 대한 대중적 관심을 멀어지게 했고, 영화제작 전반의 침체현상을 초래했다.

　2000년대 들어서 타이완 영화는 뜻밖에 소생의 기미를 보이기 시작했다. 우선 〈말할 수 없는 비밀不能說的秘密〉2007, 〈점프 아신翻滾吧！阿信〉2011 같은 청춘 멜로물들이 국산영화를 외면하던 관객들의 발길을 다시 돌렸다. 역사

소재 영화도 종전과 달라졌다. 대표적인 영화로 〈하이자오 7번지海角7號〉2008
는 일제강점기와 현대라는 시간대를 왕복하며 타이완인과 일본인 사이의 사
랑을 그린다. 극중의 식민과 피식민 입장을 초월한 사랑이 타이완 안팎에서
논란이 되긴 했지만, 이 영화는 관객의 노스탤지어를 자극하는 서정적인 줄
거리로 타이완 영화사상 공전의 흥행기록을 수립했다. 〈시디그·발레賽德
克·巴萊〉2011는 1930년 일본군과 타이완 원주민 부족이 충돌한 사건인 '우
서霧社 사건'을 배경으로 한다. 우서사건은 일제 강점기 타이완 섬 내부에
서 일어난 마지막 항일투쟁이었다. 이 영화의 탄생은 항일서사의 진전을
뜻하는 동시에, 타이완 사람들의 원주민 인권에 대한 인식변화를 의미하는
것이기도 했다. 국산영화에 대한 내부의 지지율 증가는 해외영화제에서의
수상보다 타이완 영화의 미래에 청신호로 작용하고 있다.

〈시디그·발레〉2011

중국영화의 촬영현장을 찾아서 : 타이베이臺北

해질녘 지우펀에서 바라본 지룽항

1980년대부터 시작된 타이완 뉴웨이브 영화의 약진은 세계를 놀라게 했다. 이 영화들은 기존의 반공영화나 건전 사실영화, 충야오瓊瑤의 통속 애정소설을 극화한 멜로드라마, 그리고 신파무협소설을 각색한 액션영화들과 전혀 다른 스타일을 보여주었다.

가장 두각을 나타낸 감독은 허우샤오셴이다. 그의 작품 특징 중 하나는 바로 공간의 타이완적 정체성을 성공적으로 담아냈다는 점이다. 그의 야심작인 타이완 역사 3부작 가운데 〈연련풍진戀戀風塵〉1986과 〈비정성시〉1990는 타이베이 교외의 폐광촌에서 촬영되었다. 그 폐광촌은 영화의 성공 이후 타이완 영화의 팬들을 불러 모으는 국제적인 관광지가 되었다. 그곳이 바로 지우펀九份이다.

버스를 타고 꼬불꼬불 오르는 산길 끝자락에 자리한 이 작은 마을은 일제 강점기에 유명한 금광이었다. 한 때 흥청거리던 금광마을이 과거의 시간대에 멈춰 있는 기묘한 풍경, 이것은 허우 감독이 연출하려 했던 타이완만의 그 무엇을 담아내기에 안성맞춤이었다. 지우펀 여행의 백미는 버스 종점의 언덕에서 멀리 펼쳐진 지룽基隆항 쪽을 관망하는 것이다. 특히 해질 무렵 연안의 섬들과 어우러지는 항구의 고즈넉한 풍광은 지우펀 여행을 잊지 못하게 하는 장관이다. 이 광경은 〈비정성시〉에도 세 번이나 정지신으로 등장한다. 하지만 유명세 덕분에 이 산간마을은 지금 지나치게 많은 관광객으로 몸살을 앓고 있다.

역사적 체취가 조금 더 진한 곳을 찾는다면 바다 쪽으로 나가야 한다. 일본인들이 눈독을 들이기 전에 타이완에 먼저 상륙한 이방인들은 동인도회사를 통해 진출한 서양 사람들이었다. 타이완 남부의 항구도시 가오슝高雄과 타이난臺南 등지에는 영국과 네덜란드인들이 남긴 흔적이 아직도 그대로 남아 있다. 섬 북부인 타이베이 근교에서 그런 것이 몰려 있는 곳으로는 단연 단수이淡水를 꼽을 수 있다. 타이베이로 들어오는 단수이강이 바다와 만나는 곳에 자리 잡은 작은 어촌이었던 단수이는 1858년 청 조정이 서양열강과 맺은 톈진조약의 결과로 개항되었다. 특히 이곳에는 1872년 도래한 캐나다 목사 조지 맥케이George Leslie Mackay, 馬偕가 설립한 교회와 병원, 그리고 학교들이 곳곳에 포진되어 있다. 타이완 영화 〈말할 수 없는 비밀〉2007을 본 사람이라면, 영화 속에서 철거대상으로 등장하는 고색이 창연한 학교건물을 기억할 것이다. 주인공들이 다니는 이 학교는 현재의 단장淡江중학으로 원래는 맥케이의 아들이 세운 학교로서, 영화의 배경이 된 본관건물은 1925년에 준공한 것이다. 그밖에 1882년 맥케이가 설립한 옥스퍼드 칼리지현재는 ‘眞理大學’ 역시 이 영화의 중요한 무대로 등장한다. 소년 소녀들의 수채화 같은 이야기와, 단수이 거리의 낡은 건물들이 빚어내는 아기자기한 풍광은 공간에 대한 노스탤지어를 자극한다.

단수이 해변의 맥케이 석상과 단장중학

중국영화 중 대표적인 해외영화제 수상작

· 붉은 수수밭 紅高粱 1987, 중국대륙, 장이머우 38회 베를린영화제 황금곰상, 남우주연상 장원

· 비정성시 悲情城市 1989, 타이완, 허우샤오셴 46회 베니스영화제 황금사자상

· 아비정전 阿非正傳 1990, 홍콩, 왕자웨이 프랑스 낭트영화제 최우수 여우주연상 류자링(劉嘉玲)

· 홍등 大紅燈籠高高掛 1990, 중국대륙, 장이머우 48회 베니스영화제 은사자상

· 완령옥 阮玲玉 1992, 홍콩, 스탠리 콴 42회 베를린영화제 여우주연상 장만위(張曼玉)

· 귀주이야기 秋菊打官司 1992, 중국대륙, 장이머우 49회 베니스영화제 황금사자상, 여우주연상 궁리(鞏俐)

· 패왕별희 覇王別姬 1993, 중국대륙, 천카이거 46회 깐느영화제 황금종려상

· 결혼 피로연 喜宴 1993, 타이완, 리안 43회 베를린영화제 황금곰상 공동수상

· 향혼녀 香魂女 1993, 중국대륙, 셰페이 43회 베를린영화제 황금곰상 공동수상

· 인생 活着 1994, 중국대륙, 장이머우 47회 깐느영화제 심사위원특별상, 남우주연상 거여우

· 애정만세 愛情萬歲 1994, 타이완, 차이밍량(蔡明亮) 51회 베니스영화제 황금사자상

· 해피투게더 春光乍洩 1997, 홍콩, 왕자웨이 50회 깐느영화제 최우수 감독상

· 책상서랍 속의 동화 一個都不能少 1999, 중국대륙, 장이머우 56회 베니스영화제 황금사자상

· 와호장룡 臥虎藏龍 2000, 타이완 및 다국 합작, 리안 72회 아카데미영화제 최우수 외국어영화상 수상

· 집으로 가는 길 我的父親母親 2000, 중국대륙, 장이머우 50회 베를린영화제 심사위원 특별상

· 하나 그리고 둘 一一 2000, 타이완, 양더창(楊德昌) 53회 깐느영화제 최우수 감독상 양더창

· 화양연화 花樣年華 2000, 홍콩, 왕자웨이 53회 깐느영화제 촬영상, 남우주연상 량차오웨이(梁朝偉)

· 눈 먼 갱도 盲井 2003, 중국대륙, 리양 53회 베를린영화제 예술공헌상

· 공작 孔雀 2005, 중국대륙, 구창웨이(顧長衛) 55회 베를린영화제 은곰상

· 상하이 드림 靑紅 2005, 중국대륙, 왕샤오솨이 58회 깐느영화제 심사위원 특별상

· 스틸라이프 三峽好人 2006, 중국대륙, 자장커 63회 베니스영화제 황금사자상

· 투야의 결혼 圖雅的婚事 2007, 중국대륙, 왕취안안(王全安) 57회 베를린영화제 황금곰상

· 색·계 色·戒 2007, 타이완, 리안 64회 베니스영화제 황금사자상

· 심플 라이프 桃姐 2011, 홍콩, 쉬안화 68회 베니스영화제 여우주연상

· A Touch of Sin 天注定 2013, 중국대륙, 자장커 66회 깐느영화제 각본상.

〈공작〉,〈투야의 결혼〉,〈심플라이프〉

중국인은 무엇을 입었을까

중국옷은 오랜 역사와 다양한 민족구성으로 인하여 동아시아 복식의 보고寶庫라고 할 수 있을 정도다. 중국의 복식은 주변 국가들과 영향을 주고받으며, 왕조마다 각 민족의 풍습과 사상, 미의식을 반영한 중국만의 색채와 형태를 발전시켜왔다.

중국은 각 왕조마다 복제服制를 통해 복색服色과 관식冠飾을 정비했다. 중국옷은 기본적으로 웃옷과 치마上衣下裳로 이루어진 남방의 농경계 민족 복식이다. 치마 대신에 바지上衣下袴를 착용한 북방계 복식은 중앙아시아 유목민족의 호복胡服이 중국에 유입된 것이다.

주나라의 성립과 함께 정비된 예복은 중국의 복식제도를 규정하는 기준의 토대가 되었다. 진시황이후 '황제의 복식'이 등장했고, 진시황릉에서 출토된 병마용들은 대부분 상의와 바지 차림을 하고 있는데, 이러한 복식은 한나라 이후 폭넓게 일반화되었다. 한은 관복官服과 예복 제도를 엄격하게 제정했고, 이는 당·송·명 왕조뿐 아니라, 한국과 일본 및 베트남 등 동아시아 여러 나라의 예복제도에도 영향을 끼쳤다.

당나라 때 중국 복식은 발전의 절정에 달해서 특히 여자복식의 아름다움과 화려함은 중국 역사상 최고조에 이르렀다. 당대의 여자복식은 하의의 허리선이 높이 위치하여 여성의 인체곡선이 돋보이면서 피부가 노출되는 관능적이고 개방적인 형식을 띠었다. 예와 덕을 중시한 송 왕조는 예복제도를 재정립했고, 사대부士大夫의 등장과 함께 남성들의 평상예복과 편복便服이 발달했다.

요·금·원의 유목민족을 통해 중국에도 북방계 복식이 융합되었지만, 명 왕조에 의해 한족의 전통 복식은 재정비되고, 신분에 따라 관모와 복식·복색·문양 등도 엄격히 규제되었다. 그러나 만주족이 세운 청 왕조는 만주족 고유의 머리형과 복식을 강요하는 가운데 중국의 복식에 획기적인 변화를 가져왔다. 오랜 역사동안 지속된 한족 특유의 넓은 소매통과 넉넉한 실루엣의 복식양식은 좁은 소매에 다소 밀착되는 형태인 만주족의 스타일로 변화되었다. 그 예로, 청나라 말엽 등장한 치파오旗袍는 오늘날까지도 중국의 전통 민속의상으로 널리 알려져 있다.

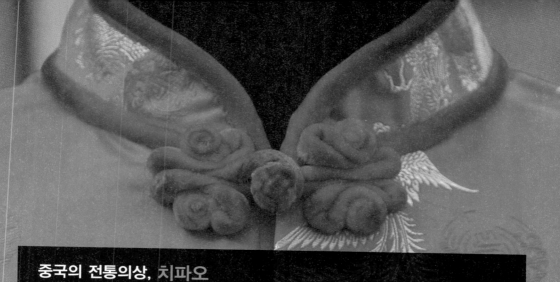

중국의 전통의상, 치파오

　치파오는 초기 긴 도포자락을 기본으로 본래의 형태는 발목을 넘는 길이의 옷이었으나 여러 대에 걸쳐 변화해 왔다. 청조시기의 치파오란 남녀모두 입던 긴 도포였는데 만주족 여성들이 일상에서 입던 도포가 현재의 치파오 형태와 관련이 있다. 치파오는 만주족 여인들의 창파오長袍라는 옷에서 유래하였는데, 만주족을 부르는 명칭을 치런旗人이라고 하여 그들이 입는 옷을 치파오라 부르게 되었다. 치파오에는 중국 문화와 꽃, 새, 그림, 자수 등의 예술이 어우러져 있다.

　이후 다른 소수민족 여성들이 서로의 옷차림을 따라하는 과정에서, 복장 스타일이 융합되기 시작하였으며, 치파오는 중국 전역에서 유행하기 시작했다.

　1919년 신해혁명 이후 서양식 의상의 영향으로 치파오는 시대와 유행에 따라서 그 길이와 형태가 변화하게 되었다. 1920년대 말에는 불필요한 부분이 축소되어 치마가 무릎까지 오고 소매가 짧아졌고, 전체적으로는 밋밋한 통 구조에서 몸의 곡선을 살리는 구조로 변하였다. 1930년대 이후 치마의 옆 트임은 허벅지까지 올라오게 되었다. 1940년대에는 짧은 것이 유행하자 민소매 형식의 치파오가 등장했다.

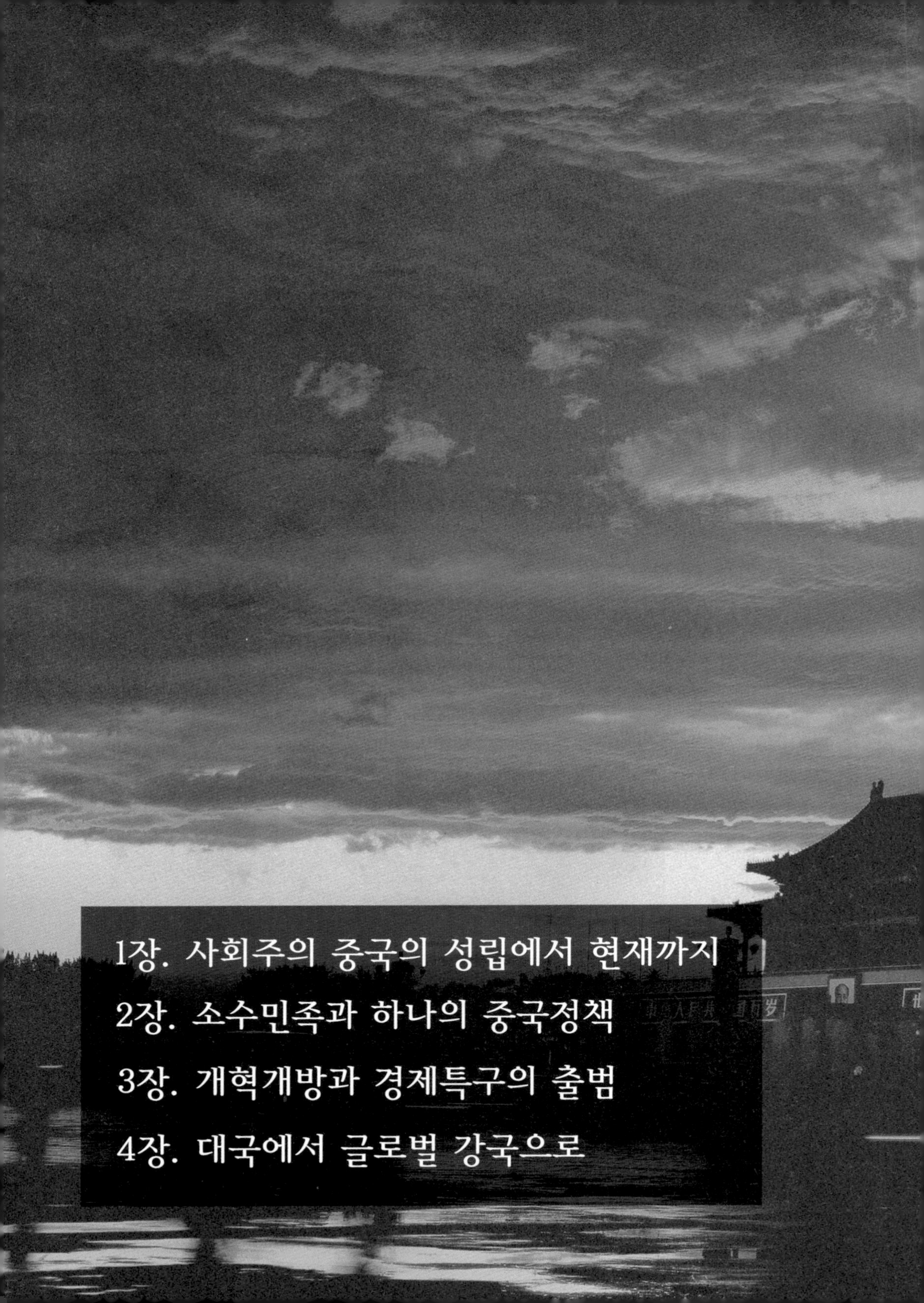

1장. 사회주의 중국의 성립에서 현재까지

2장. 소수민족과 하나의 중국정책

3장. 개혁개방과 경제특구의 출범

4장. 대국에서 글로벌 강국으로

제**4**부 현대 중국의 속내를 들여다보다

▶ 전통 사회에서 현대 세계로

　기원전 221년, 진나라의 왕인 영정嬴政이 중국을 통일하고 대제국을 건설했다. 그는 스스로 전설상의 인물인 삼황오제의 덕을 모두 갖추었다고 생각하고 진시황제라 자칭했다. 이후 중국의 황제들은 구중궁궐 깊숙이 숨어사는, 천하를 안정시키고 백성에게 풍요를 주는 용과 같은 신비한 존재로 간주되었다. 세계의 모든 문명인들은 그의 덕에 복종했고, 세상 만물은 각기 제자리에서 평안을 누릴 수 있었다. 황제의 통치 아래 중국은 세계의 중심이었다.

　황제는 세계를 다스리기 위해 충실한 수족이 필요했다. 신하들도 절대권력의 변덕을 적절하게 통제할 필요가 있었다. 그래서 전통 중국의 지배층과 지식인들은 유교의 왕도정치 사상을 고안하여 제국의 통치에 참여했다. 이론상으로 황제는 모든 것을 할 수 있는 신이었지만, 제국은 지식인인 사대부와 관료들에 의해 운영됐다.

　중화제국의 물질적인 바탕은 끝없이 펼쳐지는 경작지에서 나왔다. 중국 농민들은 수천 년에 걸쳐 개미처럼 묵묵히 황토 흙을 파헤치면서 흩어진 촌락에서 살았다. 중국은 그들이 생산한 잉여물만으로도 세계 최대의 경제 대국이 되었다. 중국의 지배층들은 농민들의 피와 땀의 결실인 거대한 부를 바탕으로 찬란한 중국 문화를 이룩했다. 중국인들이 살펴볼 수 있는 세계에서는 그들만이 유일한 문명 국가였다.

그러던 어느 날 한 무리의 영국인들이 청조의 정부에 몰려와서 요구했다. "자유롭게 교역을 해 달라. 대등하게 외교 관계를 맺자." 세상 만물의 모든 것을 갖고 있던 황제는 그들을 무시하고 싶었지만, 산업혁명을 일으킨 그들은 끊임없이 쏟아져 나오는 상품의 소비자를 찾았다. 동시에 유럽은 무한한 경쟁사회에 대응하고자, 자신과 타인을 엄격하게 구분 짓는 경계를 그었다. 그들은 곧 민족주의를 바탕으로 한 근대 국민국가라는 틀에 구성원들을 맞춰나가기 시작했다.

하지만 19세기 내내 중국인들은 자신들을 위협하는 서양의 실체를 파악할 수 없었다. 처음에는 유럽인들조차 자신들이 어디로 가는지 정확하게 알지 못했다. 그러나 시간은 중국을 기다려주지 않았다.

가운데 칼 구츠라프의 중재로 영국 해군 고든 경과 중국의 해군 간부들이 저우산시에서 회의를 하고 있다.

쑨원이 민주공화정을 세우고 신해혁명을 시작할때 내걸었던 기치가 '천하위공天下爲公'이었다. '천하위공'은 『예기·예운』에 나오는 말로 천하가 개인의 사사로운 소유물이 아니라는 뜻이며 온 세상이 일반 국민의 것임을 가리킨다.

서구는 근대 산업사회와 자본주의 경제 체제가 인류의 미래이자 시대의 대세라면서 중국에게 동참할 것을 강요했다. 만약 너희들이 우리의 길에 함께 하지 않으면, 중국의 미래는 멸종밖에 없을 것이다. 몇 차례의 굴욕적인 패배를 거치면서 중국인들은 우선 자신의 생존이 무엇보다 중요함을 절실하게 깨닫는다.

근대 사회로 접어든 서구에 대해 우리는 어떻게 반응해야 하는가? 중국인들은 19세기 후반기부터 이에 대한 다양한 방법을 모색했다. 첫째, 우리의 것을 그대로 지켜야 한다. 둘째, 우리의 것을 바탕으로 하면서 되도록 최소한도의 변화만을 추구하자. 셋째, 우리의 것과 서구의 것을 주체적으로 비교하면서 융합시켜 나가자. 넷째, 중국의 것은 낡은 것이니 전면적인 수용만이 생존의 길이다.

근대 중국의 다양한 정치세력과 사회집단들은 자신들에게 주어진 상황에 따라 위에 주어진 네 방법 가운데 하나를 선택했다. 그리고 각자 자신들이 중국을 변혁시켜나가는 주체가 되어야 한다고 주장하면서 정치운동을 전개했다. 그 가운데 가장 커다란 영향을 후대에 남긴 사건은 1911년 혁명파에 의해 시작되고 입헌파와 일부 개량주의자의 동조로 끝맺은 신해혁명이었다. 신해혁명은 2,000년 넘게 중국을 좌우했던 황제체제를 붕괴시켰다.

중국공산당의 출현과 좌절

신해혁명이 성공하자 많은 중국인들은 곧 중국의 변혁이 뒤따르리라고 생각했다. 하지만 정치체제의 변혁이 사회와 문화 사상의 개조를 보증하지는 않았다. 이때 천두슈陳獨秀가 중국의 생존과 발전을 위해 사람들의 각성을 통한 새로운 중국과 중국인의 형성을 강조하면서 『신청년新靑年』이라는 잡지를 발간했다. 이후 천두슈와 후스胡適를 비롯한 중국의 지식인들은 새로운 모델을 찾아 헤맸다. 그 가운데에서 중국인에게 가장 현실성 있는 모델로 다가온 것은 1차 세계대전 이후 새로운 강대국으로 등장한 미국과 1917년 10월 혁명 이후 새롭게 급부상했던 소련이었다. 이 두 나라는 20세기의 유토피아였다.

이때 동아시아에서 가장 먼저 서구를 쫓아 변혁에 나섰던 일본이 끊임없이 중국을 침략했다. 그리고 1차 세계대전의 결과를 처리하는 베르사유 회의에서 산둥山東 반도를 자신들의 지배권 아래에 두고자 했다. 이에 분노한 산둥 출신 중국인들과 학생들은 1919년 5월 4일 베이징의 천안문天安門에서 항의 시위를 시작했다. 이른바 5·4운동의 발발이었다. 운동은 대표적인 매국노인 차오루린曹汝霖 등 3명의 파면과 조약 거부라는 부분적 성공으로 끝났다. 학생과 지식

1912년 2월 15일 청왕조가 붕괴된 3일 후 난징임시정부 요원들과 명효릉에서 기념사진을 찍었다. 가운데 쑨원의 모습이 보인다.

장제스와 마오쩌둥이 국공합작 때 찍은
기념사진

장제스와 쑹메이링

인들을 중심으로 해서 중국의 앞길에 대한 본격적인 고민이 광범위하게 시작되었다.

러시아혁명 이후, 소련식 공산주의는 세계 지식계의 새로운 조류였다. 세계의 대세에 뒤쳐져있는 조국의 안타까운 현실에 갑갑해 하던 일부 중국의 지식인과 청년들은 1921년에 천두슈를 중심으로 해서 중국공산당을 만들고 노동운동에 뛰어들었다.

그렇지만 이들은 중국 사회를 구해내기에는 너무나 소수였다. 자신들의 순수성을 지켜나갈 것인가, 아니면 사회에 대한 영향력을 확대하기 위해 다른 정파와 연합할 것인가. 이들은 1923년 2월에 발생한 노동운동의 결과로 조직이 궤멸하자, 소련의 강요에 따라서 1924년 1월 쑨원孫文의 국민당에 참여하는 제1차 국공합작을 수행했다. 이제 국민당과 공산당에 의한 '국민혁명' 운동이 본격적으로 시작되었다.

당시 중국공산당은 "인류의 미래가 공산주의 사회에 있지만, 중국은 곧바로 공산주의 사회로 나아가기에 정치·경제·사회 전반에서 부족한 점이 너무나도 많다"고 생각했다.

그들은 이것을 위한 준비 작업으로 자유민주주의의 정치체제와 근대 자본주의 사회체제를 담보해내는 국민국가 건설에 착수했다. 중국공산당의 입장을 적극적으로 동조하는 국민당 좌파와 중국공산당의 합작에 의해 이룩되어야 했다. 한편 중국국민당은, 중국의 미래사회는 삼민주의 사회에 있다고 생각했다. 삼민주의 사회란 중화민족이 중화민국을 통치하는 민족주의, 중화민국의 구성원인 국민이 중화민국의 주인인 민권주의 및 국민들의 생존 문제와 빈부 격차를 해결하는 민생주의의 사회였다. 그리고 이때 이러한 시대적 사명을 자각한 사람들이 모인 국민당이 중국 사회를 이끌어 가는 것이 중요했다.

소수 집단이었던 이들은 처음에는 내재한 여러 모순에도 불구하고 서로 힘을 합했지만, 1926년에 시작된 북벌전쟁이 성공적으로 진행되자 곧 대립과 분열을 시작했다. 북벌北伐전쟁의 주인공인 장제스蔣介石는 공산혁명의 성공 가능성에 두려워했던 일본 세력과 중국인 자본가들의 지원을 바탕으로 국공합작을 파괴하고, 공산당과 노동자 세력을 국민당에서 축출했다. 그 뒤 쑹메이링宋美齡과 결혼한 장제스는 국민당 세력을 확실히 확보하고, 각지의 군사 세력 사이에서 주도권을 잡은 뒤, 1928년에 난징南京에서 국민정부를 수립했다. 이제 장제스는 중화민국을 근대 사회와 국민국가로 만들 책임과 함께 수행 방향을 정할 수 있는 권한을 얻었다.

반면에 국민당에서 축출당한 중국공산당은 엄청난 물적·인적 피해를 입었다. 한때 57,000여 명까지 급증했던 공산당원들은 장제스 등의 탄압을 받아 많은 사람들이 사망하거나, 탈당하거나, 조직과 관계가 단절되었다. 그럼에도 불구하고 중국공산당이 기존의 다른 농민반란 세력처럼 붕괴하지 않았던 데에는 여러 가지 원인이 있었다.

첫째, 조직 구성원들의 사명 의식이었다. 그것은 근본적으로 종교적인 신념과도 비슷했다. 대다수 당원들은 공산주의가 중국의 미래를 담보할 사상이라고 믿었다. 그러한 믿음은 중국의 문제점과 중국의 미래에 대한 공산주의자의 설명이 설득력을 갖고 있었던 것과 함께 공산주의 사상이 20세기 전반기 세계에서 갖고 있던 영향력에 힘입은 바도 컸다.

두 번째, 중국공산당의 조직력이었다. 중국공산당은 1920년부터 1927년

의 초창기 8년에 걸쳐 자신들의 조직을 강화하는 여러 조치를 취했다. 특히 이들이 강조했던 엄격한 규율과 철저한 복종은 당시 가정에서 벗어나 처음 직면하는 사회생활에 고통스러워했던 젊은이들에게 소속감을 부여했다. 그 결과 난징 국민정부의 잔혹한 박해 속에서도 많은 젊은이들이 자신의 생활과 목숨을 걸고 혁명운동에 종사하도록 만들었다.

세 번째, 중국 내부의 정치 상황과 이것을 적절하게 이용할 수 있었던 중국공산당 지도부의 능력이었다. 당시 중화민국은 통일된 중앙권력이 없었다.

장제스는 상하이와 난징 부근만을 실질적으로 통치했고, 각 지역은 독자적인 군대를 갖고 있던 군벌에 의해 지배되었다. 그래서 중국공산당은 각 정치세력 중간의 권력 공백 지역을 이용해 생존할 수 있는 여지를 발견할 수 있었다. 그 대표적인 인물이 마오쩌둥이었다.

일생동안 끊임없이 투쟁과 반란을 주도하여 전통 중국의 기존 질서를 파괴했고, 그 결과 새로운 중국의 건설을 위한 토대를 마련했던 마오쩌둥은 1893년 12월 26일에 후난성 사오산에서 부유한 농부의 맏이로 태어났다. 그는 어려서 고전을 배우는 한편, 개혁을 주장한 캉유웨이康有爲와 량치차오梁啓超에 심취했다. 그 뒤 베이징대학 도서관에서 아르바이트를 하면서 천두슈와 리다자오李大釗의 영향을 받고 1920년 공산주의자가 되었다.

연속극 〈편지랑연遍地狼煙〉2012, 영화〈신해혁명辛亥革命〉2011, 〈1942-一九四二〉2012, 〈건국대업建國大業〉2009
2011년, 신해혁명 전후의 중국항일투쟁 관련 영화와 드라마가 국가의 후원 속에서 많이 제작되었다. 항일 전쟁 영화가 황금시간 대에 자주 방영되자 지나친 애국심 고취라는 의심을 받기도 했다.

고향에 돌아가서 농민운동에 눈뜨게 된 마오쩌둥은 1927년 8월에 국공합작이 결렬되자 폭동을 일으킨 뒤, 징강산으로 올라가서 주더朱德와 함께 홍군을 창설했다. 마오쩌둥만 농촌에서 공산혁명을 지속했던 인물은 아니었다. 푸젠과 저장에서는 팡즈민方志敏이 이끄는 민저간閩浙贛 근거지, 장궈타오張國燾가 이끄는 어위완鄂豫皖 근거지, 리우즈단劉志丹의 샨베이陝北 근거지 등이 있었다.

그렇지만 가장 넓고 강력한 세력은 마오쩌둥이 이끄는 중앙 소비에트였다. 그는 1931년에 정부 주석이 되었다. 한편 그는 1930년 12월부터 시작되어 1933년 3월까지 계속되었던 4차례의 장제스의 공격을 막아내고 세력을 확대했다. 현지 농민들의 지원을 바탕으로 한 그의 게릴라 전투 방식은 장제스의 정규군을 성공적으로 격퇴했다. 동시에 일본군의 간헐적인 침략은 공산당 세력에게 숨 쉴 수 있는 여지를 마련했다.

이러한 성공은 마오쩌둥에게 중국 농민에 대한 믿음을 강화시켰다. 처음 마오쩌둥은 다른 공산당원과 마찬가지로 노동자의 파업운동 등을 통해 공산주의를 실현하려고 했다. 하지만 1927년 도시에서의 혁명 활동이 실패하자, 그는 노동자의 혁명 역량을 불신하고 반反도시적인 편견에 사로잡히게 되었다. 반면에 중앙 소비에트부터 본격화된 무장투쟁에서 매일매일 대면했던 농민들의 자발적인 혁명 활동과 잠재적인 가능성을 찬양하게 된다. "중국에서 농민과 농촌 사정을 이해하지 못하면 중국의 실정을 알지 못하게 된다. 가난한 농민이 없었다면 중국 혁명도 있을 수 없었다. 한시라도 농민을 잊어서는 안 된다."

소설 『1942』는 전쟁의 잔혹함을 잘 보여주고 있다. 류전윈劉農雲의 소설을 각색한 영화는 전쟁속에서 가족이 해체되는 과정을 참혹하게 표현하고 있다.

대장정과 중국공산당의 승리

　그러나 현실은 그렇게 간단하지 않았다. 1927년 이후 공산당의 총책임자들은 가장 많은 노동자가 거주하던 상하이에서 활동했다. 이들은 혁명 활동에 실패할 때마다 소련의 지시에 따라 그 책임을 지고 물러났다. 몇 차례의 교체 이후 1931년 1월에는 소련에서 귀국한 왕밍王明이 중국공산당 총서기에 취임했지만, 난징 정부의 철저한 탄압을 받자 소련으로 돌아갔다. 한편 왕밍의 측근인 보구博古가 중앙 소비에트로 도망왔다. 보구는 루이진으로 오자마자 곧 마오쩌둥을 우파 세력이라 비난하면서 지도부에서 축출했다.

　한편 장제스는 중국 내 각 지역의 반대 세력을 진압하고, 세계대공황에 따른 경제 위기를 어느 정도 극복했다. 다른 한편, 일본과의 타협을 이룩한 뒤에 자신을 가장 위협하고 있는 공산당을 섬멸하기 위해 독일의 명장 폰 제크트를 영입하여 진지전 전투 방식을 채택했다. 반면 중국공산당은 마오쩌둥의 게릴라 방식 대신에 새로 부임한 오토 브라운의 제

마오쩌둥과 대장정

안에 따라 전면전을 선택했다. 이후 국민당과 공산당 사이에서는 간헐적으로 몇 차례 전투가 전개되었는데, 그때마다 홍군은 인적, 물적으로 커다란 타격을 받았다. 드디어 홍군은 1934년 4월에 광창에서 8,000명의 사망이라는 결정적인 타격을 입었다.

마오쩌둥 홍군의 대장정 경로

이제 중국공산당은 더 이상 중앙 소비에트 지구에서 자신들의 세력을 유지시킬 수 없었다. 1934년 10월 16일 보구, 저우언라이周恩來, 오토 브라운으로 구성된 공산당 지도부는 86,000명의 홍군을 이끌고 대장정大長征을 시작했다. 한편 만명의 부상병을 포함한 3만명의 잔존 병력은 천이陳毅와 허룽賀龍의 지휘 아래 중앙 소비에트 지구에 잔류했다. 대장정에 나선 홍군은 처음 한 달 동안 장제스가 상황을 제대로 파악하지 못한 덕분에 큰 위험 없이 지낼 수 있었다.

하지만 11월 중순에 이르러 국민당군의 포위 공격 속에서 3만여 명만 남게 되었다. 점점 자신들의 고향을 벗어나 어디론가 정처 없이 헤매고 있는 상황에서 홍군들은 지휘부를 신뢰할 수 없었고, 그들 대신 마오쩌둥이 다시 등장한다. 마오쩌둥은 명확한 상황 판단과 방향 제시를 통해 많은 동료들의 지지를 받았고, 1935년 1월 구이저우성의 쭌이遵義에서 중국공산당 중앙정치국 상무위원에 복귀한다. 이후 그는 장제스도 다른 어떤 공산당원도 예측할 수 없는 진군을 통해 중국 서북의 오지에서 완전히 섬멸될 수 있었던 위기를 넘겼다. 진사강, 다두허, 대설산, 대초원의 위험 지대를 포함한 12,500㎞의 행군을 성공적으로 이끌고, 6,000명의 병력과 함께 10월 19일 산

베이의 우치전에 도착했다.

　마오쩌둥을 중심으로 한 중국공산당은 옌안延安에 주둔하면서 1937년 7월 7일부터 시작된 일본의 중국침략에 맞서는 항일전쟁을 전개했다.

　항일전쟁과 국공내전이 전개된 1937년부터 1949년 사이에, 마오쩌둥은 그의 사상의 기반을 완성했다. 우선 그는 농민 대중의 지지를 어떻게 하면 확보할 수 있으며, 그들을 어떻게 투쟁으로 동원할 것인가에 대해 고민했다. 그 결과 농민의 지지를 확보하려면 무엇보다 농민들을 실질적으로 지켜줄 수 있는 군사적 방어력을 갖추어야 함을 깨닫고, '무장투쟁론'과 '유격전' 이론을 제창했다. 또한 공산당의 절대적인 지도 아래 있는 군대와 정부를 바탕으로 한 공산당 세력의 근거지를 만들어야 한다는 '근거지론'을 주장했다. 이어서 근거지가 설립된 농촌이 강력한 제국주의와 봉건 세력이 자리 잡은 도시를 포위한다는 '중국혁명론'을 제시했다.

　동시에 마오쩌둥은 '마르크시즘의 중국화'를 추구하면서 『실천론』과 『모순론』을 발표했다. 그리고 중국공산당이 승리하기 위해서는 자본가 세력을 양분한 뒤, 그들 가운데 민족적인 입장을 갖고 있는 사람들과 연합해야 한다는 '통일전선론'을 제시했다. 『신민주주의론』, 1940 또 미래의 중국은 소련이나 미국과 같은 방식이 아닌 제3의 길을 추구하는 새로운 국가를 건설할 것임을 밝혔다. 『연합정부론』, 1945

　그러한 가운데 1942년 옌안에서 실시한 정풍운동은 중국공산당의 역량을 강화시켰고, 공산당의 중국화를 이룩했으며, 마오쩌둥의 위상을 높였다. 그 결과 1943년 3월 20일 중국공산당 중앙정치국 회의에서 "마오쩌둥에게 정책의 최종 결정권을 부여한다"라는 결의가 통과되었다. 마오의 절대 권력이 확립된 순간이었다. 이어서 공산당은 국민당과 내전을 벌인 끝인 1949년 10월 1일에 중화인민공화국을 수립했고, 마오쩌둥이 중앙정부 주석에 취임했다.

중화인민공화국의 수립과 중국공산당의 모색

　　1949년 10월 중화인민공화국이라는 사회주의적 국민국가를 건설한 직후, 마오쩌둥은 소련에서 2개월 남짓 체류하면서 소련의 지원을 확보했다. 이후 중국공산당은 토지 개혁을 바탕으로 한 합작사 운동 및 도시의 공업과 수공업 분야의 개혁을 통해 중국을 사회주의 사회로 개조하고자 노력했다. 처음에 마오쩌둥을 비롯한 지도부는 그 과정이 15년 정도 걸릴 것이라고 생각했다.

　　하지만 제1차 5개년 계획의 급속한 성취와 함께 세계정세의 변화로 인해 모든 계획이 급변했다.

　　1956년에 개최된 소련 공산당 20차 대회에서 흐루시초프가 스탈린을 비판하자, 마오쩌둥은 자신을 세계 공산주의의 새로운 대표로 간주했다.

　　그리고 중국은 소련 모델과 다른 사회주의 체제를 건설하겠다는 내용의 『10대 관계를 논함』을 발표했다. 그것은 공업과 농업, 연해와 내륙, 경제와 국방, 중앙과 지방, 당과 당 외부의 관계에 균형을 유지하자는 것이었다. 다음 해에는 '백화제방, 백가쟁명'을 통해 체제의 공고화를 추진했다.

　　마오쩌둥은 1958년에 사회주의 건설을 위해 대중을 적극적으로 동원하는 대중노선을 주장했다. 특히 서구에 비해 많이 뒤쳐져있는 중국의 객관적인 상황을 극복하기 위해 중국인들의 주관적인 능동성을 강조했다.

　　이것이 그 유명한 중국의 독자적인 발전론인 '대약진 운동'이었

1949년 톈안먼에서 중화인민공화국 수립을 발표하는 마오쩌둥

현대 중국의 속내를 들여다보다

●

269

문화대혁명 때 어린 홍위병이 노래를 부르고 있다.

다. 중국공산당은 중국식 사회주의를 대표하는 방식으로 생산과 소비, 문화와 교육, 군사를 결합한 자급자족의 지역 공간을 목표로 한 인민공사를 조직했다. 하지만 이 실험은 천오백 만에서 4천 만으로 추산되는 아사자를 낳고 실패로 끝났다.

신중국 건설로부터 10년이 흐른 1960년대 초반, 중국이 직면했던 문제에 대한 해결책은 과거의 인물인 그가 제시할 수 없었다. 그러나 이미 아집에 찬 노인은 자신의 권위가 무시당하는 것을 견딜 수 없었다. 자신의 주장이 올바르다고 믿었던 그는, 자신의 후계자인 류사오치劉少奇가 경제 효율을 중시하자 후계자가 혁명과 공산주의를 배반했다고 판단했다. 이제 과제는 중화인민공화국 내부에 존재하는 인민의 적인 자본주의의 길로 나아가는 '주자파'를 타도하는 것이었다. 더욱이 당시 전 세계적인 전쟁분위기 속에서 중국은 남쪽에서 미국, 북쪽에서 소련의 위협에 직면했다. 자신의 모든 성취가 위협받는다고 생각한 마오쩌둥은 '계급투쟁을

절대로 잊지 말자!'라는 구호 아래 문화대혁
명을 추진했다.

1966년 5월 16일 『중공중앙 통지』로부터
시작된 문혁은, 모든 기존 권력과 권위를 공격
할 것을 선동한 '나의 대자보─사령부를 포격
하자'를 통해 정치·사회·문화적 변혁을 추
구하는 권력 투쟁으로 발전했다. 당시 그의 지
시는 '한마디가 1만 마디와 맞먹는 것'으로 모
두 '최고 지시'였다. '주석의 최신 지시'가 발
표되면 밤낮을 가리지 않고 신속하게 전국에 전
파되었고, 사람들은 천안문 광장에 모여 군중집
회를 개최해 환호했다.

■
린뱌오 사건
중국공산당 부주석 린뱌오林彪가 주석 마
오쩌둥毛澤東 암살계획에 실패하여 공군
기로 도망하려다 몽골에서 추락한 것으
로 1972년 중국 당국이 공표한 사건

마오쩌둥은 자신의 이상을 계속 추구할 수 있는 권력을 다시 확보하자, 문
혁을 지속적으로 추진할 세력인 사인방과 국가 권력의 기반을 유지할 군 세
력인 린뱌오林彪를 좌우에 두고 혁명과 국가 건설을 계속하리라 생각했다. 그
러나 1970년대 들어서면서 국제정세가 변화되었고, 린뱌오가 중화인민공화
국을 운영하기에 부적절한 인물이라고 인식하게 되자, 마오쩌둥은 린뱌오를
축출했다.1971.9. 린뱌오 사건 이후 그는 국가를 운영할 집단으로 저우언라이와 덩
샤오핑鄧小平을 중심으로 한 공산당 간부파를 재등용했다. 죽음에 임박해서는
화궈펑華國鋒을 정점으로 한 집단을 배치하고 1976년에 사망했다.

덩샤오핑의 개혁개방과 21세기 신중화제국의 등장

마오쩌둥의 사망 직후 중국을 통치했던 것은 당의 실권을 장악했던 화궈펑華國鋒과 군 세력이었다. 이 연합은 10월 6일 장칭을 비롯한 4인방을 체포했다. 이후 중국 공산당 내에서는 마오쩌둥을 절대화하면서 '마오쩌둥은 무조건 옳다'는 화궈펑의 범시파凡是派와 '모든 행위는 사실과 행위의 결과에서 구해야 한다'는 덩샤오핑의 실사구시實事求是파가 대립했다. 결국 1978년 12월 중국공산당 제11기 3중전회에서 덩샤오핑이 승리했다.

이후 덩샤오핑은 공산당의 집단지도체제를 형성하면서 농업·공업·과학기술·국방의 4개 현대화를 목표로 내세웠고, 국가 통치의 4가지 기본원칙으로 사회주의의 길·프롤레타리아 독재·중국공산당의 지도·마르크스 레닌주의와 마오쩌둥 사상을 제시했다. 덩샤오핑은 우선 과거에 비판받았던 많은 지식인들과 일부 당원들을 복권시켜 인재를 확보하는 한편, 정치·경제·사회·문화의 개혁을 추진하기 시작했다. 이러한 개혁의 핵심은 인민의 경제적 욕구를 인정하는 것이 바탕이었다. 특히 대외개방을 통해 자본과 기술의 도입을 추구했다.

개혁 개방은 중국사회에 민주화에 대한 욕구를 불러일으키기도 했다. 그 결과 몇 차례 대규모의 대중시위가 일어났는데, 가장 커다란 영향을 끼친 것은 1989년 6월 4일 일어난 천안문사건이었다.

이 사건에 100만 명의 시민이 참가했고, 문화대혁명의 재현을 우려하는 공산당 원로들의 탄압으로 공식적으로 200여 명의 사망자가 발생했다.

하지만 덩샤오핑은 중국의 개혁개방 지속을 강력하게 주장했다. 몇 년간의 조정 뒤인 1992년, 덩샤오핑이 초기에 개방했던 선전深圳을 방문해서 개혁개방의 지속과 각종 경제개혁의 추진을 공식적으로 지지했다. 이후 중국

공산당은 장쩌민江澤民의 지도 아래 사람들의 정치적 욕구를 억누르면서 경제 발전에 더욱 치중했다. 이때 해외에 거주했던 화교들은 저임금을 비롯한 중국 경제의 이점을 이용하고자 본격적인 투자를 시작했다. 그들은 클린턴 정부 시기의 세계경제의 확대에 힘입어 대규모 수출경제를 이룩했다.

덩샤오핑이 사망한 직후인 1997년에는 홍콩을 반환받으며 정치적인 자존심도 회복했다. 중국은 1997년 아시아 경제위기에도 불구하고 장쩌민과 주룽지를 중심으로 한 공산당 지도부의 정치안정을 바탕으로 수출경제의 급격한 성장을 이룩했다. 이어서 부시 정부 시기 국제무역에서 중국의 위상은 결정적으로 확대됐다. 내수시장에 대한 착실한 성장도 진행되었다. 그와 함께 후진타오胡錦濤를 중심으로 한 새로운 중국공산당 지도부가 세계 속에서 중국의 위상을 착실히 높였다. 2008년 세계경제위기를 맞이하면서 중국은 미국과 함께 G2의 반열에 올라섰다.

1989년 6월 4일 천안문사건

왼쪽부터 덩샤오핑, 장쩌민, 후진타오, 시진핑

중국공산당이 이끈 거대한 경제적 부의 성취는 너무나 미흡한 문화 수준과 대비된다. 주변국은 중국을 몸만 커진 중학생과 다를 것 없는 위협으로 받아들인다. '제국帝國' 중국은 현실로 다가왔다. 하지만 '중국식 사회주의'의 실체는 아직도 불분명하다. 대부분의 사람들이 현재의 중국을 실질적인 자본주의 사회로 간주하지만, 『민법전』의 부재는 치명적이다. 인간·토지·화폐의 자본주의적 자유화조차 쉽지 않을 것이다.

21세기 중국은 어떻게 발전할 것이며, 어디로 나아갈 것인가? 한편에서는 유토피아의 길을 중국식 사회주의와 함께 주장하고, 다른 한편에는 인류의 보편적 이상인 자유와 개인의 권리를 강조한다. 이것이 당 권력투쟁 차원에서는 광둥성 당서기 왕양汪洋과 충칭시 당서기 보시라이薄熙來의 암투로 전개되고, 지식인 사이에서는 유토피아烏有之鄉, Utopia와 염황논단炎黃論壇의 치열한 논쟁으로 이루어졌다. 앞으로 우리는 이들의 전쟁이 어떻게 결판날지 주목해야 할 것이다.

▶ 장제스와 타이완의 번영

한편 장제스는 전투 상황이 악화되자 1948년 말 측근인 천청陳誠을 타이완성 주석에 임명해 미래를 대비했다. 1949년 당시 36,000㎢의 면적에 750만 명의 인구가 있었던 타이완은 50여 년간 일본의 식민지였다. 갑자기 100여만 명의 피난민이 대륙에서 진주하자 원주민과 피난민 사이에는 긴장이 조성됐다. 장제스는 이를 무력으로 억누르고 피난 정부를 수립해 1950년 3월 총통에 재취임했다. 장제스에게는 다행스럽게도 1950년에 한국전쟁이 발생했다. 미국 7함대의 군함들이 타이완 해협을 지키게 되었고, 국민당 정부는 안정을 되찾을 수 있었다.

장제스가 타이완에서 맨 처음 생각한 것은 대륙 상실의 원인이었다. 그는 기득권 세력이 적었던 그곳에서 실천에 나섰다. 장제스는 우선 여론의 지지를 회복하는 게 필수적이라고 판단했다. 이후 1952년에 4대가족의 일원이면서 비밀경찰을 이끌어 많은 사람들의 비판을 받던 천궈푸와 천리푸를 제거한다. 또 오랫동안 정권을 장악하고 부정부패를 일삼았던 국민당의 원로들을 축출하고 신인을 대규모로 등용했다. 대륙에서 이송한 황금을 바탕으로 화폐개혁을 실시하기도 했고, 월 7%라는 고금리 정책으로 저축을 장려함으로써 인플레이션을 해결했다. 동시에 기존의 50%에 이르던 소작료의 1/4을 감면하는 '375감조'를 실시하면서, 국유지를 싼값에 분양하는 농지개혁을 성공적으로 실시했다. 장제스는 1975년 4월 5일 사망할 때까지 26년 동안 타이완을 통치하면서 '아시아의 네 마리 작은 용' 가운데 하나로 발전할 수 있는 기반을 닦았다.

소수민족과 하나의 중국정책

2012년 2월 11일 중국 쓰촨四川성 티베트족 자치구인 아바阿壩현에서 10대 여승이 자신의 몸에 불을 질렀다. 앞서 8일에도 한 승려가 분신하는 등 최근 3년간 티베트인 20여 명이 불속에 몸을 던졌다. 비단 승려뿐만이 아니다. 여중생과 농민 등 일반인이 분신했다는 소식도 들려왔다. 사건 발생 후 분신자살한 사체를 놓고 티베트 승려들과 중국 공안이 대치하여 사상자가 발생하는 등 긴박한 상황도 여러 차례 있었다.

베이징올림픽2008과 중화인민공화국 성립 60주년2009을 전후로 티베트·신장·네이멍구에 이르기까지 소수민족들의 움직임이 심상치 않았다. 최근 G2라고 불릴 만큼 눈부신 경제성장을 하고 있는 중국이지만, 그에 따른 사회적 문제도 만만치 않게 수면위로 떠오르고 있다. 그중의 하나가 곧 소수민족문제이다. 중화인민공화국 성립1949 후 중국 정부는 55개 소수민족을 지정하여 자치구를 지정하고 다양한 소수민족 우대정책을 실시했지만, 저항은 누그러들지 않고 있다. 때문에 중국은 개혁개방정책 실시1978 이후부터 다양한 프로젝트, 예를 들어 서남공정西南工程, 서북공정西北工程, 동북공정東北工程, 서부대개발 등을 통해 소수민족에 대한 종합적인 조사, 연구는 물론 적극적인 경제개발정책을 시행하고 있다.

그러나, 이러한 프로젝트가 '소수민족들을 위한 정책'임을 대대적으로 표방함에도 불구하고, 해당지역 소수민족들의 기대와는 다른 결과를 낳고 있다. 더욱이 몇 년 전까지도 한중역사분쟁의 주요점이었던 '동북공정'은 중국 소수민족문제가 우리와 무관하지 않다는 것을 여실히 보여줬다. 우리가 중국의 소수민족문제에 관심을 가져야 할 이유가 바로 여기에 있다.

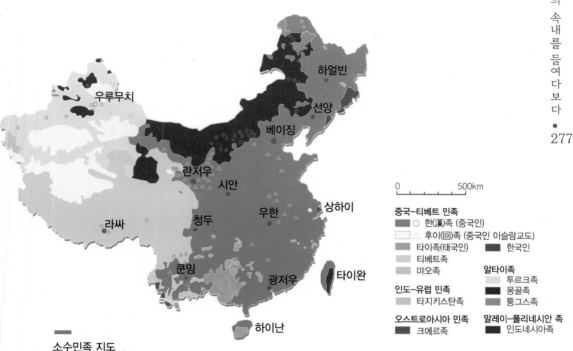

소수민족 지도

▶ 중국의 소수민족과 중화민족

　　중국은 한족과 55개의 민족으로 구성된 다민족 국가이다. 2010년 중국 통계국이 발표한 자료에 의하면, 한족이 중국 전체 인구13억 7,053만 6,875명 가운데 91.51%를 차지한다. 나머지 8.49%가 소수민족이다. 소수민족 중에는 쫭족壯族 인구구성이 1,800만 명 이상으로 제일 많고, 그 다음으로 만저우족滿洲族, 1,000만 명, 후이족回族, 1,000만 명, 위구르족維吾爾族, 320만 명, 몽골족蒙古族, 580만 명 순서이다. 티베트족짱족藏族, 540만 명과 조선족朝鮮族, 219만 명도 적지 않은 수를 차지하고 있다. 중국 정부는 5개 자치구自治區와 30개 자치주州, 120개 자치현縣에서 이들 소수민족의 자치를 허용하고 있다.

　　사실, 인구 면에서 소수민족은 그다지 큰 비중을 차지하지 않는다. 그러나 중국 정부는 재정 투자를 비롯하여 많은 시간과 노력을 소수민족문제에 쏟아 붓고있다. 그 이유는 첫째, 소수민족이 거주하고 있는 자치 지역의 면적이 총 616만㎢로서 전체 국토의 64.3%를 차지하고 있기 때문이다.

만약 각 소수민족이 구소련처럼 분리 독립해 나간다면, 현 중국의 국토가 반 이상 줄어드는 셈이다. 둘째, 소수민족 90% 이상이 국경지역에 거주하고 있기 때문이다. 국경지역은 주변국가 내 동일민족들이 중국 소수민족들의 동향에 지대한 영향을 미칠 뿐 아니라 중국의 소수민족 문제가 주변국가와의 관계에도 적잖은 영향을 미친다. 따라서 소수민족문제는 중국의 대외관계에 있어서도 매우 중요하다. 셋째, 소수민족 지역에는 석유, 석탄, 금을 비롯한 주요 지하자원이 다량 매장되어 있다. 요컨대, 소수민족 문제는 중국의 정치, 경제, 외교, 안보 등의 측면에서 무시할 수 없는 중요한 부분이며, 이 지역의 안정은 중국 전체의 안정과 발전에 무엇보다 중요하다.

이미 중국정부는 1949년 중화인민공화국 탄생 때부터 소수민족에 대한 조사를 실시하였으며, 이 후 다년간에 걸친 몇 차례 인구조사를 통해 55개 소수민족을 지정하였다. 기타 소수민족들이 존재하고 있지만, 수적으로 많지 않고 풍습 또한 한족에게 동화된 경우가 대부분이다. 고유한 역사와 문화, 특히 종교적으로나 인접 국가의 동일 민족과의 연계를 통해 중국 정부에게 가장 저항적인 경우가 시짱 티베트족과 신장위구르족이다. 이미 잘 알려져 있다시피 티베트족은 달라이 라마로 상징되는 정신적 지도자가 있고, 2011년 망명정부 총리로 취임한 롭상 상가이가 정치 지도자 역할을 맡고 있다. 신장위구르족 역시 이슬람교를 믿는 투르크계 중앙아시아 국가들과 종교 · 문화적 연대성이 높다. 따라서 개혁개방정책 실시 이후 이들 소수민족에 대한 정책이 집중적으로 진행됐다.

1. 티베트 _{시짱자치구}

티베트_{시짱西藏}의 면적은 120만㎢로 중국 전체의 1/8_{대한민국의 12배}을 차지한다. 청나라 강희제_{康熙帝}때 명명된 '시짱'이라는 명칭이 현재까지 사용되고 있다. 티베트인은 티베트 지역뿐만 아니라 칭하이_{青海}성, 간쑤_{甘肅}성, 쓰촨_{四川}성, 윈난_{雲南}성 등에 분포하고 있다.

티베트는 9세기 중엽까지 중앙아시아에서 왕국을 유지하고 있었다. 이 시기 티베트는 토번_{吐蕃}이라 불렸고, 고유한 문자를 사용했다. 당 태종이 토번의 요구를 받아들여 문성공주_{文成公主}를 시집보냈고, 그녀가 티베트-당의 결속과 문화 전파에 크게 기여한 점은 이미 유명한 일화이다.

티베트 본토의 세속적 정신적 통치자는 달라이 라마이다. 그는 라싸의 포탈라 궁에 거처하며 사람들에게 활불_{活佛}로 추앙받았다. 티베트에 대한 중국의 강력한 영향력은 청대 이후부터이다. 1792년 티베트-네팔 전쟁에 대한 건륭제_{乾隆帝}의 군사 개입 때 정점에 달했다. 그러나 이후 다시 서서히 쇠퇴했다.

사실 청 정부와 티베트인들은 황제와 달라이 라마의 관계를 완전히 다른 관점에서 바라보았다. 청의 입장에서 보면 달라이 라마는 강력한 성직자이며 신성한 존재이지만 그럼에도 불구하고 황제의 보호를 받고 있는 자였다. 티베트인의 관점에서 보면 황제는 단지 달라이 라마의 세속 후원자일 뿐이었다. 이는 티베트인들이 달라이 라마의 지위를 청 황제의 지위보다 높게 보고 있다는 것을 의미했다. 청의 관리 또한 내지 성_省과 달리 티베트 지역 일에는 거의 간섭하지 않았고 토착적인 권력구조를 유지하며, 지방의 제도들을 그대로 보존시켰다.

티베트의 상징인 포탈라궁과 중국의 상징인
오성홍기가 묘한 대비를 이룬다

1912년 청나라가 멸망한 이후에는 13대 달라이 라마가 중화민국으로부터 완전한 독립을 선언했다. 중화민국은 이를 인정하지 않았지만, 티베트에 대한 통제권은 상실할 수밖에 없었다.

이후 제2차 세계대전이 종결되고 인도가 독립할 때 티베트도 다시 독립을 선언했다1947. 그러나 1949년 중화인민공화국이 건국되면서 마오쩌둥은 티베트 독립 무효를 선언하고, 1950년 10월 7일 중국군이 티베트를 공격했다. 결국 티베트는 한국전쟁에 집중된 국제연합UN의 도움을 받지 못한 채 중국으로 편입되었다. 당시 중국은 티베트인들을 봉건사회의 박해로부터 해방시켰다고 주장했다. 이후 1959년 달라이 라마 주도의 대대적인 봉기를 일으켰으나 이 역시 실패하고, 일부 티베트인들과 함께 인도에 망명정부를 세워 달라이 라마는 인도로 건너갔다. 1965년 티베트에는 시짱자치구西藏藏族自治區가 설립되었다.

2. 신장위구르자치구

신장의 면적은 166.49㎢로 중국 전체의 1/6대한민국의 17배을 차지한다. 몽골·러시아·카자흐스탄·키르기스스탄·타지키스탄·아프가니스탄·파키스탄·인도 등 8개 국가와 국경을 접한다. 이러한 이유로 신장은 국가 안보 면에서 매우 중요한 지역이다.

신장은 톈산天山산맥을 끼고 현저히 다른 두 개의 지역이 나타난다. 톈산 이남은 동투르키스탄 지역으로 농작지대이며, 이북은 준가르로 스텝지역이다. 1755년 청 건륭제乾隆帝가 이곳에서 발생한 반란을 진압한 뒤 신장은 청의 영향력으로 들어갔다. 당시 청조는 민정관할권을 갖고 있었지만 티베트와 마찬가지로 내부 문제에 관해서는 가능한 한 간섭하지 않았다.

위– 신장위구르자치구와 시짱자치구
아래– 신장위구르자치구의 성도인 우루무치시

신장의 관리들은 "자신들이 통치하는 사람들의 언어와 관습을 존중하려고도 또 배우려고도 하지 않았으며," 청 정부는 이슬람과 지방 관습에 대해서도 불간섭정책을 유지했다. 위구르족은 동투르키스탄의 회력回曆. 이슬람 달력을 사용했고, 전통복장을 입을 수 있었다. 1864년 무슬림 반란으로 청은 잠시 이 지역에 대한 통제력을 상실했지만, 1884년 직접 관할하의 '성省'을 설치해서 새로운 영토라는 뜻의 '신장新疆'이라고 명명했다. 청나라 멸망 후 1930년대에는 위구르족이 중심이 된 '동투르키스탄 독립운동'이 활발히 전개됐다. 1944년 9월 위구르인들을 비롯한 소수민족들이 '중국정부를 타도하자'는 구호를 외치며 독자적인 임시정부를 수립, '동투르키스탄'을 건국했다. 하지만 1949년 중국군의 공격을 받고 중국의 지배로 편입되었으며, 1952년 '중화인민공화국 민족구역자치실시강요'에 따라 "중국 영토로서 분리할 수 없는 일부분"이자 "중앙인민정부가 통일적으로 지도하는 1급 지방정권"이 되었다. 1954년 신장에는 '신장위구르자치구新疆維吾爾自治區'가 설치되었다.

이렇듯 티베트와 신장은 민족적 차이뿐만 아니라 역사적, 문화적으로 중국과 완전히 별개의 길을 걸어 온 소수민족이다. 그러나 중국 정부는 현재 한족을 중심으로 한 '민족 통합'을 지향하며, '중화민족'이라는 이름으로 이들 모두를 통합시키려 하고 있다. 여기서 '중화민족'이란 '현재 중국 영토 내에 존재하고 있는 한족 및 소수민족뿐만 아니라 과거 중국 강역 내에 살아왔던 모든 민족 집단까지 포함한' 종합적인 개념이다. 이는 중국 학자인 페이샤오통費孝通이 '다원일체론多元一體論'을 제기한 이후 중국 민족문제의 핵심 개념으로 자리 잡았다. 그가 말한 다원일체란 "여러 민족이 각 구성원이 되어 보다 큰 하나의 공동체國家를 형성한다"는 의미이다. 이를 바탕으로 한족을 중심으로 한 56개의 민족이 합쳐 '중화민족'이라는 추상적인 존재로 거듭난 것이다.

소수민족정책과 소수민족의 저항

중국은 소수민족정책에서도 다른 사회주의국가들과 차별성을 나타낸다. 다양한 민족으로 구성된 구소련 및 유고 등이 연방공화국의 형태를 취했던 것에 비해 중국은 연방제 대신 '민족구역자치民族區域自治' 제도를 도입했다.

민족구역자치제도의 근간이 되고 있는 '중화인민공화국민족구역자치법中華人民共和國民族區域自治法'에 나온 자치제도의 내용을 살펴보면, 각 민족 지역에 자치기관을 설립하여 자치권을 행사하게 하고, 국가는 각 소수민족의 자치 권리를 보장해 주고 있다. 이를 바탕으로 중국 정부는 소수민족의 자치권은 물론 자치구의 자력갱생이라는 목표를 위해 이들 지역에 대한 경제우대정책, 민족문제와 밀접한 관련을 갖고 있는 종교에 대해서도 종교적 자유를 헌법으로 보호하고 있다. 이렇듯 표면적으론 각 민족에게 주인의식을 부여한다는 원칙 아래 자치권을 부여하고 있지만 이 제도는 소수민족에게 환영을 받지 못하고 있다. 왜냐하면 첫째, 소수민족은 중앙이 부여한 자치권을 행사하고 있지만 중앙 정부의 통제를 벗어나지 못한다. 실질적인 자치권을 행사하고 있다고 할 수 없다. 민족구역자치법은 '자치지역은 중앙과 분리될 수 없으며, 반드시 사회주의 노선을 견지하여야 한다'고 규정했다. 어떠한 문제도 당 중앙의 의지에 따라 간섭 및 견제가 가능하다. 때문에 진정한 자치를 원하는 소수민족에게는 만족스럽지 못한 자치권이라 할 수 있다.

둘째, 소수민족 간부가 민족의 행정사무를 처리해 나가는 과정에서 실질적인 명령권이나 결정권을 갖지 못한다. 정치참여는 허용하고 있으나 이 것은 실질적인 명령권이나 결정권이 부여되지 않은 명분상의 정치 참여라고 볼 수 있다.

신장위구르자치구의 유혈사태　　　　티베트의 저항

●

한손에 잡히는 중국

　　셋째, 모든 소수민족은 제도적으로 전국인민대표대회의 대표로 참가하여 민족 문제를 중앙에 전달할 수 있도록 되어 있다. 그러나 전국적으로 볼때, 그 숫자는 미미한 존재에 불과하다. 또한 대회의 의결방식은 토론 없이 투표에 의해 결정되기 때문에 소수민족의 대표들은 그 기능과 수에 관계없이 소수민족에 대한 통치를 합법화시키는 역할만 하고 있다.

　　실질적인 자치가 제한된 상황 속에서 민족적, 문화적 차이가 확연히 구분되는 소수민족들의 저항이 누그러지기란 쉽지 않을 것이다. 이에 대해 중국 당국도 다방면으로 고심하고 있다. 물론 기본적으론 소수민족 저항운동에 대해 단호한 조치를 취하고 있다. 중국 정부에 대한 도전이나, 공권력에 대한 불복, 현 체제에 대한 비판, 분리주의 시도 등 그 어떤 것도 용납하지 않고 강력한 응징으로 맞서고 있다. 결국, 소수민족 우대나 자율성

이란 각 소수민족들이 현 통치체제에 순종할 때에만 적용되는 원칙인 셈이다. 특히 후진타오 시기의 중앙 정부는 소수민족의 각종 소요 사태에 대해 보수적인 입장을 갖고 강경대응의 원칙을 정한 것으로 알려져 있다. 소위 '3종세력'과의 전쟁을 불사한다는 것이다. 그 대상은 폭력테러리스트·민족분리주의자·종교근본주의자로서, 그중 초점은 분리주의자들에게 맞춰져 있다. 이 밖에 최근 소요사태 이후 티베트 및 신장 지역에 치안유지를 위해 더 많은 인민무장경찰을 투입했다. 티베트 지역의 절·사원·수도원에 거주하는 모든 사람들의 자격 및 배경 관련 자료를 등록하도록 하고, 다수의 승려 및 반체제 인사들을 구속하기도 했다. 관련인터넷 사이트의 검열과 통제가 이루어지는 것은 물론이다.

그러나 무엇보다 중국 정부가 의도하는 바는 바로 장기적 차원에서 해당 지역민들이 한족으로 동화하는 것이다. 이를 위해 중국 정부는 한족의 이주를 적극적으로 권장하고 있다. 때문에 상술한 바와 같이 소요 사태를 대비한 효과적인 치안유지를 이유로 상당 규모의 군 및 무장경찰 병력을 파견할 뿐만 아니라, 투자 기술 및 인력 지원이라는 명분 하에 많은 한족들이 티베트 및 신장 지역으로 이주하고 있다. 여러 가지 자료 분석에 의하면 최근 해당 지역 내 한족 인구는 매우 빠른 속도로 증가하고 있다.

물론, 티베트는 지리적 특성으로 인해 민간인이든 간부든 장기체류를 기피하고 있어 인위적인 대규모 이주가 용이하지 않다. 그럼에도 불구하고 라싸Lhasa와 같은 중심지는 한족 인구가 절반 이상을 차지하고 기타 대부분의 티베트 내 소수민족 자치주 및 시의 중심지도 한족이 다수를 점한다고 한다. 이는 계획된 인구 이동이 아니라 하더라도 티베트족 입장에선 점진적인 한족 인구의 유입이 경제적, 문화적 위협으로 느낄 만하다.

이에 비해 신장의 인구 구성 변화는 상대적으로 더욱 눈에 띈다. 2000

년에는 한족이 신장위구르자치구 전체 인구수의 40.57%로 점차 위구르족의 인구 비중에 근접하고 있다. 기타 소수민족의 인구 비중은 지난 수십 년간 거의 큰 변화가 없다는 점에서 신장 지역 인구 구성 변화는 결국 한족과 위구르족 간의 상대적 비중에 의해 결정된다고 할 수 있다.

한편, 최근 중국 정부가 소수민족문제를 해결하기 위해 좀 더 중점을 두는 것은 경제개발정책 실시이다. 소수민족 저항의 주요원인 중 하나가 중국 내 동부도시와의 빈부격차 및 상대적 박탈감이라는 점을 고려하여, 소수민족지역의 경제발전을 통한 사회 안정을 도모하고자 적극적인 경제개발정책을 시행하고 있다. 이를 위해 1980년대 말부터 해당 지역의 역사, 지리, 풍습 등 종합적인 조사 및 연구를 위한 프로젝트공정,工程를 시행하고 있으며, 이와 더불어 2000년대부터 적극적인 경제개발정책을 실시하고 있다. 바로 대표적인 프로젝트가 서남공정西南工程과 서북공정西北工程, 동북공정東北工程, 그리고 서부대개발이다.

서남공정, 서북공정 그리고 서부대개발

중국은 개혁개방정책 실시 이후 동부 중심의 불균형발전전략으로 지역적 경제격차가 점차 커졌다. 게다가 주요 소수민족자치구가 서부지역에 집중되어 있기 때문에 동서지역간의 빈부 차는 소수민족들의 불만을 더 부풀렸다. 때문에 중국 정부는 2000년대 들어서 서부를 개발한다는 명목으로 서부대개발 정책을 실시했다. 그리고 이보다 앞서 정치, 경제, 사회, 문화 등 다방면에 걸친 소수민족지역에 대한 종합적인 조사 및 연구를 먼저 진행했다.

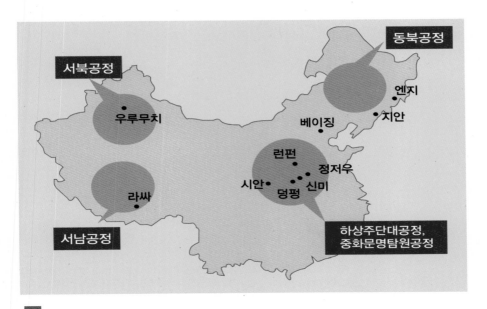

서북공정

동북공정

우루무치

옌지

베이징

지안

라싸

런펀

정저우

시안

덩펑

신미

서남공정

하상주단대공정,
중화문명탐원공정

중국의 4대 주요 공정

가장 먼저 진행한 지역은 티베트와 신장 지역이었다. 티베트 지역을 중점적으로 다룬 프로젝트가 서남공정, 신장 지역이 서북공정이다. 물론 서남공정1986의 목적이 티베트에 관한 것만은 아니었다. 중국과 인도차이나 간의 국경을 명확히 하고, 윈난雲南성 소수민족을 효율적으로 대처하기 위한 방책을 세우기 위함이었다. 하지만 더욱 중요한 것은 티베트에 관한 것이었다. 프로젝트는 티베트 역사 · 지리 · 민족문제 등을 종합적으로 연구, 그 핵심은 한족漢族과 티베트인藏族이 문화와 언어의 뿌리가 같다는 한장동원론漢藏同原論을 밝히는 것이었다. 이러한 주장은 1986년 덩샤오핑의 지시에 따라 중국사회과학원 산하 중국장학연구중심中國藏學硏究中心에서 본격화되었다. 즉 티베트가 오랜 역사 기간 동안 중국 지배를 받은 것으로 간주하여 역사적으로 티베트를 중국 왕조의 지방정부로 격하시킴으로써, 자국의 역사 속으로 편입시켰다.

칭짱철도
(Tibetan railway, 靑藏鐵道)

거얼무

쿤룬산커우

부둥촨

우다오량

퉈퉈허

탕구라

안둬 (암도)

나취

당슝 (담슝)

양바징

라싸

- 중국 칭하이(靑海) 성의 '칭(靑)'과 시짱(西藏·티베트)자치구 짱(藏)의 중국 발음을 합친 것

- 최대 해발고도 5,072m, 평균 4,500m로 세계에서 가장 해발고도가 높은 지역에 놓인 중국철도

- 칭하이성의 성도 시닝(西寧)과 티베트의 라싸(拉薩)를 연결하는 1,956km의 기찻길

- 칭짱고원(티베트고원)을 가로지른다고 하여 중국의 공식 이름은 칭짱선(靑藏線), 톈루(天路, 하늘 길)라고도 함

- 1984년 칭하이(靑海)성의 성도 시닝(西寧)과 거얼무(格爾木)를 잇는 제1구간 814km가 개통

- 이후 거얼무와 시짱(西藏·티베트)자치구의 라싸(拉薩)를 잇는 1,142km 구간 완공

- 2006년 7월 1일 완전 개통

- 베이징에서 라싸까지 4,062km에 달하는 대륙의 혈맥

0001   00

서북공정2002은 중국사회과학원 산하 변경사지연구중심邊境史地研究中心에서 진행된 프로젝트였다. 주된 내용은 티베트와 마찬가지로 신장 지역에 거주하는 위구르족을 대상으로 한 역사 및 지리에 대한 종합연구였다.

1991년 소련 붕괴 후 중앙아시아에 있는 무슬림들이 잇달아 독립선언을 하며 국가를 이루었고 이러한 정세변화는 신장위구르족에게도 영향을 주었다. 이 때문에 중국 정부는 긴박한 현실적 요구에서 연구를 추진했고, 다양한 연구 성과가 출판되었다. 그 중『서역통사西域通史』에는 신장이 한漢대 이래로 중국에 편입되었고, 각 부족은 중국왕조와 가까운 관계를 유지하여, '중화민족 대가정'을 형성했다는 내용을 싣고 있다.

결국, 서부지역 소수민족에 대한 중국사회과학원 중심의 종합적인 소수민족 연구 프로젝트는 그 중점 중의 하나가 소수민족 고유의 역사를 중국 역사 속으로 편입시켜 자신들의 '민족 통합'에 부합하는 역사적 대응논리를 만드는 데 역점을 둔 사업이었다.

중국 정부는 이러한 조사 연구와 더불어 소수민족지역의 경제개발정책도 적극적으로 추진했다. 이는 경제 및 사회발전을 통해 지역주민의 체제 만족도를 높이는 한편, 경제적 실리 및 이해관계를 창출함으로써 종교와 같은 저항의 기반이 되는 정신적 부분의 영향력을 약화시키기 위해서였다. 아울러 이런 개발 사업은 중국 내지와 연안, 즉 동서지역 간 경제의 연계를 강화시켜, 소수민족 주변 국가들과의 협력증진 추세가 초래할 수도 있는 중앙에 대한 원심력을 억제하는 데 도움이 된다고 생각했다.

이러한 취지하의 서부대개발이 2000년대부터 적극적으로 추진되었고, 대표적 사례가 바로 2006년 칭하이青海성 시닝西寧에서 티베트 라싸拉薩까지 연결된 칭짱철도青藏鐵路, Qinghai-Tibet Railroad이다.

또한 한걸음 더 나아가 향후 인프라 건설 부문에서 주요 사업으로 책정된, 소위 세계에서 가장 높은 공항으로 알려진 티베트 공항건설도 현재 계획 중이다.

신장 지역 역시 신장발전연구팀 중심으로 지역경제 활성화를 꾀하고 있다. 신장은 그 어느 소수민족지역보다 지하자원이 풍부한 지역이다. 특히 우루무치에는 석유매장이 풍부하여 채굴할 수 있는 매장량만 100억 배럴 이상이고 미개발유전도 세계 최대이다. 현재는 먼저, 타림 분지의 천연가스를 가스관을 통해 상하이上海 일대로 수송하는 '서기동수西氣東輸'프로젝트를 중점 추진항목으로 정하여 추진 중이다.

이를 위해 지역 자치구 정부는 중앙 정부의 보증으로 해외로부터 상당한 차관을 도입하는 등 해외자본을 적극적으로 유치하고 있다. 이와 같이 중앙의 기획 하에 소수민족자치구의 대규모 개발 사업이 추진되고 있으며, 이는 그 과정에서 중앙의존도가 갈수록 심화되고 있음을 의미하는 것이기도 하다.

이러한 경제개발이 소수민족지역에 경제 발전의 효과를 가져다주었음은 분명하다. 다만, 자연환경조건상 예상보다 외국 투자가 활발하지 않으며, 아직도 연해를 비롯한 발전지역과의 빈부격차가 심하기 때문에 소수민족지역민의 불만이 약화되지 않고 있다. 흔히 소수민족 지역에서 생산되는 원료와 연해 지역 공산품 간의 불평등 교역은 소수민족에 대한 한족의 착취로서 소위 '내부 식민지' 현상으로 간주되기도 한다. 게다가 소수민족과 한족간의 소득 격차도 불만의 직접적인 원인이다. 중앙의 경제원조 및 지역 경제발전의 혜택은 주로 한족들, 즉 티베트의 라싸 및 신장의 우루무치나 다른 도시 지역에 근거지를 둔 한족 사업가와 상인들에게 돌아간다. 같은 노동자의 경우에도 숙련공이라는 명분으로 한족들이 더 많은 임금을 받고 있다. 따라서 소수민족 입장에서는 귀중한 자원을 제공하지만 그 혜택 배분 면에서는 소외되고 있다는 상대적 박탈감을 강하게 느낀다.

중국의 동북공정과 한반도

　중국 정부는 서북공정과 함께 동북부 소수민족에 대한 연구도 2002년부터 착수했다. 서북공정을 추진했던 중국변경지역사지연구중심中國邊疆史地研究中心과 동북3성이 연합해서 2002년부터 5년간 추진되었던 '동북공정'은 사실 동북지역 소수민족문제에 대한 대처뿐만 아니라 적극적인 중국의 동북아 전략의 하나로서 추진된 프로젝트였다. 특히 프로젝트 추진과정에서 진행된 역사 서술은 우리나라 고대사를 왜곡하는 내용을 포함하고 있어 한중 간 역사 분쟁을 야기하는 결정적 계기였다.

　먼저 '동북공정'의 추진 내용을 보면, 고대 중국 강역이론 연구, 동북지방사 연구, 동북민족사 연구, 고조선·고구려·발해사 연구, 중조관계사中朝關係史 연구, 동북변강사회東北邊疆社會 안정전략 연구, 한반도 상황변화와 그것이 동북변강의 안정에 미칠 영향 연구, 중국 동북변강과 러시아 원동지구遠東地區의 정치·경제관계사 연구, 응용연구 등이 있다.

　눈에 띄는 것은 동북지역과 민족연구 이외 러시아를 제외하고는 프로젝트에서 다루는 내용이 한반도와 관련된 문제라는 점이다. 분명 프로젝트 중심이 남북한을 염두하고 있었음을 알 수 있다.

　그렇다면, 중국이 동북지역과 한반도 변화에 대해 관심을 갖는 이유는 무엇인가? 현재 중국 주변의 정세변화와 관련이 있다. 무엇보다 첫째, 개혁개방정책 실시 이후 동북변경지역에서 러시아·북한·한국·몽골·일본·미국과 중국 사이의 쌍방관계나 다변관계에 큰 변화가 초래되었다는 점이다. 둘째, 동북아의 정치적·경제적 위상이 나날이 커지면서 동북아가 세계의 주목을 받는 가운데 동북변경지역 역시 동북아의 중심적 위치에 놓여 중요한 전략적 지위를 갖게 되었다는 점이다. 셋째, 몇몇 연구기구와

백두산 천지의 모습

　학자들이 특별한 의도를 가지고 일부 역사사실을 왜곡하거나, 또 몇몇 정객들이 정치적 목적으로 여러 가지 그릇된 역사논리를 공개적으로 논하여 혼란을 초래하고 있다는 사실이다. 그러나 가장 중요한 계기는 최근 탈북자 사태에서 보듯 한반도의 정세변화, 즉 남북통일이 동북지역 조선족사회에 초래할 혼란을 사전에 막기 위한 필요성이었다. '동북공정'의 진정한 목적은 고조선·고구려·발해를 둘러싸고 이들 왕조나 역사를 한국사의 일환으로 주장하며 동북변경지역을 '한국의 고토故土'라고 주장한 데 따른 대응논리를 개발하기 위해서다. 이러한 남북한의 역사논리가 중국 동북의 조선족사회에 초래할지도 모르는 민족정체성 혼란과 그에 따른 조선족의 이탈을 미연에 차단하여, 동북사회의 안정을 꾀하려는 데 있다. 때문에 '동북공정'의 결과물로 나온 우리 고대사 관련 내용 중에는 고구려사가 중국의 지방정권이라는 주장이 주류를 이루게 되었고, '부여사·고구려사·발해사 = 중국사'라는 논리를 일반화하여, 한반도와 중국 동북지역 사이의 역사적 관련성을 부정하고 있다.

이러한 논리는 당연하게도 주변 국가들과의 학문 교류나 관련 유물들에 대한 공동조사 등을 기초로 도출해 낸 '역사적 사실'이 아니다. 현재 중국이 처한 문제를 해소하기 위한 다분히 국가 전략적 차원에 기반을 둔 해석이다. 결국, 중국의 '동북공정'은 만주와 한반도를 분리시켜 양 지역 사이의 역사적 연관성을 차단하는 동시에, 향후 한반도 통일이 중국 동북지역즉 만주에 야기할 소수민족 문제―통일한국의 조선족에 대한 영향력 확대와 그로 인한 조선족의 정체성 혼란이나 이탈, 분리독립운동 가능성 등―를 근원적으로 해결하고자 하는 의도에서 진행된 프로젝트였다.

문제는 이러한 논리의 심각성이 학술적 문제에만 국한되지 않는다는 점이다. 중국 정부는 동북지역에 남아 있는 고구려 유적지 및 유물에 대한 발굴과 정비를 '동북공정식'논리에 따라 진행하고 있으며, 심지어 백두산白頭山, 중국에서는 창바이長白山으로 불린다조차도 우리 측 투자는 모두 회수시키고 중국 측 중심의 관광지로 재조성하는 등, 점차 '동북공정식'논리가 중국 일반인들에게 보편화될 가능성이 커지고 있기 때문이다. 이미 동북지역의 역사, 지리 논리가 TV 등에서 '동북공정식'으로 언급되고 있으며, 중국인 중에도 역사적 근거에 관계없이 무조건적으로 자민족 중심주의에 빠지는 경향을 나타내거나, 더 나아가 이를 혐한류嫌韓流의 방향으로 몰고 가는 사람들도 나타나고 있다. 이것은 향후 한·중 간 역사 갈등을 더욱 악화시킬 우려가 있다. 왜냐하면 역사전문가들의 손을 떠나 일반인들에게 확산된 '동북공정'은 비학문적, 비상식적 방향으로 변신할 가능성이 더 높기 때문이다. 또한 중국인들에게 잘못된 한국사관, 동아시아 역사관, 세계사관을 고착시킬 수 있기 때문에 이것은 역사 전문가들끼리의 논쟁보다 훨씬 더 심각한 문제라 할수있다.

현재 중국은 공산당이 정권을 잡은 이후 가장 눈부신 경제발전을 이루고 있다. 그와 동시에 세계 속의 국가 위상도 전통시기 중국을 연상시킬 만큼 높아지고 있다. 물론 이러한 경제성장에는 거대한 인구와 영토, 즉 시장으로서의 중국이 존재하고 있다. 때문에 중국 정부는 '하나의 중국'을 무엇보다도 우선순위에 놓고 있으며, 따라서 소수민족문제는 중국 정부에게 가장 민감한 문제가 아닐 수 없다. 개혁개방 정책 실시 이후, 중국 정부는 '통일적 다민족국가론'을 내세워 '하나의 중국'에 위협이 될 만한 저항이 있을때마다 강력한 대응으로 맞서면서도 한편으론 한족의 이주, 경제개발을 통한 중국내 경제권으로의 흡수, 해당 지역 소수민족의 동화 등을 적극적으로 추진하고 있다. 또한 이들 지역에 대한 종합적인 조사, 연구를 통해 소수민족 자신의 역사를 중국사 내로 편입시킴으로써 소수민족 이탈에 대한 역사적 대응 논리까지 마련하고 있다.

그런데, 이러한 중국 정부의 대책에도 불구하고 최근 티베트와 신장 그리고 네이멍구의 저항운동들이 끊임없이 들려오고 있다. 이는 중국 정부 측이 '민족 동화'를 기본 전제로, 자신들의 통제 하에서만 인정되는 소수민족들의 자치 및 종교를 허용하고 있으며, 특히 경제개발정책도 그다지 효력을 발생하고 있지 않다는 증거로 보인다. 물론, 어느 정도 경제적 효과는 있을지 모르지만, 기존 삶의 터전에 대한 무분별한 파괴와 수익에 대한 불균형적인 분배 등으로 오히려 소수민족들의 불만이 가라앉지 않고 있다는 해석이다. 특히 소수민족들, 그 지역사에 대한 '영토주의'에 입각한 무리한 중국사 편입은 소수민족뿐만 아니라 우리나라의 역사왜곡으로, 상호 마찰을 일으키기에 충분한 논리를 제공하고 있다. 중국이 좀 더 장기적인 안목에서 쌍방향적인 교류를 통해 객관적인 사실에 기반한 연구조사를 바탕으로 더불어 공존할 수 있는 정책을 마련하지 않는 한, 소수민족의 저항과 주변국과의 마찰은 끊이지 않을 것이다.

▶ 장성長城

중국을 상징하는 대표적인 건축물로 1987년 유네스코 세계문화유산으로 등재되었다. 장성은 진나라 때 시황제가 흉노나 여진족 같은 북방 민족의 침입을 막기 위해 축조했다. 2009년까지 장성의 길이는 8,851km였으나, 국가문물국은 2007년부터 2012년까지 5년간 실시한 연구 결과 보고서에서 만리장성의 길이를 12,344km 연장해 발표했다. 이는 기존 길이의 두 배가 넘는 수치로 총 길이 21,196.18km에 달한다.

옥문관
옥문관은 실크로드의 중요한 관문이자 장성의 서쪽 끝에 있는 요충지이다. 당시 비단과 도자뿐만 아니라 옥의 수출입이 많아 옥문관이라고 불렀다. 산해관이 여진족을 대비한 성이라면 옥문관은 흉노족을 주로 대비한 성이었다.

옥문관 가욕관 산해관

가욕관
동쪽 끝에 위치한 산해관을 천하제일관이라고 부른다면 가욕관은 천하제일웅관이라고 부른다. 옥문관과 더불어 실크로드의 주요 관문 중에 하나이며 현재에도 성과 성벽이 잘 보존되어 있다.

―― 기존의 장성

―― 연장된 장성

산해관
산해관 성문 앞 편액에는'천하제일관天下第一關'이란 굵고 힘있는 글씨가 써 있다. 이 때문에 천하제일문이라는 별칭으로 불리기도 한다. 산해관은 장성 동쪽 끝에 위치하고 있으며 동북지역을 지키는 요새이자 중원을 향하는 관문이기도 하다.

개혁개방과 경제특구의 출범

　　전통시대 중국은 지구촌 최고의 문화 고국古國이자, 문명 대국이었다. 특히 중국 역사 문화의 전성기라 일컫는 당대唐代: 618~907에는 '대도통장안大道通長安세상의 모든 길은 장안으로 통한다' 이란 말처럼 수도 장안長安은 연일 외국 조공사절단의 발길이 끊이지 않는 세계 최대의 국제화 도시였다.

　　반만년 역사를 거치며 중국인들이 발명한 종이 · 화약 · 나침반 · 인쇄술 · 조선술 등은 인류 문화와 문명 발달에 혁혁한 공적을 남겼다. 그럼에도 불구하고 전통 중국의 모습은 근대화 시기에 접어들어 서구 열강의 침입에 무기력했다. 지지부진한 중국 근대화는 서구 열강들로부터 '종이 호랑이' 라는 조롱과 멸시의 대상이기도 했다. 미국의 역사학자 로이드 E. 이스트만은 『중국 사회의 지속과 변화』에서 '중국 근대화가 지지부진한 이유는 사회 문화적 배경 때문' 이라 했다. 그의 견해에 의하면 중국 근대화의 방해 요소는 다음 4가지로 요약할 수 있다.

첫째, 전통 유교 문화가 장기간 지배하여 중국인들은 변화와 지배보다는 안정과 조화에 높은 가치를 두었다. 세계 4대 발명은 중국인들의 뇌리에서 나왔다. 특히 인쇄술·화약·나침반은 인류 역사 발전에 큰 변혁을 가져오게 했다. 하지만 중국인들은 이를 발명하는데 그쳤을 뿐 세계 문명의 변화를 이끌어내는 주인공으로 나서지 못했다. 그 변화와 혜택의 주인공은 오히려 서구인이었다. 인쇄술은 서구로 전래된 후 편찬과 저술 방식의 변화, 화약은 전쟁 방식, 나침반은 항해 방식 등의 변혁을 이끌어 냈을 뿐만 아니라 급기야 동아시아와 중국 침탈의 도구와 수단으로 이용되기까지 했다. 한편 중국에서의 나침반은 조상의 묘나 집터를 정하는 용도로 사용되었을 뿐이다. 명·청 시대 자본주의가 서구에 비해 일찍 싹트기 시작하였음에도 불구하고 산업 근대화로 발전하지 못한 이유 또한 이러한 점에 있다고 할 수 있다.

둘째, 유교주의 신분 차별의 사회 구조와 그 가치가 오랫동안 잔존하였기 때문이다. 한대 이래 유교주의 사회가 자리매김하면서 문인을 숭상하는 풍조는 수천 년 중국 전통 사회의 고정된 관념이었다. 이로 인해 산업화의 주도 세력인 공인과 상인은 천시되었다.

셋째, 개인의 재부 형성에 대한 정부의 보호 조치가 미비했다. 특히 돈이 될만한 산업은 정부가 독점함으로써 자유 경쟁에 의한 재부 형성 기반을 마련해주지 못했다.

넷째, 정부 주도하의 계획 생산과 공급 정책 또한 자유로운 시장 경제 발전을 가로막았다. 따라서 시장 수요가 안정된 상황 속에서도 새로운 기술을 도입하여 상품을 생산하고 이를 통해 이윤을 창출하려는 기업가들의 욕심은 저하되었다.

이처럼 중국 근대화 과정이 지지부진한 원인은 중국 전통 사회 내부의 구조적이고 복합적인 요인에서 찾을 수 있다. 따라서 서구의 근대화 관점에서 중국의 근대화를 언급하는 것은 무리일 수 있다. 하지만 960만 평방 킬로미터의 대토지에 56개 민족을 거느려야하는 중국의 지도자들에게 국가 발전, 사회 안정, 인민의 행복 추구는 공통된 고민이자 유산이다. 중국의 전통을 고수할 것인가, 아니면 서구식 근대화를 지향할 것인가. 이러한 국가 발전의 대명제는 결국 신중국 2세대 지도자 덩샤오핑에 의해 '개혁과 개방'이란 국정 과제로 추진되었고 그 후 장쩌민, 후진타오, 시진핑習近

개혁개방 초기 거리의 거티후(個體戶)의 모습

화 정책은 이로부터 시작되었다고 해도 과언이 아니다.

◗ 개혁개방과 중국식 사회주의 국가 건설

획일적 사회주의 국가를 현대적 국가로 탈바꿈할 수 있는 방안은 무엇일까? 1978년 12월 덩샤오핑은 중국공산당 제11기 중앙위원회 제3차 전체회의에서 국내 체제에 대한 개혁과 대외 개방 정책을 담은 일련의 '개혁개방' 정책을 선포했다. 이는 마오쩌둥 통치하의 대약진 운동과 문화대혁명으로 피폐한 산업과 경제를 부흥시키기 위한 국가 대부흥 정책이었다.

'개혁개방'은 국가 체제의 '변화와 혁신'을 상징하는 단어이지만, '먼저 개혁을 달성하고 난 후 개방'이라는 절차상 진행까지 함축하는 말이다. 그런데 이를 추진하기 위해서는 막대한 자금이 필요했고, 자금을 유치하기 위해서는 외국 투자가, 특히 화교들이 안심하여 투자할 수 있는 환경 조성이 요구되었다.

고심하던 끝에 중국은 외국 투자가들의 자본을 원동력으로 개혁개방을 추진하는 방안을 구상하기에 이르렀고 외국 자본을 끌어들임으로써 봉건적 사회주의 생산력 발전과 이를 통해 전 국민의 소득 향상, 나아가 국가 경쟁력 제고라는 동시다발적 효과까지 누릴 수 있을 것으로 생각했다.

외국 투자가들의 자금을 성공적으로 유치하기 위해서는 구태의연한 사회주의적 제도와 관습부터 개혁하여 투자가들이 원하는 환경 조성과 그들에 대한 법률적 보장 등 맞춤형 정책이 필요했다. 이를 위해 중국 정부는 투자가들이 요구하는 개혁 내용 및 절차, 지역 등을 개혁개방 정책 속에 포함하였다.

덩샤오핑은 '실사구시實事求是'에 입각한 전형적인 실용주의 지도자였다. 그의 실용주의 사상은 개혁개방 정책에도 반영되었다. 그는 개혁은 '내부적으로 사회주의 정신과 제도의 변혁'을 의미하며, 개방은 '대외적으로 문호를 개방하는 것'이라 정의했다. 이러한 그의 사상을 엿볼 수 있는 몇 가지 예를 들어보자.

첫째, 덩샤오핑은 봉건적 사고에서 벗어나 실질과 효용을 중시하는 사고로의 전환을 요구했다. 그는 개혁개방 정책을 발표한 1978년 12월 중국 공산당 제11기 중앙위원회 전체회의에서 "모든 것이 책대로만 움직인다면 생각과 사고의 틀이 경직되어 생기발랄한 모습을 찾을 수 없고 오히려 발전에 장애가 되어 당과 국가의 멸망만 자초할 뿐이다. 생각을 해방하고 실사구시에 의거하여 실질적인 것을 숭상할 수 있어야 하며, 각종 이론적 논쟁도 실질적인 것을 토대로 전개할 때 우리의 사회주의 현대화 건설은 성공할 수 있다"고 역설했다. 나아가 정책을 수행할 때도 상부의 눈치만 보지 말고 스스로 개혁을 찾아 나서고 실질을 숭상하는 데 역점을 두어야 할 것을 강조했다. 광동성 선전深圳과 주하이珠海 · 산터우汕頭 · 푸젠성 샤먼廈門

을 최초의 경제특구로 지정한 것도 이런 이유 때문이다. 이들 지역은 홍콩과 마카오, 동남아 화교 자본을 유치하는데 지리적으로 유리한 점도 있었지만, 북방이나 내륙에 비해 개혁적 성향이 상대적으로 강했기 때문이다.

둘째, 다양한 정책 수립과 탄력적 운영을 강조했다. 그는 "정책이나 규정은 다양하고 탄력적으로 운영될 수 있어야 한다. 이것이 아니면 저것이라는 대책이 있어야 하고 적극적으로 근거를 찾아 일을 성사시키도록 해야 한다. 근거를 찾는 데에만 골몰해서도 안 된다. 참고할만한 근거는 주변에 얼마든지 많다. 또한 정책이나 규정은 탄력적으로 운영할 수 있어야 한다. 생산력 발전과 경제 활성화에 도움이 된다면 적극 추진될 수 있도록 해야 하고, 인민들에게 도움이 되고 이익이 되는 개혁이라면 중앙의 지시나 눈치를 볼 것 없이 시험 삼아 먼저 실시해도 된다"고 하면서 정책 수립과 탄력적인 운영을 강조했다.

셋째, 개혁개방이 궁극적으로 추구하는 것은 중국인이 다함께 잘 살 수 있는 사회주의 국가 건설이다. 1992년 그는 남순강화南巡講話 때 개혁에 대한 기본 이론을 제시하면서 중국이 추구하는 사회주의에 대해 다음과 같이 말했다. "사회주의의 본질은 생산력 해방을 통해 생산력을 발전시키고, 약탈을 없애고, 사회의 양극화 현상을 제거하여 궁극적으로 다함께 잘사는 국가 건설 목표를 달성하는 것이다." 또한 사회주의 계획 경제와 자본주의의 시장 경제에 대해서도 그

상하이 푸둥과 와이탄 사이를 가로지르는 황푸강

는 "계획경제가 사회주의를 대표하고 시장경제가 자본주의를 대표하는 것만은 아니다. 모두 경제 운용의 일개 수단에 불과할 뿐이다"고 전제하면서 경제 발전에 대한 자본주의와 사회주의의 경계를 무너뜨렸다.

개혁개방의 추진 방향에 대해서는 "개혁과 개방은 함께 가는 것이다. 그 판단 기준은 사회주의 국가 생산력 발전에 도움이 되는지, 사회주의 국가 경쟁력 강화에 도움이 되는지, 국민들의 생활 향상에 도움이 되는지를 보고 판단해야 한다. 중요한 것은 먼저 사람들의 의식 개혁에 달려있다."고 하여 개혁개방에 대한 기준을 확립하였고 이를 달성하기 위해서는 의식 개혁이 중요함을 강조했다.

또한 사회주의 국가에서 자본주의 전유물인 시장 경제가 실현 가능한 것인지에 대해서도 그는 다음과 같이 말했다. "사회주의가 자본주의에 비해 우위를 점하려면 인류 사회가 창조한 모든 문명의 성과물을 과감히 수용할 수 있어야 한다. 만일 사회주의 국가 발전에 유용한 것이라면 자본주의 국가를 포함한 전 세계 국가들의 경험과 관리 방법을 과감하게 수용하여 참고할 수 있어야 한다. 특히 도전과 창업 정신이 있어야 한다. 그 길이 아무리 험난해도 가야할 길이라면 개척하여 나가야 한다."고 하면서 자본주의의 전유물도 사회주의 국가 발전에 유익하다면 배타적 태도보다는 수용과 학습을 통해 사회주의 체제에 접목시킬 수 있는 창의적 태도가 중요

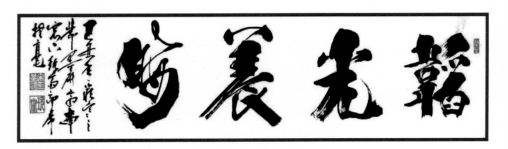

도광양회韜光養晦는 삼국지연의三國志演義에서 유래하는 말로 '재능을 감추고 때를 기다린다'는 의미이다. 덩샤오핑의 개혁개방 정책을 함축적으로 표현하는 말로 널리 쓰인다.

304
•
한손에 잡히는 중국

하다고 했다.

이상과 같이 덩샤오핑이 주창하는 개혁개방 정책의 핵심은 정책에 동참하려는 적극적인 태도를 바탕으로 자본주의의 장점을 사회주의 체제에 접목하여 현대화된 '중국적 사회주의 국가'를 건설하는 것이다.

▶ 경제특구와 신중국의 발전

1. 경제특구의 출현 배경

현대 중국을 혼란으로 뒤흔들었던 문화대혁명1966~1976이 종료된 후 중국의 상황은 그야말로 처참했다. 사상과 제도는 경직됐고, 국민들의 생산 의욕도 저하됐다. 문화대혁명 때 정치 투쟁에서 오뚝이처럼 살아남은 덩샤오핑은 개혁의 필요성을 누구보다 절감하고 있었다. 1949년 신중국 창립 이후 중국이 걸어온 사상, 제도, 체제, 국제적 위상 등에 대해 철저한 반성과 비판없이 중국의 발전은 기대할 수 없었다. 중국이 지향한 사회주의 체제는 인정할 수 있지만 폐쇄적인 죽의 장막을 걷어내고 국제화에 동참하는 것만이 새로운 중국 발전의 원동력임을 인식하지 않을 수 없었다.

이에 덩샤오핑은 1978년 말 중국공산당 11차 회의에서 개혁과 개방만이 중국이 살아갈 길임을 천명했다. 하지만 개혁개방을 어떻게 진행할 것이며, 정책 추진에 드는 막대한 자본은 어떻게 유치할 것인지 막막했다. 역사상 전례도 없고 지침도 없었다. 연일 고심하던 덩샤오핑은 지도를 펴놓고 동남 연해지역을 주시하더니 선전·주하이·산터우·샤먼 4개 도시를 선정하여 대외 개방 전략을 구상했다. 이들 도시는 각각 광둥성과 푸젠성에 소속되어 있었다. 그는 이들 지역을 개혁개방의 실험 및 창구 역할을 하는 지역으로 삼을 계획이었다. 중국의 개혁개방은 이렇게 탄생되었다. 그렇다면 그는 왜 광둥성과 푸젠성을 대외 개방의 전초 지역으로 삼은 것일까? 여기에는 지리적, 경제적, 정치적 이유가 내재되어 있다. 두 개의 성은 모두 중국 동남 연해 지역에 위치하고 있어 홍콩·마카오·타이완 등 자본주의 시장과 소통하기에 가깝고 특히 애향심이 강한 홍콩·마카오·동남아 화교 출신이 많아 그들의 자본을 유치하는데 유리하다고 생각했기 때문이다. 또한 두 개 지역 지도자들의 개혁개방 의지가 남달리 강했던 것과 타이완과의 양안兩岸 교류에 대한 기대치도 큰몫을 차지했다고 할 수 있다.

중국 최대의 경제도시 상하이를 비롯하여 장쑤성·저장성·푸젠성·산둥성·광둥성·하이난성은 연해지역에 위치해 있다. 면적은 중국 전체 면적의 7%, 인구는 대략 1/4를 차지한다. 이들 지역은 1840년 아편전쟁 이후 서구 열강의 침략을 당한 경험을 지니고 있다. 홍콩, 마카오는 할양지였고 상하이는 조계지였다. 광저우·닝보·샤먼·산터우 등은 개항지이자, 민족 공업의 발상지였다. 따라서 이들 지역은 외국 문물에 대한 수용과 이해가 다른 지역에 비해 우월하며, 생업을 위해 동남아 등 외국으로 진출한 화교 또한 많았다. 이처럼 이들 지역은 중국 정부가 계획하는 개혁개방의 유리한 지정학적 여건을 구비하고 있기 때문에 '경제특별구역'으

로 지정하여 개혁개방의 롤 모델로 삼으려 했던 것이다.

경제특별구역에 대한 중앙의 특별한 재정 지원은 없었다. 특구는 스스로 발전을 도모해야 했다. 덩샤오핑도 이점을 강조했다. "한 곳을 찾아 '특구'로 정해야 한다. 편벽한 샨시나 간쑤, 닝샤에다 특구를 둘 수야 없지 않은가. 중앙에는 돈도 없는데 죽든살든 자신이 알아서 살아가야지." 그가 생각하는 경제특구의 활로는 필요한 자본은 스스로 유치할 수 있어야 하고, 일단 지정하고 나면 반드시 성공할 수 있는 지역이어야 했다. 처음 지정한 선전 등 4개 특구는 이러한 필요충분 조건이 모두 갖추어진 곳으로 볼 수 있다.

특구는 해당 지역의 발전만 추구하기 위해 지정한 것은 아니다. 덩샤오핑이 추구하는 목표는 개혁개방을 성공적으로 추진하여 중국인들이 다함께 잘사는 방법을 찾아보려는 것이었다. 따라서 처음 지정한 4개의 특구는 사회주의 체제에서의 시장 경제 정책의 접목 가능성 등을 종합적으로 실험해 보기 위한 성격도 다분히 내포되어 있다고 할 수 있다.

홍콩

2. 경제특구의 발전 전략

16세기부터 세계 각국은 경제무역특구, 자유무역항 등 다양한 대외 경제 정책을 펼쳤다. 아시아에서는 홍콩, 싱가포르가 가장 먼저 이를 추진했다. 중국의 경제특구 정책은 뒤늦게 추진하였지만 앞선 여러 국가들의 정책과 경험을 참고하여 '기술의 창구, 관리의 창구, 지식의 창구, 대외 정책의 창구' 등 4가지 창구 역할을 경제특구의 발전 전략으로 정했다. 그러면서 다른 국가들과의 차별성을 두었다.

첫째, 특구 면적이 넓고 해당 지역의 인구 또한 많은 곳을 선정했다.

선전 일개 지역만 하더라도 100만 이상의 인구가 거주하는 광활한 지역이다. 둘째, 외국 투자자를 유치함과 동시에 풍부한 노동력을 제공하여 국내 생산성 증대에도 기여할 수 있는 연계 체제를 구축했다. 셋째, 해당 지역 및 국내 산업 발전에만 국한하지 않고 해외 시장 진출을 겨냥하도록 했다. 넷째, 시장 경제 정책을 표방했다. 시장을 기초로, 시장을 주체로, 시장 체제와 시장 분배, 시장의 보장 등 시장성을 강조했다. 다섯째, 외자 유치와 소유권 형태, 생산품 수출은 '3가지 원칙三個爲主'을 표방했다. 즉 필요한 자금은 외자 유치를 통해 해결하고, 소유권은 중국과 외국 인 투자가가 공동 또는 투자가 혼자서 소유할 수 있도록 했으며, 생산품은 수출 위주 정책을 펼치도록 했다.

개혁개방 정책은 단계별, 지역별 발전 전략을 수립하여 국내 산업 발전에도 많은 영향력과 시너지 효과를 가져다 줄 수 있도록 했다. 제1단계1979~1986는 시작단계로 홍콩과 마카오 지역의 투자를 유치하여 광둥, 푸젠성 지역 및 연해 도시의 서비스산업 발전을 이끌어 냈다. 제2단계1987~1991는 지속발전단계로 1단계에서의 경험을 토대로 외국 투자가들의 투자 환경을 대폭 개선하여 수출 기업을 유치하는데 주력했으며 투자 지역도 확대해 갔다. 제3단계1992~1997는 개혁개방의 심화발전단계로 기술과 자본이 갖추어진 다국적 기업을 유치하는데 주력했다. 이상 3단계 전략의 성공적 추진 경험을 바탕으로 1998년부터 중국 정부는 개혁개방을 전방위적으로 추진하면서 시장 경쟁력을 강화하는데 주력했다.

개혁개방을 통해 얻은 실익은 많았다. 외국 기업과 투자가들의 자금을 성공적으로 유치한 것은 물론이고, 이를 통해 터득한 선진 기술과 경영 관리의 노하우는 중국 산업의 자생적 발전에도 많은 도움이 되었다.

개혁개방은 기존 사회주의 체제에 자본주의의 우월성을 도입하여 현대화된 국가 경제 체제를 수립하는 것이 궁극적인 목표였다. 이를 위해 정부는 농촌과 농업 분야에 대한 개혁을 먼저 추진했다. 특히 사회주의 계획 경제 체제에서 침체된 농업 생산력과 농촌과 농민들의 빈곤 문제를 해결하기 위해 토지 이용과 농업 생산의 구조 변화를 꾀했다. 그 결과 농민들의 생산

샤먼

의욕이 적극적으로 변하면서 농촌 경제가 활성화되고 농업 상품화를 통한 농촌의 '부富'도 축적할 수 있게 되었다. 이러한 정책이 성공을 거두자 다음은 도시 상공업 개혁으로 향했다. 도시 상공업 개혁의 초점은 기업, 특히 국유기업의 구조 조정에 맞추어졌다. 일련의 구조 조정에 필요한 자금과 기술은 외국 투자가와 기업들에 의존했다.

3. 경제특구의 발전 과정

1980년 선전 등 4개 지역에 설치한 경제특구는 개혁개방의 효시로 성공적인 정책으로 평가되고 있다. 중국 정부는 이러한 성공 모델을 전역으로 확대하면서 지역 특성에 맞는 다양한 전략과 정책을 꾸준히 펼쳐나갔다. 결과 명칭도 경제특구 외에 경제개방구, 연해경제개방구, 경제기술개발구, 하이테크기술산업개발구 등 다양하다. 중국 정부가 처음부터 기대한 연해지역을 중점 개발한 후 내륙으로 점차 범위를 확대하려는 정책 重點開始沿海地區, 逐步向內地發展 은 성공을 거둔 셈이다. 그 과정은 다음과 같다.

1979년 4월 홍콩 투자가가 제출한 광저우 공장 설치 의향서를 논의하는 중앙회의에서 광둥성 서기가 참석하여 "개방의 진원지는 광둥이어야 한다"고 적극 주장하자, 덩샤오핑은 이를 지지했다. 다음 달 중앙에서는 선전과 주하이를 우선 실험지역으로 선정하고 그 경험을 토대로 산터우, 샤먼으로 확대할 것이라는 공문을 내렸다. 처음에는 이 지역을 수출특구라 불렀다. 그리고 1980년 8월 제5회 전국인민대회 상무위원회 15차 회의에서〈광둥성경제특구조례〉를 비준하여 특구에 대한 권리를 해당 지역으로 이양했다. 이듬해 광둥성인민대표대회 상무위원회와 푸젠성 인민대표대회 상무위원회는 중앙의 조례에 근거하여 지역 특구에 대한 조례를 제정, 반포했다. 당시 "특구는 중국과 외국 투자가들의 경제 활동을 위한 공간으로 상호 경제 발전과 이익 창출을 위한 안정적 경영이 이루어져야 하며, 규제와 제약보다는 다양한 경영 연습장으로서의 투자 활성화에 기여할 수 있어야 한다."고 기본 원칙을 밝혔다. 나아가 투자가들을 위한 각종 우대정책도 함께 수립했는데, 처음에는 주로 홍콩, 마카오, 타이완 및 해외 화교들의 자금을 유치하는 데 주력했다.

특구정책이 성공적으로 추진되자 1984년 5월 중앙 정부는 연해 지역의 반달모양으로 위치한 광저우 · 상하이 · 텐진 · 닝샤 · 칭다오 · 옌타이煙臺 · 다롄大連 · 원저우溫州 · 푸저우福州 · 전장湛江 · 베이하이北海 · 친황다오秦皇島 · 롄윈강連雲港 · 난통南通 등 14개 도시를 추가로 개방했고, 이듬 해 1월에는 창강, 주강珠江, 민강閩江 삼각주 지역을 경제개방구로 지정했다.

1987년에는 산둥반도와 랴오둥반도를 연해경제개방구로 지정했으며, 연해 14개 도시 가운데 12개 도시에 경제기술개발구를 설치했다. 1988년 4월에는 하이난성을 광둥성에서 독립하여 전국 최대의 경제특구로 지정함

칭다오

으로써, 경제특구는 모두 5개가 되었다.

1990년 4월에는 상하이 푸동개발구를 설치하여 창강 개방지대를 설치했다. 1992년부터는 내륙 도시인 우한武漢·우후蕪湖·주장九江·웨양嶽陽 등 4개 창강 연안 도시에도 경제개발구를 설치하여 경제특구와 동등의 우대 정책을 실시하도록 했다. 또한 1990년대 초까지 중국 정부는 연해 지역 90여 개 현, 내륙 연안 30여 개 현, 변경지역 140여 현을 각각 개방했다. 1990년대 중반에는 전국 각지에 경제기술개발구 32곳, 보세구역 73곳, 하이테크 기술산업개발구 52곳, 특수개발구 3곳, 국가급 관광휴양단지 12곳에 대해서도 전면적인 개방을 통해 경제 발전을 추진하도록 했다.

이들 개방 지역은 외국 자본 및 기술 유치를 통해 지역 산업 기술 및 경제 발전과 농공 위주의 전통 산업 구조를 개선해야 하는 부담이 따랐다. 또한 수출 위주의 생산 체제를 수립하여 인근 지역의 경제 발전에도 시너지 효과를 창출해야 하는 부담이 주어졌다.

이와 같이 중국은 연해沿海·연강沿江·연변沿邊·연로沿路 그리고 내륙 지역을 연결하는 그물망식 개방화 정책을 전개했다. 특히 일찍이 개방한 연해 지역 14개 도시는 내륙 지역으로 개혁개방화 정책이 확대될 때 거점도시로서의 역할도 담당하게 될 것이다.

4. 경제특구 정책의 성공 요인

덩샤오핑에 의해 창안된 개혁개방 정책은 장쩌민, 후진타오 정부로 이어지면서 일관적으로 추진되어 중국 경제 발전과 국력 신장에 크게 기여했다. 그 성공 요인은 다음 몇 가지를 들 수 있다.

첫째, 필요한 자금 조달에 어려움이 없었다. 처음 경제특구의 설치에서부터 현재 진행하고 있는 서부대개발 정책에 이르기까지 중국 정부는 그 자금을 대부분 외국에 의존했다. 특히 개혁개방 초기에는 기반 시설과 대외 이미지 등 제반 여건이 성숙하지 못한 상황이었기 때문에 자금 유치는 주로 홍콩 등 화교들을 대상으로 하였다.

둘째, 처음부터 경제특구 정책은 각종 투자 우대와 더불어 인력 지원 등 국내 지원 방안이 함께 수립되었기 때문에 투자가들에게 시간적 경제적 부담을 줄여주었다. 또한 확대 발전적인 개혁개방의 시간표와 청사진도 함께 제시하여 투자가들의 지속적인 관심을 이끌었다.

셋째, 정부는 지역적, 인적, 물적 요소를 고려하여 투자가 취향에 맞는 다양한 정책을 실시했다. 경제특구에는 역점 추진 사업에 따라 무역형특구무역 중심 지역, 가공형특구수출 가공품 위주 지역, 과학기술형특구하이테크 기술 산업 및 인력양성 중심 지역 및 각종 회의와 전시, 비즈니스, 부동산, 관광 서비스업 등이 결합한 종합형특구로 구분하여 투자의 편의를 제공하였다. 국제 무역이

광저우의 랜드마크인 광저우타워는 중국에서
가장 높은 탑이며, 높이는 600m, 108층에 이른다

활발한 지역에는 지리적 이점을 이용하여 수출입 위주의 경영을 할 수 있도록 관세 등 각종 혜택을 확대 제공하였으며, 교통이 편리하고 원자재 및 제품 생산이 유리한 지역과 노동집약형 지역에는 가공형특구로 지정하여 화물 및 노동자들에 대해 우대조건을 제시했다. 과학기술형특구는 하이테크 기술산업단지를 목적으로 각종 연구기관과 교육기관이 밀집한 지역에 설치하여 기술 우대정책을 펼쳤다. 종합형특구는 공업·상업·부동산·관광서비스업·과학 등이 결합한 복합 경제특구로 투자 규모가 크고 경영형태가 다양한 것이 특징인데, 선전과 주하이를 대표로 들 수 있다.

끝으로 덩샤오핑 이후 지속적인 정치 안정과 최고 지도자들의 개혁개방에 대한 확고한 의지, 그리고 외국 투자가들에 대한 법적 보호조치 마련 등 투자 안정을 위한 중국 정부의 노력도 정책 성공의 중요한 요인으로 꼽을 수 있다.

▶ 중국의 미래

중국의 개혁개방 정책은 30년의 짧은 연륜에도 불구하고 오늘날 중국의 현대화를 이끈 동력이었다. 이로 인해 중국은 세계 경제대국의 반열에 오를 수 있게 되었다. 오늘날 세계 경제를 논함에 있어 중국이 차지하는 비중은 실로 막중하다. 훗날 역사가들도 중국의 개혁개방을 20세기 이후 가장 성공한 세계사의 경제 정책으로 인정하는데 주저하지 않을 것이다. 중국적 사회주의 시장경제 체제수립을 목표로 지역적, 실천적 특징을 강조하며 추진한 개혁개방 정책은 중국인들에게 세계 경제의 흐름과 발전상을 체험하게 한 계기였을 뿐만 아니라, 사회주의 경제 관념에서 벗어나 시장

경제의 중요성을 일깨워 준 산 교육의 현장이기도 하였다.

중화인민공화국 성립 이후 정권은 공산당이 장악해 왔지만 경제는 이념을 초월하여 '중국식 사회주의 시장경제' 라는 독특한 경제 이론을 탄생시켰다. 이는 중국 개혁개방 30년의 산물로 중국 경제를 세계 경제의 흐름과 맥을 함께 하도록 노력한 결과라 할 수 있다. 중국의 성공적인 개혁개방 정책은 국민들의 생산성 및 소득 수준 향상, 국제화 의식 제고, 왕성한 소비 성향 등 대내외적 경제 발전에도 긍정적인 면으로 기여하고 있다.

화평굴기和平崛起를 기치로 내건 3세대 지도자 후진타오는 개혁개방을 전방위적으로 확대 실시하면서 중국 경제를 세계 경제의 중심축으로 발전시켰을 뿐만 아니라, 개혁개방의 혜택이 직접 중국인들에게 돌아가 함께 잘사는 '샤오캉사회小康社會' 건설을 목표로 삼았다. 하지만 지지부진한 국유 기업 개혁, 개혁개방을 위협하는 부정부패, 부실한 금융시스템, 도시와 농촌간 빈부 격차 등은 개혁개방에 가리워진 어두운 그림자로 남아 있다.

세계인은 개혁개방에 찬사를 보내면서도 중국만의 잘사는 '샤오캉사회' 를 넘어 지구촌 인류가 함께 번영을 갈구하는 '대동사회大同社會' 건설에 중국의 역할을 기대할 것이다.

대국에서 글로벌 강국으로

▶ 개혁개방 이전의 중국경제

전통적으로 농업국가였던 중국은 1949년 10월 1일 사회주의 정권을 수립하면서 과거와는 다른 경제체제를 경험하게 된다. 중화인민공화국 수립 이후 1978년 덩샤오핑鄧小平에 의해 개혁개방 정책 노선이 천명되기까지, 중국의 경제발전 과정은 크게 3단계로 구분할 수 있다.

첫 번째는 1949년부터 1957년까지의 시기이다. 1940년대 국공내전國共內戰으로 피폐해진 국민경제를 회복함과 동시에 사회주의로의 개조를 달성하고자 노력했다. 마오쩌둥毛澤東을 중심으로 하는 중국공산당 지도부는 가장 먼저 국민당의 관료자본을 몰수했고, 1952년까지 토지개혁과 재정개혁 등을 거쳐 국가체제를 정비하기 시작했다.

중국은 소련 사회주의 정권의 경제모델인 계획경제체제를 도입하여, 1953년부터 '제1차 5개년 계획'을 시행했다. 이 기간 동안 중국은 공업과 농업을 발전시키는 동시에, 3대 분야농업, 수공업, 자본주의 상공업에 대한 사회주

의 개조를 진행했다. 공유제公有制 경제를 중심으로 하여 다양한 경제형태가
병존하는 사회주의 경제제도를 건립했다. 또한 소련의 경제원조를 배경으
로 급속하게 추진된 중국의 계획경제는 중화학공업을 우선적으로 발전시키
려는 발전전략이었다. 이러한 중화학공업 중심의 계획경제체제는 당시 중
국이 농업국가라는 현실을 제대로 반영하지 못했다는 평가를 받기도 했다.

두 번째는 1958년부터 1965년까지의 시기로서, '제2차 5개년 계획
1958~1962'과 국민경제 조정시기1963~1965이다. 여전히 중공업 중심의 공업
건설을 중심으로 국민경제의 기술개조를 추진했고, 동시에 전민소유제全民
所有制와 집체소유제集體所有制를 공고히 하고 확대했다. 그러나 '대약진大躍進'
과 '인민공사人民公社' 운동 추진 이후 설상가상으로 3년 재해1958~1960를 경험
하면서 중국경제는 어려움에 봉착하게 된다. 결국 1961년부터 중국정부는
국민경제에 대한 조정을 실시했고, 농업과 공업 분야는 물론 과학기술 분
야에서 뚜렷한 경제적인 성과를 이룩하게 된다.

세 번째는 1966년부터 1976년까지 제3차와 제4차 5개년 계획시기로
써, 이전 시기의 '조정'을 통해 이룩한 경제 성과들이 정치 분야의 '문화
대혁명文化大革命'으로 인해 새로운 침체와 혼란을 겪게 된다. 저우언라이周恩
來와 류사오치劉少奇 그리고 덩샤오핑 등이 경제 질서를 정돈하기 위한 노력
을 했지만, 이 역시 문혁시기에 '4인방'에 의해 훼손되기에 이른다.

개혁개방 이전 시기 중국 경제성장률1952~1978

구분	GDP억 위안	1차 산업	2차 산업	3차 산업	1인당 GDP위안
1952년	679.0	342.9	141.8	194.3	119
1957년	1068.0	430.0	317.0	321.0	168
1965년	1716.1	651.1	602.2	462.8	240
1978년	3624.1	1018.4	1745.2	860.5	379

자료: 『中華人民共和國資料手冊』北京: 社會科學文獻出版社, 1999

▶ 개혁개방 이후 중국경제

1. 개혁개방의 전개

1976년 10월 '4인방'이 축출되고 10년간의 '문화대혁명'이 종결되었다. 1978년 12월 중국공산당 제11기 3중전회에서는 '4개농업, 공업, 국방, 과학기술 현대화' 실현을 목표로 하는 경제건설 방침을 선포했다. 덩샤오핑을 중심으로 하는 중국의 새로운 지도부는 경제개혁과 대외개방 방침을 전세계에 공표함으로써 중국 경제는 새로운 발전의 전기를 마련했다.

중국의 최고지도자이자 개혁개방의 총 설계사인 덩샤오핑은 중국의 사회주의 현대화를 위한 3단계三步走 전략을 제시함으로써 국가발전의 방향과 목표를 대내외적으로 천명했다. 1단계는 1978년 개혁개방改革開放 시점부터 1990년까지 시기로써, 1990년에 이르러 1980년 GDP의 2배 달성을 목표로 제시했다. 중국인민들이 기본적인 의식주温飽 문제를 해결하는 시기이다. 2단계는 1990년대부터 2000년까지로서, 샤오캉小康 사회 달성을 위해 2000년까지 1990년 GDP의 2배 달성을 목표로 제시했다. 3단계는 2000년대부터 2050년까지의 시기로서, 중국이 중등발달국가 수준에 이르는 것이다. 중국지도부가 설정한 이러한 단계별 목표들은 항상 당초 예상보다 빠르게 달성되었다.

중국은 마오쩌둥 시기에는 내륙 지역을 우선적으로 발전시키는 전략을 실시했으나, 1978년 12월 개혁개방 노선을 채택한 이후에는 소위 '선부론先富論'으로 대표되는 동부 연해 중심의 '불균형 발전전략'으로 선회했다. 즉, 덩샤오핑 시기 중국의 지역발전전략은 이른바 '점點-선線-면面'을 따라 점진적이고 전방위적으로 전개됐다. 4개의 경제특구주하이, 선전, 샨터우, 샤먼로부터 시작되어 동부 연해 항구도시의 개방을 거쳐 동남연해지역 및 중서부 내륙지역으로 확대되었다.

2. 개혁개방 평가

　1978년 당시 중국의 국내총생산액GDP은 3,645억 위안元이었으나, 이후 30여년간 연평균 9.8%에 달하는 고속 경제성장을 기록했다. 이는 같은 기간 세계경제의 평균성장률보다 6.8%포인트나 높은 수치이다. 특히 2001년 세계무역기구WTO 가입 이후에는 연평균 10.3%의 고성장을 지속했다. 2006년에 외환보유액 세계 1위, 2008년에는 미국과 일본에 이어 세계 3위의 GDP 규모약 4조 4,000억 달러를 달성했다. 그리고 2010년에는 GDP 규모 약 5조 8,738억 달러로 일본마저 제치고 미국에 이어 세계 2위의 경제대국으로 부상했다. 2012년 중국의 GDP는 51조 9,322억 위안으로 증가했고, 2014년에는 63조 위안약 10조 달러으로 전년대비 7.4% 성장했고, 2015년에는 전년 대비 6.9% 증가한 67조 700억 위안, 약 10조 600억 달러를 기록했다.

　이처럼 중국경제는 개혁개방과 WTO 가입 등을 거치면서 급속한 발전을 거듭하여 30여 년 만에 세계 경제의 새로운 성장엔진으로, 세계 제조업의 중

중국의 GDP 성장률1992~2015

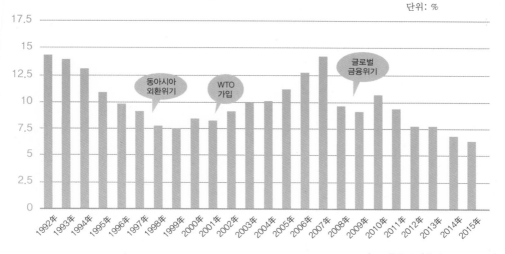

자료: 중국 국가통계국.

심거점이자 세계 최대의 시장으로서 부상했다. 많은 국가들의 자본과 시설 및 인력들 역시 중국으로 대규모 유입되었다. 2014년 말 현재 중국의 외환보유고는 4조 3,116억 달러로 세계 1위이고, 2014년 기준 중국에 대한 외국인 투자액은 1,200억 달러27,406건로 미국에 이어 세계 2위를 기록했다. 또한 중국은 2001년 세계무역기구WTO 가입 전까지만 해도 대외투자가 거의 없었으나 현재는 방대한 외환보유고를 바탕으로 수익이 되는 곳이라면 어디든지 투자하고 있다. 2014년 중국의 대외 직접 투자액은 1,160억 달러를 기록했다.

이밖에도 중국은 유엔 안전보장이사회 상임이사국이자, 국방비 세계 제2위의 핵보유국이다. 또한 중국은 국제무대에서 자신들의 위상에 걸맞은 영향력을 행사하기 위해 세계 각국에 '공자학원'을 건립하고 대외원조를 확대하는 등 '소프트파워soft power' 외교에도 많은 노력을 기울임으로써 사회주의 대국을 지나 글로벌 강국으로 거듭나고 있다.

하지만 개혁개방 이후 중국이 대내외적으로 이룩한 현저한 경제적 성과에도 불구하고 많은 경제·사회적 문제에 직면하고 있다. 따라서 중국은 수출 위주의 고도성장 지속에 따른 지역간 불균형 발전, 양극화 현상, 실업문제, 환경오염문제, 에너지 수급 불균형, 도시와 농촌 소득격차, 3농(農)농촌, 농민, 농업 문제, 소외계층 발생 등과 같은 문제점 해결에 노력하고 있다.

▶ 글로벌 경제 강국을 위한 전략

21세기 글로벌 경제 강국을 지향하는 중국은 대내외적인 정책 변화를 통해 개혁개방의 성과는 계승·발전시키고 부작용은 치유하고 있다. 대내적으로는 기존의 '고속 경제성장' 중심의 발전전략에서 벗어나 점차 '안정적인 성장' 전략으로 전환했고, 4대 지역발전전략 추진을 통한 '공동부유共同富裕'를 추구하기 시작하였다. 시진핑習近平 지도부가 출범한 이후에는 소위 '일대일로一帶一路' 전략구상을 발표하여 육상실크로드와 해상실크로드 구축을 통해 유라시아를 경략하고자 노력하고 있다.

1. 경제발전전략의 전환

중국은 GDP 규모 세계 2위인 경제대국으로 부상했지만, 1인당 GDP 가 세계 110위 수준이라는 점에서 아직까지 글로벌경제의 강국은 아니다. 이러한 이유로 중국은 그동안 고속 경제성장 과정에서 축적한 경제운용의 경험과 노하우를 바탕으로 경제 강국으로 이행하기 위한 체질 개선의 필요성을 절감했다.

2002년 후진타오胡錦濤 중심의 '제4세대' 지도부 등장 이후 중국은 경제성장 방식의 질적 전환을 시도했다. 소위 '선부론' 중심의 고도성장에서 벗어나 공동부유를 추구하는 안정 성장을 추구하기 시작했고, 이를 위해 도시와 농촌 간, 동부와 서부의 지역 간, 인간과 자연 간 조화로운 발전의 필요성을 강조하는 '과학적 발전관'과 '조화로운 사회和諧社會 건설' 방침을 제기했다. 이를 기반으로 하여 경제·사회발전을 위한 국가적 계획인 〈11차 5개년 규획2005~2010〉을 추진하기 시작한다.

2011년부터 시작된 〈12·5규획2011~2015〉에서는 경제 구조조정과 수출·내수 부문의 균형 성장에 중점을 두는 경제사회 발전 전략을 시행했다. 〈12·5규획〉에서 중국은 국내외적인 정세변화로 인해 중요한 '전략적 기회의 시기戰略機遇期'에 처해 있다고 인식하고, 경제사회 발전을 위한 원칙과 목표를 제시했다. 5대 원칙指導思想으로는 경제구조의 전략적 조정, 과학기술 진보와 혁신, 민생보장과 개선, 자원절약형 및 친환경사회 건설, 개혁과 개방의 지속 등이 제시되었다. 7대 목표로는 안정적이면서도 빠른 경제발전,

경제구조 조정 심화, 과학 · 기술 · 교육 수준 제고, 자원절약과 환경보호 성과 제고, 인민생활 개선, 사회건설 강화, 개혁개방 가속 등이 제시됐다.

〈12 · 5규획〉 시기 경제사회발전 주요 지표

지표	주요내용	2010년	2015년
경제발전	GDP조 위안 (연평균 7%성장 목표)	39.8	55.8
	서비스업 비중%	43	47
	도시화율%	47.5	51.5
과학기술교육	9년 의무제 교육율%	89.7	93
	고등교육 입학율%	82.5	87
	R&D 발전 비용의 GDP 비중%	1.75	2.2
	만명당 발명특허건	1.7	3.3
자원환경	경지보유량억무畝	18.18	18.18
	1차 에너지에서 차지하는 비화석 에너지 비중%	8.3	11.4
	삼림 증가율%	20.36	21.66
인민생활	도시 기본 양로보험자수 억 명	2.57	3.57
	도시주민 1인당 가처분 소득 위안	19109	26810
	농촌주민 1인당 평균 순수입 위안	5919	8310
	도시 실업률 %	4.1	5
	인구총수 만 명	134100	139000
	평균기대수명 세	73.5	74.5

자료: 국가통계 뉴스사이트(國家統計信息網)

〈12 · 5규획〉기간 동안 중국은 기존의 수출 주도형 고속 성장에서 내수 중심의 질적 성장으로 경제발전방식을 전환했고, 경제성장률 조정연평균 7%을 통해 안정적인 경제정책을 운용했으며, 소득재분배 개선과 수입 격차 해소를 통해 서민층의 불만 해소에 노력했으며, 7대 전략적 신흥 산업에너지 절약과 환경 보호, 정보기술, 바이오, 하이테크 장비 제조, 신재생 에너지, 신재료, 신에너지 자동차을 집중 육성했다.

중국이 〈12 · 5규획〉 기간 동안 내수확대 전략 및 안정적 성장 기조 유지를 위해 경제성장 목표를 하향 조정했지만, 성장을 중시하는 지방정부가 이를 뒷받침하기는 쉽지 않다. 〈12·5규획〉 기간 동안 내수확대와 소득분배 강화와 소득격차 해소 및 민생개선에 주력하기로 한 것 역시 중산층의 확대와 저소득층의 소득 증대를 어떻게 유도할 것인가에 달려있다. 현재 중국 경제는 내부적으로 인플레이션·물가 상승의 압력 증가 및 소득분배의 불공정성 및 산업구조조정의 필요성 등에 따라 경제발전방식의 전환이 필요한 상황이지만, 이러한 정책 노선은 성장 위축과 함께 실업난을 가중시킬 수 있기 때문에 목표달성이 쉽지 않다.

시진핑 지도부는 2016년부터 시작되는 〈13차 5개년 규획2016~2020〉을 통해 경제사회 문제들을 해결하기 위한 정책적 조치들을 제시하고 있다. 즉, 이전 정부에서 추진해오던 4대 지역발전전략은 지속적으로 추진하되, 급변하는 국내외적인 환경변화에도 적응하기 위해 발전 패러다임의 전환을 추구하고 있다. 이를 위해, 중국은 저성장이 일상화되는 소위 '신창타이新常態, new normal시대'에 부합하기 위해 '제조업 선진화', '산업구조 조정', '정보기술IT'과 '전통산업의 결합' 등을 강조하고 있다. 특히 2013년부터 시작해 온 '일대일로'전략을 본격적으로 추진하기 시작했다.

2. 4대 지역 발전전략

개혁개방 이후 중국의 지역경제는 1978년 개혁개방 이후 연해경제특구 및 개방항구도시 등 동부 연해지역을 중심으로 발전했다. 2000년대 이후 상대적으로 낙후한 내륙지역의 균형적인 발전을 위한 지역발전전략이 추진되고 있다. 현재 중국의 지역발전전략의 목표는 기존의 연해 중심전략에서 벗어나, 연해지역의 발전을 유지하면서 내륙 각 지역의 비교우위를 발휘하도록 하는 것이다. 즉, 지역 간 발전격차를 점진적으로 축소시키고 궁극적으로 공동의 균형적인 발전을 이루자는 것이다.

중국정부는 개혁개방 이후 나타난 지역 간 발전수준 격차 확대, 중복투자 심화, 시장분할 및 지역이기주의 출현 등 문제를 해결하기 위하여 서부대개발西部大開發, 동북진흥東北振興, 중부굴기中部崛起 등 각 지역에 대한 발전전략을 추진하고 있다. 이미 〈11·5 규획〉에 '서부대개발, 동북진흥, 중부굴기, 연해우선'이라는 4대 지역의 균형발전전략이 명시되었고 〈12·5 규획〉에도 이러한 지역균형발전 전략이 유지됨에 따라, 중국 전역을 대상으로 하는 지역경제발전이 새로운 발전전략의 특징이자 추세가 되었다.

먼저, 동부연해 우선 발전전략은 덩샤오핑이 제기한 선부론先富論을 바탕으로 하여 동부연해지역을 우선적으로 발전시키고자 하는 정책이다. 이를 위해 중국정부는 1980년대 홍콩과 인접한 광둥성의 선전·주하이·산터우를 비롯하여 타이완과 인접한 푸젠성 샤먼 등 지역에 경제특구를 설치·운영했다. 연해지역 북단의 다롄에서 남단의 베이하이에 이르는 14개 연

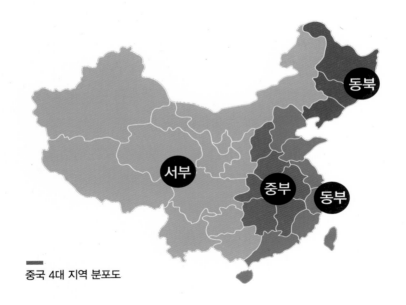

중국 4대 지역 분포도

해항구도시를 개방하여 국가급 경제기술개발구를 설립했다. 이렇듯 1980년대에는 화남 중심의 경제특구, 연해개방도시, 경제개발구 등이 중국의 개혁개방과 경제성장을 견인했다. 1990년대에는 상하이 푸둥신구浦東新區 개발이 추진되면서 상하이 중심의 창강삼각주長江三角洲 지역이 중국경제발전의 핵심지역으로 부상했다.

하지만, 이러한 동부연해지역 중심 전략의 추진으로 지역 간 발전격차가 심화됐다. 1990년대 말 중앙정부의 동부지역에 대한 지원이 상대적으로 약화되긴 했으나, 동부지역 내에서도 남동부의 주강삼각주지역 및 창강삼각주지역과 북동부의 환발해 지역 간 격차 심화 문제가 제기되어 2000년대 환발해 수도권 계획이 승인되었다.

서부대개발 전략은 동부연해지역 발전 위주의 전략이 초래한 불균형을 해소시키기 위해 지역전략의 중심을 내륙 및 서부지역으로 옮기자는 전략이다. 서부대개발 전략은 지역 간 불균형 문제 해결이라는 목적 외에도, 동부지역의 고속성장에 수반되는 에너지 및 광물자원, 인력자원에 대한 수요가 급증함에 따라 동부의 지속적인 성장을 지원하기 위해 구상되었다.

1999년 서부대개발 전략 추진 방침 발표 이후, 국무원 산하에 '서부지역개발영도소조西部地區開發領導小組'가 신설됨으로써 향후 50년간 중장기적으로 추진할 구체적이고 실현가능한 프로젝트가 계획되었다. 여기에는 서부지역의 사회간접자본 확충을 목표로 교통인프라 및 산업기반시설 구축, 산업구조조정, 생태환경 보호 강화, 고등교육기관 설비 확충 등을 주요 내용으로 포함하고 있다.

중국 전체 국토면적의 71.5%685만㎢에, 총인구의 27.0%3.6억 명를 포함하는 서부대개발 전략의 1단계 사업이 추진된 지난 10년간, 서부지역은 경제성장 측면에서 동부나 중부보다 다소 빠른 성장세를 나타냈고, 소득지표가 크게 개선되어 지역 간 격차가 감소했다. 그러나 서부지역의 기업 수 증가율7.2%이 동부11.8%와 중부7.9%에 미치지 못하는 등 약진이 두드러지지는 않았다. 2011년부터 추진된 2단계 사업에서는 투자 규모가 급증하고 지역특화산업 육성으로 개발의 초점이 옮겨지며, 이를 위해 투자 기업에 대한 세제 우대가 연장·적용되고 있다. 또한 동부 및 중부 지역과의 경제적 연계가 강해지고 대외개방이 확대되어 향후 20년간 고성장을 유지할 것으로 보인다. 그러나 문제는 서부지역의 발전이 정부의 의도적인 집중 육성정책에 의한 것이며 동부 지역과의 절대적인 격차는 오히려 증가했다는 점이다. 정부의 투자와 지원에 의한 성장은 그 지속가능성에 한계가 있으므로 서부의 자생능력을 강화하기 위한 노력이 필요한 시점이다.

동북진흥 전략은 동북지역의 경제적 침체를 해결하여 지역 간 격차를 해소시키고, 동북지역의 비교우위 강화를 통해 중공업기지의 부활을 촉진하여 중국의 새로운 성장 동력으로 삼고자하는 전략이다. 동북3성 지역은 중국 총면적의 8.2%인 79만㎢에, 총인구의 8.2%에 해당하는 1.1억 명이 집중되어 있는 지역이다. 동북 3성 지역은 과거 중국 내 대표적인 중공업 기지였다. 건국초기 경제발전에 중요한 역할을 담당했으나 개혁개방 이후 동부 연해지역 중심의 발전정책이 추진되면서 경제의 활력

이 점차 약화되고 중국경제에서의 비중도 감소되었다.

　동북진흥 전략은 2003년 10월 '동부지역 등 노후공업기지 진흥전략 실시에 관한 의견' 발표, 동년 12월 '국무원 동북진흥 영도소조領導小組' 설립, 2004년 3월 전인대 회의에서 '동북진흥'을 공식적인 지역발전전략으로 확정, 동년 4월 '동북진흥 판공실'을 국무원 산하 국가발전개혁위원회에 설립하는 등 일련의 과정을 통해 진행되었다.

　〈12·5 규획〉과 관련된 동북 3성의 계획을 보면, 랴오닝성은 동부연해지역 경제수준 도달, 3대 지역발전전략의 기본방향 제시, 민영경제 부흥을 강조했다. 지린성은 공업화와 도시화 및 농업현대화로 요약되는 세가지 변화 원칙에 의거한 발전, 창춘-지린 일체화 추진, 러시아와 북한과의 경제협력의 심화를 논의했다. 헤이룽장성은 8대 경제구 및 10대 프로젝트의 추진과 국유기업의 개혁을 중점사항으로 거론했다. 특히 중국 국무원은 2010년 말 〈중국 창지투 개발선도구 합작개발계획 강요〉를 발표하고 중국 동북 창지투 지역의 산업발전, 인프라, 국제협력 등에서 구체적인 개발 계획을 수립했다.

　중부굴기 전략은 중국 총면적의 10.7%, 총인구의 26.8%를 차지하는 중부지역을 발전시키기위한 전략이다. 중부지역은 계획경제체제 하에서 비교적 빠른 성장을 했으나, 개혁개방 이후 실시된 동부 중시전략, 서부대개발, 동북진흥 등 국가 차원의 지역발전전략에서 배제된 채 2000년대 중반, 발전의 수준은 동부지역에 뒤떨어지고 발전의 속도는 서부지역에 뒤처지는 '중부함몰中部塌陷' 현상에 직면했다. 이에 따라 상대적으로 낙후된 중부지역의 발전을 가속화하자는 논의가 제기되었다.

　중부굴기 전략은 2004년 중국정부 차원의 중부굴기 지원 정책초안 마

푸젠성 남부에 위치한 샤먼은 중국 5대 특구중 하나이다.
지리적으로 홍콩, 마카오, 타이완과 가까워 자본투자 유치에 이점이 있다.

련, 2005년 1월 중부굴기를 중국 경제발전 중점지역으로 선정, 2006년 국무원의 '중부지역 굴기 촉진에 관한 의견' 발표, 2007년 '중부지역 굴기촉진업무 추진 판공실' 설립, 2009년 '중부지역 굴기 촉진 규획' 발표 등을 거쳐 본격적으로 추진됐다.

중부굴기 전략은 중부지역의 독특한 자원, 산업, 지리적 특성을 반영하여 '식량생산기지, 에너지원재료기지, 장비제조업 및 첨단기술 산업기지, 종합교통운수 허브'를 구축한다는 중요한 역할을 담당하고 있다. 또한 중부굴기 전략은 중국 정부의 도시화 전략을 중부지역 각 성의 특성에 맞추어 추진하고 있으며 이는 '중부지역 굴기 촉진전략'에서 "도시권 성장의 극極을 배양한다"는 내용으로 반영되었다.

중부 6개성은 각 성별로 한 개의 중점 도시권을 육성, 발전시키고 있는데 그중 우한武漢을 중심으로 주변 8개 시로 구성된 우한도시권, 창사長沙-주저우株洲-샹탄湘潭 3개 시로 구성된 창주탄長株潭 도시권, 정저우鄭州 중심의 중위안中原 도시권, 허페이合肥 중심의 완장皖江도시권이 대표적이다.

후난지역은 중부굴기의 핵심 경제개발지구로 성장하고 있다.

3. 일대일로_帶_路 전략

　중국 시진핑習近平 국가주석은 2013년 9, 11월에 각각 중앙아시아와 동남아시아를 방문하여 소위 '일대일로_帶_路'전략을 제시했다. 일대일로란 '육상 실크로드 경제지대_帶: One Belt'와 '21세기 해상 실크로드_路: One Road'가 결합된 개념이다. 즉, 중국서부와 중앙아시아-러시아-유럽을 잇는 '육상 실크로드 경제지대'를 구축하고, 중국남부와 동남아시아-중동-아프리카-유럽으로 연결되는 '해상 실크로드'를 건설하여, 인프라 개발과 무역 증대를 통해 연선沿線 국가 간 연계를 강화하고 새로운 성장 동력을 발굴하겠다는 국가발전전략 구상이다.

　일대일로 전략의 핵심 프로젝트는 인프라 건설이다. '육상 실크로드'의 핵심은 고속철 실크로드로서, 기존에 중국이 추진해온 고속철 프로젝트와 연계하여 신규 고속철을 건설함으로써 유라시아 진출의 기반을 마련하겠다는 것이다. '해상 실크로드'의 핵심은 해상 인프라를 구축하는 것으로써, 바다를 접하고 있는 국가 간 항구 투자 건설 및 운영을 위한 협력을 강화하고, 6개의 경제회랑economic corridor 건설도 추진하고 있다. 또한 중국은 일대일로 전략 추진에 필요한 자금 조달을 위해 아시아인프라투자은행AIIB의 설립을 주도했다.

　중국이 일대일로 전략을 제기한 배경은 다양하다. 첫째, 국내 경제적 차원에서 '발전 패러다임의 전환'을 모색하기 위해 '일대일로' 구상을 제기했다. 중국은 개혁개방 이후 고속 성장에도 불구하고 과잉 투자에 따른 효율성 저하, 동부연해와 중서부 내륙 간 발전 격차, 자원배분의 불균형 등과 같은 부작용이 발생했다. 이를 해결하기 위해 중국 정부는 그동안 '서부대개발', '동북진흥', '중부굴기' 등을 포함한 다양한 정책을 추진했지만 뚜렷한 성공을 거두지 못했다. 따라서 중국은 장기적 저성장을 특징으로 하는 '신창타이新常態; New Normal' 시대를 맞이하여 국내 공급과잉 해소, 새

AIIB 공식 출범(2016.1.16)

로운 투자기회 창출, 낙후된 서부지역 개발, 시장 확대를 통한 신성장동력 발굴 등을 목적으로 '일대일로' 전략 구상을 제기한 것이다.

둘째, 중국이 일대일로 전략을 통해 인프라 건설과 무역을 촉진하여 주변 국과의 연계를 강화하고 이를 통한 영향력 확대를 기도하고 있다. 즉, 중국과 주변국의 인프라 구축이 상호 호혜적win-win인 결과를 창출하고, 결국은 유라 시아의 경제통합 촉진에 기여할 것이라는 점을 강조하고 있다. 이는 곧 최근 시진핑 정부가 강조하고 있는 '친親, 성誠, 혜惠, 용容'을 핵심 이념으로 하는 주 변국 외교의 본격적인 추진을 의미하기도 한다. 특히 중국 정부는 베트남과 필리핀 등 영유권 분쟁을 겪고 있는 국가들과 '해상 실크로드' 구축을 통해 관계 개선을 도모함으로써 '중국위협론'을 완화하려는 의도를 갖고 있다.

셋째, 일대일로 전략은 미국의 '아시아 재균형' 전략을 우회하기 위한 일종의 '서진西進' 전략이다. 즉, 중국은 최근 미국의 아시아 중시 정책을 중 국에 대한 봉쇄로 인식하고 이에 대한 대응으로 서쪽을 중시했고, 미국을 제외한 아시아, 유럽, 아프리카 국가들을 하나의 경제권으로 통합하려는 일대일로 전략을 제기한 것이다. 중국은 AIIB 설립을 주도하는 과정에서 미국과 일본 등의 반대에 직면했지만, 주변국한국, 베트남 등은 물론 인도와 러시아 및 다수의 유럽 국가들의 적극적인 호응을 이끌어 냈다.

넷째, 중국은 해외 자원과 에너지 획득 및 안정적인 수송로 확보 차원에서 중앙아시아와 동남아를 포괄하는 일대일로 구상을 제기했다. 중국은 이미 '육상 실크로드'의 핵심인 중앙아시아의 지정학적·지경학적 중요성을 잘 인식하고 있었고, '해상 실크로드'의 핵심인 동남아시아 역시 중국 원유 수입의 80%가 말라카 해협을 통해 이루어지고 있다는 점에서 일대일로 전략 구상의 핵심 대상 지역이다. 다만, 중국은 그동안 남중국해에서 동남아 국가들과 분쟁을 겪어 왔고, 최근에는 미국과도 갈등을 벌이고 있기에 향후 중국의 '해상 실크로드'의 성공 여부는 이 지역에서 중국이 관련국들과의 갈등을 어떻게 관리하느냐에 달려 있다고 볼 수 있다.

이처럼 '일대일로' 전략은 시진핑 체제의 중국이 추진하고 있는 대표적인 국가 대전략 구상으로서, 풍부한 자금력과 국가지도부의 추진 의지 및 관련 국가들의 긍정적인 호응 등을 볼 때 향후에도 더욱 적극적으로 추진될 것이다. 또한 2016년부터 시작되는 "국민 경제와 사회발전을 위한 13차 5개년 규획規劃, 2016~2020"의 핵심 프로젝트가 될 가능성이 매우 높다. 특히 막대한 외환보유고를 가진 중국이 물류 및 에너지 인프라 구축에 대한 적극적인 투자를 주도할 경우, 역내 경제권을 활성화시키는 요인으로 작용할 것이고 이는 곧 글로벌·지역질서에 지대한 영향을 미칠 것이다.

하지만 '일대일로' 전략을 추진하는 과정에서 중국이 해결해야 할 과제도 만만치 않다. 가장 중요한 것은 일대일로 전략이 갖고 있는 경제적 위험성이다. 중국의 대규모 인프라 투자와 막대한 대출 등으로 인해 경제적으로 취약한 연선 국가들이 디폴트에 빠질 수도 있고, 이는 곧 중국 경제에 부메랑으로 돌아올 가능성이 있다. 현재 저성장 기조 속에 중국 지방정부가 '일대일로'에 모든 것을 걸고 있는 상황에서 지방정부의 부채 문제도 갈수록 심각해

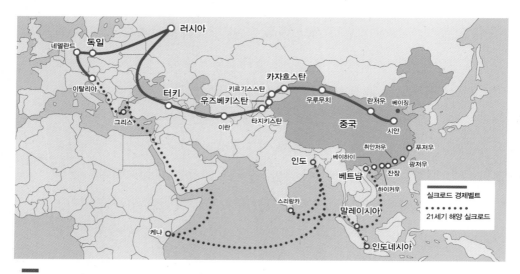

'일대일로' 전략 구상 개념도

질 가능성도 커지고 있다. 또한 '일대일로' 전략에 대한 주변국의 우려를 해소하는 것 역시 중국이 시급하게 해결해야 할 사안이다. 중국은 '일대일로'를 통해 관련국이 경제적 혜택을 함께 누릴 수 있는 '공영주의共榮主義'를 강조하지만, 미국과 인도 등 강대국은 물론 베트남과 필리핀 역시 중국의 영향력 확대에 따른 지역질서에 대한 부정적인 영향을 우려하고 있다.

4. 한중관계

한국과 중국은 1992년 수교 이후 모든 분야에서 급속한 발전을 거듭했다. 양국 간 교역액은 수교 당시 64억 달러에서 2014년 2,500억 달러, 2015년 2,759억 달러로 중국은 한국의 최대 교역상대국이 되었다. 또한 중국에게 한국은 홍콩을 제외하면 제3위 수출대상국이자 제2위 수입대상국이며, 제3위의 교역대상국이다. 2014년 한국 기업의 대중국 실제 투자액은 39.7억 달러누적액 598.2억 달러로 전년대비 29.7% 증가했다.

인적교류 역시 폭발적으로 늘어나고 있다. 2014년말 기준으로 중국을 방문한 한국인은 410만명이고, 한국을 찾은 중국인은 633만 5천명이다. 이는 홍콩·마카오와의 인적교류는 뺀 숫자로서, 바야흐로 한중간 인적교류는 연인원人次 1,000만명 시대에 접어들었다.

한국과 중국은 2014년 11월 FTA 협상을 타결했다. 한중 FTA는 1992년 수교 이후 양국 경제분야의 밀접한 관계를 반영하여 중국이 먼저 한국과의 FTA 체결에 적극적으로 나섰고 한국 역시 이에 호응하기 시작했다. 2005년부터 2년간 양국 민간공동연구가 진행되었고, 2007년 3월부터 2010년 5월까지는 양국 간 산·관·학 공동연구를 진행했으며, 2010년 9월부터는 민감한 분야에 대한 처리방안을 정부 간 실무 협의를 통해 진행했다. 이후 세 차례에 걸친 한중 정상회담2012.1. 2013.6. 2014.7에서 양국 정상은 한·중 FTA의 조기 추진 필요성에 공감하고, 한국의 국내절차가 완료되는 대로 협상을 개시한다는 데에 의견을 같이 했고, FTA 추진과 관련하여 농수산물 등 민감한 분야의 우려를 우선적으로 해결해 나가기 위해 긴밀히 협력하기로 했다. 결국, 2014년 베이징에서 열린 APEC 정상회의에서 시진핑 국가주석과 박근혜 대통령이 한중 FTA 타결을 선언했다.

2013년 시진핑국가주석—리커창국무원 총리 체제 출범 이후 한중 양국 정상은 상호방문을 통한 여러차례의 정상회담을 통해 경제·통상과 정치·안보 등 모든 분야에서 전방위적 협력 방안을 논의하고, '성숙한 전략적 협력 동반자 구축'에 노력하고 있다. 한중관계의 급속한 발전을 저해하는 가장 중요한 요인은 북한 및 북핵 문제라고 할 수 있으나, 중국의 대외정책에서 한국이 차지하는 전략적 위상이 갈수록 높아지고 있고, 한국 역시 최대 교역국이자 외교안보적인 영향력이 큰 중국과의 관계 증진에 많은 노력을 기울이고 있다는 점에서 한중관계는 우여곡절 속에서도 발전을 거듭할 것이다.

한중 공동성명 및 부속서 주요 내용(2014.07)

분 야	내 용
전략적 정치안보 협력 강화	● 정상간 상호방문 및 외교안보 고위전략대화 정례화 　– 청와대 국가안보실장과 중국외교담당 국무위원 간 고위전략대화 　　정례화 ● 양국 외교장관 연례 교환방문 정착 ● 국방분야 고위급 교류 및 직통전화 조속 개통 합의 ● 정부 · 민간 참여 1.5트랙 대화체제 설치 ● '한중 청년지도자 포럼' 개최 ● 역사문제 관련 상호 노력 및 역사연구 협력 ● 한중일 3국 협력 및 G20, APEC, UN, ASEAN+3 등 국제무대 협력
미래지향적 호혜협력 확대	● 높은 수준의 포괄적 한중 FTA협상 연내 타결 노력 강화 ● 원–위안화 직거래시장 개설 　–원–위안화거래소 설립, 위안화적격외국인기관투자자자격 부여, 　　청산결제은행 지정 등 ● 어업 및 조업질서 유지 협력 강화 ● 미세먼지 등 대기오염 감축 ● 기후변화 협력 ● 사고 · 천재지변 등에 대한 긴급구호 · 지원 협력 모색 ● 원전 안전 증진을 위한 사전 정보통보 등 협력 강화 ● 구제역 · 조류인플루엔자 등 동물역병 · 인체감염병 대처 협력 강화 ● 아시아인프라투자은행(AIIB) 설립 제안 평가 및 협의
쌍방향 인문교류 제고	● 2014년도 19개 한중 인문유대 세부사업 추진 ● 한중 공공외교포럼 매년 개최 ● 문화예술분야 대표 참여 '문화교류회의' 구성 ● '영화 공동제작에 관한 협정' 체결 ● 판다 공동연구 실시
국민체감 적인적 교류	● 영사협정 체결 ● 중국관광의 해(2015), 한국관광의 해(2016) 지정 ● 2016년까지 한중 상호 인적교류 1천만명 목표 ● 관용여권 사증면제 및 사증면제 범위 단계적 확대 ● 상호 영사기관 추가 설치 ● 스포츠대회 상호 지지 　– 2014인천아시안게임, 청소년올림픽, 2018평창동계올림픽 등

'중국의 꿈中國夢'

중국은 1949년 이후 사회주의 현대화와 개혁개방을 거쳐 21세기 글로벌 강대국을 실현하기 위한 또 하나의 대장정을 비교적 성공적으로 이끌어오고 있다. 개혁개방 이후 30여 년간의 급속한 발전을 기반으로 하여 이미 세계 제2위의 경제대국으로 부상했고, 2001년 WTO 가입과 두 차례1997, 2008의 경제위기 극복 과정에서 중국은 미국과 함께 새로운 국제질서의 중심축으로 부상했다. 특히 2008년 글로벌 금융위기 이후 미국과 유럽 및 일본 등과 같은 선진국들이 모두 경기 침체를 거듭했으나, 중국은 경제성장률 8%를 달성함으로써 국제 정치경제 분야에서 '중국 역할론'이 갈수록 증대되었다. "1979년 자본주의가 중국을 구했다면, 이제는 중국만이 자본주의를 구할 수 있다"는 말까지 회자되고 있다. 세계의 많은 연구기관에서 발표한 중국경제의 장기 전망 보고서에 따르면, 글로벌 금융위기 이전인 2007년 세계 GDP는 미국-일본-독일-중국 순이었으나, 2030년에는 중국-미국-인도 순으로 재편될 것으로 전망하고 있다.

세계 GDP 전망

순위	2007	2030	2050
1	미국	중국	중국
2	일본	미국	미국
3	독일	인도	인도
4	중국	일본	브라질
5	영국	브라질	러시아
6	프랑스	러시아	인도네시아

자료 : Goldman Sachs Paper 골드먼 삭스, No. 170 2007.7

물론 개혁개방 이후 중국경제는 '빛과 그림자'를 동시에 보여주었다. 또한 중국의 부상이 미국 패권의 상대적 위축을 촉진하면서 국제질서의 근본적 변화를 초래할 것인지에 대해서도 여전히 논쟁적이다. 그럼에도 불구하고 현재의 글로벌 질서 변화의 최대 동인은 미국 패권의 위기와 중국의 부상이라는 데 이견은 없어 보인다. 미국 역시 중국의 세계적·지역적 차원의 위상 제고 및 영향력을 인정하기 시작했다. 문제는 중국의 부상이 얼마나 빨리 이뤄지고, 그에 따라 미국의 패권이 얼마나, 그리고 어디까지 쇠퇴할 것인가 하는 점이다. 중국이 '대국'의 모습에서 진정한 '강국'으로 전환하기 위해서는 장기간에 걸친 끊임없는 체질 개선 노력이 요구된다.

2013년 국가주석에 취임한 시진핑習近平은 "중화민족의 위대한 부흥"이라는 '중국의 꿈中國夢'을 역설했다. 이를 실천하기 위해 국내적으로는 전면적인 개혁 심화全面深化改革와 법에 따른 통치依法治國를 기반으로 한 인민권익 보장, 사회주의 공평정의 수호, 국가발전 촉진, 당에 대한 엄격한 관리 등을 강조했다. 대외적으로는 미국 등 강대국과의 '새로운 형태의 대국관계新型大國關係' 구축을 강조하고, '친밀親·성실誠·호혜惠·포용容'을 이념으로 하는 주변국외교를 중시하기 시작했으며, 유라시아 경략經略을 위한 소위 '일대일로중앙아·유럽을 잇는 '육상실크로드' (一帶)와 동남아·인도양·아프리카를 연결하는 '해상실크로드' (一路)를 동시에 구축하는 전략구상' 전략구상을 추진하기 시작했다.

물론 최근 세계경제 침체가 지속되고 중국의 경제 성장률 역시 6%대로 하락함으로써 그동안 세계경제의 성장을 견인해오던 중국경제가 세계의 걱정거리로 등장했다. 하지만 중국은 이미 장기적 저성장을 대비하여 경제 체질 개선을 시도하고 있고, 경쟁력 있는 많은 중국 기업들이 세계무대에서 활약하고 있으며 13억 인구를 배경으로 하는 거대한 내수시장이 존재한다. 따라서 20세기 사회주의 대국大國에서 21세기 글로벌 강국強國으로의 도약을 꿈꾸고 있는 중국이 그동안의 '부국강병'을 위한 역사적 경험과 자신들이 보유한 인적물적 자원 및 중국공산당 지도부의 리더십 등을 적절하게 결합시킨다면 21세기는 '중국의 세기'가 될 가능성이 높다.

중국 경제발전의 역사적 맥락

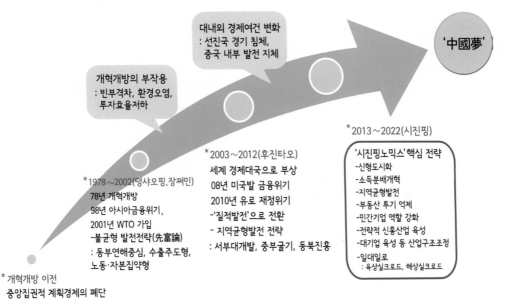

대내외 경제여건 변화
: 선진국 경기 침체,
중국 내부 발전 지체

개혁개방의 부작용
: 빈부격차, 환경오염,
투자효율저하

'中國夢'

*2013~2022(시진핑)

'시진핑노믹스' 핵심 전략
-신형도시화
-소득분배개혁
-지역균형발전
-부동산 투기 억제
-민간기업 역할 강화
-전략적 신흥산업 육성
-대기업 육성 등 산업구조조정
-일대일로
: 육상실크로드, 해상실크로드

*2003~2012(후진타오)
세계 경제대국으로 부상
08년 미국발 금융위기
2010년 유로 재정위기
-'질적발전'으로 전환
- 지역균형발전 전략
: 서부대개발, 중부굴기, 동북진흥

*1978~2002(덩샤오핑,장쩌민)
78년 개혁개방
98년 아시아금융위기,
2001년 WTO 가입
-불균형 발전전략(先富論)
: 동부연해중심, 수출주도형,
노동·자본집약형

*개혁개방 이전
중앙집권적 계획경제의 폐단

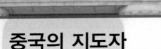

중국의 지도자와 정부기구

중국의 지도자

마오쩌둥	덩샤오핑	장쩌민	후진타오	시진핑
제1세대 건국의 아버지 대약진운동 문화대혁명 "권력은 총구에서 나온다."	제2세대 개혁개방의 총설계자 "검은 고양이든 흰 고양이든 쥐만 잡으면 된다, 누군가 먼저 부자가 되고 나머지를 이끌어라"	제3세대 3개 대표사상 "중국공산당은 선진생산력 선진문화 광범위한 인민의 이익을 대표한다."	제4세대 과학적 발전관 "사람의 근본으로 지속가능한 발전을 추구한다"	제5세대 중화민족의 위대한 부흥 ""권력과 분배의 조화" "중국의 꿈"

중국정부기구

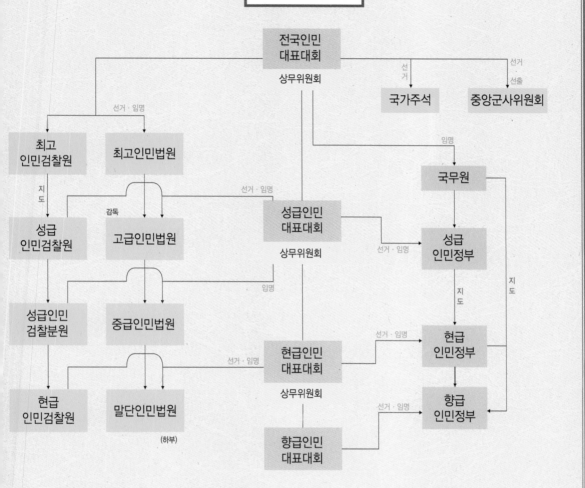

전국인민
대표대회

상무위원회

선거 → 국가주석

선거·선출 → 중앙군사위원회

선거·임명

최고
인민검찰원

최고인민법원

임명 → 국무원

지도

성급
인민검찰원

감독

고급인민법원

선거·임명

성급인민
대표대회

상무위원회

선거·임명 → 성급
인민정부

성급인민
검찰분원

임명

중급인민법원

지도

현급
인민검찰원

말단인민법원

(하부)

선거·임명

현급인민
대표대회

상무위원회

선거·임명 → 현급
인민정부

지도 → 향급
인민정부

선거·임명

향급인민
대표대회

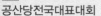

공산당전국대표대회

전국인민대표대회

제5부 중국 속의 한국을 만나다

중국 대륙에 남겨진 우리 선조들의 발자취

　한국에 있어 중국은 땅이 잇닿아 있어 거리론 가장 가까운 외국이었다. 지리적 근접성과 다양한 교류로 인해 한국의 문화적 성격과 역사적 발전단계는 중국과 매우 비슷했다. 그러므로 중국에 대한 이해는 때로 한국의 전통 문화를 이해하는 데 참조가 되며, 한국에 대한 이해는 중국의 전통을 이해하는 데 단서가 되기도 한다.

　고대 한국인들은 자신의 필요에 따라 중국문화를 흡수하고 변용했다. 한국은 중국을 통해 자신의 위치를 설정하고 자기 문화의 정체성을 찾고자 했다. 중국에서 활동한 조상의 발자취를 따라 가는 길은 선인의 추구와 노력을 알아가는 일이자 동시에 오늘의 중국을 이해하는 지극히 흥미있고 의미있는 방법이 될 것이다. 중국 속의 한국 관련 문화유산을 찾는 일은 지극히 의미 있는 작업이라 할 것이다.

원측과 혜초의 길: 시안西安

시안은 고운 최치원孤雲 崔致遠, 857~?을 비롯한 의상義湘, 625~702, 원측圓測, 613~696, 혜초慧超, 704~787 등 신라인들의 발길이 계속 이어진 곳으로, 신라가 경주慶州를 도읍으로 하였을 때의 당나라 도성이다.

시안의 서북쪽 80km 지점에 있는 건릉乾陵에 가면 신도神道 양쪽에 사절의 석상이 늘어서 있다. 건릉은 당나라 3대 황제 고종과 측천무후의 합장묘다. 500m의 참배길 동서 양쪽에 머리가 잘려나간 61기의 외국사절 석상이 늘어서 있는데, 동군은 동쪽 나라, 서군은 서쪽 나라에서 온 사절들이라고 한다. 원래 사절의 국적과 이름은 각기 상의 등에 새겨져 있었으나 대부분 닳아 없어져 호탄국 등 4개국 사절만 확인될 뿐이다. 신라 사절은 복식과 체형상 특징으로 볼 때 긴 망토형 두루마기를 여며 입고 허리에 띠를 맨 동군의 제3열 제2상이 아닐까 추정한다.

또 근처의 영태공주묘 박물관에는 이현묘李賢墓에서 발굴된 〈예빈도禮賓圖〉에 신라 사절의 모습을 찾을 수 있다. 예빈도는 묘길의 양쪽 벽에 위치하는데, 서벽은 파손됐고, 동벽만 남아있다. 그림 속에 외국사절 3명이 보인다. 그중 조우관鳥羽冠, 깃털을 꽂은 모자을 쓴 사절이 하나 있다. 그의 국적은 아직까지도 논란거리이지만 신라 사절이라는 주장에 의견이 모이고 있다.

중국과 한국의 교류는 이른 시기부터 통교通交, 사행使行·무역貿易·전쟁戰爭 등으로 빈번했다. 오호십육국五胡十六國 시기 한국에 전래된 주요한 문물은 한자이다. 관련된 자료를 보면, 고구려는 건국 초기에 『유기留記』를 작성했고, 백제는 285년 아직기阿直岐가 일본으로 건너가 왕자에게 한자를 가르쳤고, 신라는 251년 부도夫道가 서書와 산算에 능해 이름을 떨쳤다는 기록이 있다. 한자의 전래와 함께 유학이 수입되었다. 고구려는 372년 태학을, 백제는 384년 대학을, 신라는 651년에 국학의 초기 형태에 해당하는 대사大舍를 설치했다. 신라는 통치권을 안정시키기 위해 당의 제도를 받아들이는 등 학술과 문화를 가장 적극적으로 흡수했다.

문화의 교류 가운데 특히 불교의 전래가 두드러졌다. 기록에 의하면, 고구려는 372년 전진前秦의 왕 부견符堅이 사신과 승려 순도順道를 파견하여 불상과 불경이 전래되었다. 백제는 384년 동진의 호승胡僧 마라난타摩羅難陀가 왔고, 다음해에 절을 지었다. 신라는 지눌 마립간 시기417~458에 고구려 승려 묵호자墨胡子가 오면서 시작되었다. 불교의 진흥으로 중국에 유학가는 승려가 점차 많아졌고, 이들을 통해 문물이 전해졌다. 삼국시대의 문화교류는 유학승들이 담당했고, 당시 분열된 중국의 각지를 다니며 활동했다. 특히 상대적으로 안정된 송宋·제齊·양梁·진陳 등 남조의 국가들과 교류가 많았으며, 주로 방문한 곳은 난징과 쑤저우 등이다.

삼국시대와 통일신라에 걸쳐 중국을 찾아간 승려는 대략 1,000명에 이를 것으로 추정한다. 특히 수 · 당대는 가히 '입중구법'의 전성기로서 불교사에 길이 남을 걸출한 승려들이 앞 다투어 중국으로 건너갔다. 현장을 도와 법상종을 개창한 원측, 황룡사 구층탑을 세운 주역인 자장, 해동화엄종을 일으킨 의상 등의 활약상은 명성이 높다. 당대 장안長安, 지금의 시안 도심에 있던 주요 사찰에서는 상당수 신라 승려들이 주석하거나 공부했다. 혜초나 원측처럼 황실의 신임을 얻어 고승대덕 반열에 오르는 경우도 있었다. 중국과 서역을 거쳐 '천축天竺'으로 불리던 인도까지 순례를 떠난 승려들도 많다. 중국에 유학한 승려 중 현재 기록에 남아있는 사람은 어느 정도 뚜렷한 업적을 남긴 자들이다.

삼국 가운데 신라는 7세기 들어 당과의 정치적인 관계가 밀접해지면서 당의 문화를 가장 밀도 깊게 받아들였다. 신라의 중고기中古期, 514~654 때는 불교가 국가의 부흥과 깊은 관련을 맺고 있었다. 원광圓光도 진평왕眞平王, 579~632의 명령으로 수나라에 걸사표乞師表를 썼고, 화랑도의 세속오계世俗五戒를 만들었다. 특히 638~643년에 유학한 자장慈藏은 선덕여왕善德女王, 647~654이 왕실에서 불교 교단을 장악하기 위해 유학시켰던 인물로, 수문제隋文帝의 "불교치국책"을 수입했다. 그는 '신라불국토新羅佛國土'설을 제창하여 국가의식을 고취했고, 왕실은 석가모니의 종족이라는 '진종설眞種說'을 유포시켰으며, '신라삼보설新羅三寶說, 진평왕의 옥대, 황룡사 불상, 황룡사 9층 목탑'을 만들었다. 또 신라의 관복을 당나라 식으로 만들 것을 건의하여 관철시켰다.

현장법사

흥교사는 시안 시내 동남쪽 24㎞ 지점의 교외 야산 기슭에 있다. 금동 와불상을 비롯해 당대부터 청대까지 조성한 불상들이 있다. 경내에는 고탑古塔 3기가 서 있다. 당의 고승 현장법사玄奘法師, 600~664의 사리탑과 함께 그의 두 수제자인 신라의 고승 원측의 사리탑과 중국인 수제자인 규기窺基의 사리탑이다.

외국어에 능통했던 장안의 신라 승려들은 특히 서역 불경을 번역하는 역경사업에 큰 공로를 남겼다. 그러한 업적을 남긴 신라승으로는 원측圓測 이외에 신방神昉·지인智仁·승장勝莊·현범玄范·무착無著·혜초慧超·혜일惠日 등이 있다. 이들 8명의 신라 학승은 현장玄奘·의정義淨·지바하라地婆訶羅·보리류지菩提流志·금강지金剛智 등이 주도한 6개의 역장譯場의 번역 사업에 참여했다. 이후 신라로 귀국한 구법승들은 서역에서 입수한 불경 번역본과 산물들을 국내에 전파시켰다. '법수法水'로 불린 서역과 중국의 선진 불교문화를 한반도에 터준 '파이프라인'이었던 셈이다.

혜초慧超, 704~787는 1908년 펠리오가 둔황敦煌 장경동막고굴 제17동에서 우연히 『왕오천축국전往五天竺國傳』을 발견하면서부터 알려졌다. 둔황 문건이 발견된 처음에는 중국인으로 알려졌으나 일본 학자 다카쿠스 준지로高楠順次郎가 신라인임을 밝혀내었다. 발견된 『왕오천축국전』은 원본이 아니라, 3권짜리

혜초의 『왕오천축국전往五天竺國傳』

원본을 간추린 절독본의 사본이다. 다행스러운 것은 원본의 핵심부분이 그대로 남아있어서 여행기의 주요내용은 파악할 수 있다는 점이다.

혜초는 16세 때인 719년 중국 광저우廣州에서 인도승 금강지金剛智에게서 밀교를 배우고, 723년20세 광저우를 떠나 뱃길로 동천축에 도착했다. 이후 온갖 어려움을 이겨내면서 4년간 인도를 비롯하여 카슈미르, 아프가니스탄, 중앙아시아 일대를 답사하고, 서역을 거쳐 727년 11월 당나라로 귀국했다.

『왕오천축국전』은 일부가 떨어져나가 당으로 귀국 당시 행로가 신장新疆의 카라샤르 근처에서 끊겨 있어, 당으로 귀환하기 바로 전의 행적은 알기어렵다. 당시 중국 유학승들이 인도에 간 목적 가운데 하나는 '나란다'에서 수학하는 것이었는데, 혜초도 불적지 참배가 주요한 동기가 아닌가 추측한다. 혜초는 인도에서 돌아와 만년 우타이산에 들어가기 전까지 50여년 동안 장안에 머물렀다. 혜초만큼 오랫동안 장안에서 활동하면서 발자취를 남긴 한국인도 드물 것이다. 그는 천복사와 대흥선사에 주석하면서 밀교 연구와 전파에 한생을 바쳤다. 780년 향년 76세로 입적했다.

혜초의 유적지로는 시안의 서쪽에 있는 성 저우즈현周至縣 금분金盆 댐 기슭에 혜초기념비가 있다. 저우즈현 흑수곡黑水谷에 있는 선유사의 옥녀담玉女潭 위는 774년 1월 혜초가 대종의 명을 받아 기우제를 지낸 곳이다. 철야 기도 이레 만에 마침내 명주실 같은 감로수가 하늘에서 쏟아져 내렸다고 한다. 1990년대에 흑하를 막아 댐을 만드는 통에 선유사와 옥녀담은 수몰되어 없어졌다. 대한 불교 조계종과 변인석 교수 등이 중국 당국의 협조를 받아 옥녀담 제사터에 있던 거북바위를 인근 언덕에 옮기고 그 옆에 '신라 국고승혜초기념비'와 비를 보호하는 비각을 세웠다.

▶ 김교각의 길: 주화산

　신라의 중대(中代, 통일신라 전반부, 654~780 기간은 불교의 성격이 '교학 불교'로 바뀌었다. 한반도의 통일을 이룬 김춘추와 김유신의 연합 세력이 등장했고, 이들은 당태종의 정관지치(貞觀之治)를 모델로 하는 '유교치국책'을 지향했다. 그 결과 불교 승려가 아니라 유학생이 중심세력으로 등장했고, 가항 불교 세력도 포섭했다. 이는 654년 김춘추가 왕권을 장악하면서 신진세력이 대두한 것과 일치한다. 당시 중국의 불교는 신라와 거의 동시에 전개될 정도였다. 현장(玄奘, 602~664)의 『유가론』이 1년이 못 돼 신라에 수입되었고, 『금광명경(金光明經)』과 『무구정광다라니경(無垢淨光陀羅尼經)』이 번역된 지 1년 만에 수입되었다. 특히 화엄종은 유학승의 활약이 컸다.

　의상(義湘, 625~702)은 661년 입당하여 10년간 유학했다. 귀국한 후에는 화엄종을 열었고 불도에 더욱 정진하여 여러 저술을 남겼다. 신라 중대에는 대승 교학이 발달한 때로, 특히 화엄종과 유식종이 주축을 이루었다. 신라 왕실에서는 화엄종을 지지하여 더욱 발전했다. 원효(元曉, 617~696)는 비록 유학을 하진 않았지만 『대승기신론소(大乘起信論疏)』와 『화엄경소(華嚴經疏)』는 중국에 큰 영향을 미쳤고, 『십문화쟁론(十門和諍論)』은 인도의 범어로 번역되기도 했다. 무상(無相, 680~756)은 신라 국왕의 셋째 아들로 728년에 입당했다. 선종을 보급하는 데 힘써 당 불교계에서 활약했다.

　유학승들은 역경과 저술, 수행과 순례, 창법(創法)과 전법 등을 행하며 여러 가지 역할을 했다. 첫째, 그들은 종교적 역할을 담당했을 뿐만 아니라 정치와 문화적 역할도 수행했다. 승려들은 한국의 정치·외교 사절이었고, 정식 외교 사명(使命)을 가지고 있었다. 혹은 사신의 안내인이거나 통역원이었다.

주화산

둘째, 그들을 통해 불교가 수입되면서 철학·논리학·문학·음악·회화·건축·조소 등이 들어왔고, 이는 한국의 학술과 문화 발전을 촉진했다. 『한국불서해제사전』에 의하면 삼국과 신라시기, 조선의 불교 작가는 47명, 저서는 377종에 1,323권이며, 중국과 일본에 널리 알려진 사람은 원측圓測·원효元曉·의상義湘·경흥憬興·혜초慧超·대현大賢·최치원崔致遠 등이다. 이러한 활동은 이후 『고려대장경1237~1251』의 제작으로 이어졌다. 셋째, 한국적인 불교가 탄생했다. 원광圓光의 세속오계世俗五戒: 사군이충, 사친이효, 붕우유신, 임전무퇴, 살생유택는 국가주의가 강렬하게 반영되었지만 토착화된 사상을 표현한 것이다. 원효元曉는 귀일심원설歸一心源說을 제창했고, 불교의 여러 학설을 조화和諍論하는 입장에서 중국의 학설도 비판했다.

신라 중대는 이처럼 교학불교가 주류를 이루었지만, 이러한 토대 위에서 실제적인 신앙과 교화에 힘쓴 인물도 나왔다. 특히 한중 문화 교류에서 김교각金喬覺, 696~803의 위치는 매우 뚜렷하다. 당시 교학 불교의 조류와 달리 그는 신앙을 실천하고 대중을 교화하는 실천 불교의 세계를 크게 열었다. 김교각은 신라의 왕자로 24세에 입당했다. 김교각의 교각喬覺은 그의 사후 붙여진 법호法號이므로 실제 이름이 학계의 관심사였다. 이에 대해선 그동안 성덕왕의 5명 아들 가운데 첫째인 김수충金守忠으로 알려졌다. 그는 정실의 아들이 아니므로 태자가 되지 못해 당나라에 숙위宿衞로 파견되었다가, 귀국하여 돌아와 보니 둘째 아들 김중경金重慶이 태자로 되었기에 왕족으로 살아가길 포기하고 출가했다는 것이다. 그러나 최근 발견된 비문에선 둘째라 되어 있어, 김중경이 바로 김교각이라 보기도 한다. 김교각은 처음에는 석굴에서 쌀과 백토를 먹으면서 수행하였다. 나중에 입적할 때 산이 울리고 돌이 굴러 내렸으며, 육신을 부좌한 채로 함에 넣었다가 3년 후 열어보니 피부는 산사람과 같았고 팔다리를 들어보니 금쇠소리가 나므로 지장보살이 세상에 현신한 것으로 보았다. 이후 사람들이 그를 '김지장金地藏'이라 했다.

주화산은 안후이성安徽省 칭양현靑陽縣 서남쪽에 위치하며, 산봉우리가 99개, 면적이 100여 만㎢이다. 예로부터 동남 제일산으로 불린다. 주화산의 불사활동은 동진 401년융안 5년에 천축의 승려 회도懷渡가 이곳에 사원을 건조하고 전도를 하면서부터 시작됐다. 김교각이 이곳에서 도를 닦고 입적한 후 사찰이 수풀처럼 일어서게 되었다. 주화산의 총림은 화성사化城寺, 곧 구화개산사九華開山寺로 역사가 가장 오래됐다. 지장보살 도량이기도 하다. 화성사는 주화거리九華街에 위치하고 있으며 원형광장을 마주본다. 이 광장 중간에는 초승달 모양의 월아지月牙

〈지장시왕〉, 비단에 채색, 143.5 x 55.9cm
일본 정가당靜嘉堂 소장

池 연못이 있으며, 이는 지장地藏 방생지放生池이다. 사전寺殿 앞뒤로 4채가 있는데 분문청, 대웅보전, 장경루이다. 이 네 채는 지세를 따라 점점 높아지며 자연과 조화를 이루고 있다. 전내에는 강희 황제의 친필인 '구화성경九華聖境' 편액과 건륭황제의 친필인 '분타보교芬陀普敎'의 편액이 있다. 뒷전에는 명대 숭정 황제의 친필인 '위선최락爲善最樂'의 편액이 있다.

음력 7월 30일은 지장보살의 탄신일로서 여러 사원에서 불사활동을 행하여 전통적인 주화산제회를 연다. 승려와 참배자들이 모여들어 향을 피우고 참배를 한다. 민간에서는 등불놀이, 죽마놀이, 꽃불 올리기, 고대극 공연을 한다. 불사활동은 한 달 동안 계속된다. 주화산九華山은 교통이 불편한 편이다. 상하이에서 허페이合肥를 통하여 안칭을 거쳐 가는 길은 6시간이 걸리며, 상하이에서는 황산黃山을 거쳐 가는 길 역시 5시간 정도가 소요된다. 들를 만한 명소로는 화성사 이외에도 김교각의 등신불이 있는 육신보전肉身寶殿 · 시왕사 · 봉황송 · 백세궁 · 저원사 등이다.

신라방과 신라사: 산둥

신라 하대下代, 780~935에는 선종이 유입되어 시대적 상황을 반영했다. 또 신라는 왕위다툼과 농민봉기가 빈발했고, 6두품 지식인들이 새로운 사회로의 전망을 제시했다. 종래의 화엄학, 유식학, 천태학 등 교학불교가 퇴조를 보이고 선종, 정토종 등 실천불교가 대두했다.

일본의 입당 구법승 엔닌圓仁이 838~847년 동안의 중국 일정을 기록한 『입당구법순례행기入唐求法巡禮行記』에는 중국 내의 신라인의 활동과 신라 사찰의 면모가 자세히 기록되어 있다. 산둥성 원덩현文登縣 츠산촌赤山村에 있는 법화원法華院에 대해서도 자세히 기록하고 있다. 당시 중국 내에는 다수의 '신라사新羅寺'가 있어 신라 승려가 체류하기 쉬웠다. 법화원 이외에 산동성 용흥사龍興寺와 예천사醴泉寺의 신라원, 샨시성의 신라사, 루산廬山의 신라암 등이 현재 알려져 있다. 또 대림사大林寺의 승려는 모두 신라인이며, 그들 승려 대부분은 선종 계통이었다. 『경덕전등록景德傳燈錄』에 전기가 실려 있는 43명의 외국인 가운데 42명이 신라인이었으니 당시 신라승의 유학열이 어떠했는지 짐작할 수 있다. 신라 말기 중국의 혼란으로 유학이 곤란해지자 선종의 불법이 동쪽으로 이동하여 한반도가 중심이 된다는 '오법동래설吾法東來說'이 유행했고, 한반도 불교 수준이 중국보다 우월하다는 인식이 팽배했다. 이는 고려 때까지 지속되었다. 엔닌은 장보고에 편지를 보내 도움을 청하기도 했으며, 일본으로 귀국할 때에도 신라인의 도움을 받았다.

장보고는 신라 하대의 호족이자 대상인이다. 청년기에는 친구 정년鄭年과 함께 당나라에 들어가 생활하다가, 쉬저우徐州 무녕군武寧軍에 복무하여 장교가 되었다. 당시에는 신라와 중국이 각기 쇠퇴기에 접어들어 중앙권력이 약화되고 도적이 횡행했으며 해적이 자주 출몰했다. 장보고는 특히 신라인에 대한 해적의 노략질에 분노했다. 823년 장보고는 츠산에 법화원을 세운 후 귀국했다. 신라왕에게 남해의 해상교통 요지인 완도에 해군기지를 건설하여 황해의 무역로를 보호하고 해적을 근절시킬 것을 주청했다. 828년 왕의 승인을 받아 민군 1만 여 명의 군대를 확보하여 청해진淸海鎭을 건설했다.

조정에서 내린 청해진대사淸海鎭大使는 관직 체계에 없는 별도의 직함이었다. 이후 장보고는 해적을 소탕하며 동지나해 해상권을 장악하고 국제무역을 주도했다. 장보고는 특히 산동성 원덩현文登縣 츠산촌에 법화원을 건립하고 지원했다. 상주하는 승려가 30여 명이었고, 연간 500석을 추수하는 장전을 소유했다. 이 지역 신라인의 정신적 중심지로 법회 때는 250여 명이 참석했다.

836년 신라 수도에서 왕위계승분쟁에 패배한 김우징뒤의 신무왕 일파가 청해진으로 피난 왔다. 838년에는 수도에서 재차 왕위 분쟁이 터져 희강왕이 피살되고 민애왕이 즉위했다. 장보고는 김우징 일파를 지원하여 군대를 보내어 경주를 반격하여 김우징을 왕으로 즉위시켰다. 김우징신무왕은 그를 감의군사感義軍使로 삼고 식실봉 이천호에 봉했다. 중앙의 귀족들은 그의 딸을 문성왕의 왕비로 맞는 것에 반대하는 등, 이후 청해진과 중앙 사이에 대립이 심각해졌다. 그러던 중 846년 중앙 정부에서 장보고의 부하 염장을 보내어 그의 막하에 투항한 척 하다가 장보고를 암살했다. 이후 장보고의 아들과 이창진이 청해진을 유지시켰으나 염장이 이끈 중앙군에게 궤멸되고 말았다. 851년에는 청해진의 주민을 김제 벽골군으로 이주시키고 청해진을 폐쇄했다.

중국 산둥성 스다오시石道市에 예전의 법화원 자리에 '장보고 기념관'이 세워졌다. 2005년 4월 28일 개관했다. 중국에서 외국인을 기념하는 기념관 중 정부 공식인가를 받은 사례는 장보고가 3번째다. 중앙에는 높이 8m의 거대한 장보고상을 세우고 그 옆에는 중국어와 한국어로 "장보고는 한민족의 영웅, 평화의 사자일 뿐 아니라 해상 무역왕으로서 영예로운 그 이름을 널리 떨쳤다"고 새겼다. 전시관 건축은 당나라의 풍격에 따라 기둥에 조각하고 대들보를 채화로 장식했으며 장보고의 입당 배경, 무녕군에 입대해 전투를 치르는 모습, 츠산법화원 건립, 청해진 창설 등의 모습을 담았다.

장보고는 국제적인 인물로 오늘날 우리에게 주는 교훈은 적지 않다. 정경政經 분리, 국제적인 감각, 무역의 국제화, 기업의 사회적 책임, 저항적 에너지를 창조적 에너지로 전환시킨 지도력 등이다. 조만간 한국의 완도에도 장보고기념관을 개관할 예정이라고 한다.

신라와 당은 근 삼백 년 동안 시종 우호관계를 유지했다. 통일신라 초기에 경색 국면이 있었지만 기본적인 외교관계는 유지되었다. 신라에서 당에 사신을 보낸 횟수만 해도 120차 이상이었으며, 당에서 신라왕의 책립과 애도로 사절을 파견한 경우도 적지 않다. 이러한 잦은 사절단의 왕래로 양국 사이에 정치 · 외교 · 군사 · 경제 · 문화 등의 교류가 이루어졌다. 신라는 한반도의 국가 중 중국과 가장 거리가 멀어 문물의 전래는 상대적으로 늦었지만, 수나라의 등장과 함께 가장 적극적으로 중국의 문물을 받아들였다. 이는 당시 신라가 중국과 연합하여 고구려와 백제에 대항하는 형국에서 비롯되었다. 그리하여 당과 연합하여 660년 백제를, 668년 고구려를 멸망시키고 한반도의 중심국가가 되었다. 당대 초기에 당에 보낸 유학생도 삼국 가운데 가장 많았다.

유학생은 당의 국학國學에서 수학하는 경우 연한이 10년이었고, 책값은 신라에서 부담하고 숙식비는 당의 홍로사鴻臚寺에서 부담하였다. 신라와 당의 관계가 점차 긴밀해지면서 신라는 여러 방면에서 당의 제도와 문화를 받아들였다. 그 뚜렷한 예는 788년원성왕 4년 신라가 당의 과거제를 모방하여 실시한 독서삼품과讀書三品科 제도이다. 이후 계속하여 신라의 유학생과 유학승 파견이 늘어났다. 837년 신라의 유학생은 이미 216명에 달했고, 840년 신라는 재당 유학생 가운데 체재 기한을 넘긴 105명을 본국에 송환해줄 것을 요청했다. 뱃길이 익숙해지면서 신라인들이 대거 당의 동남 연해에 들어가기도 했다.

신라는 841년회창 원년 이후 약 반세기 동안 당나라와 공식 관계가 단절되었다. 그러나 민간의 교류는 계속되었으며 그것도 이전보다 더 활발해졌다. 당은 환관의 득세와 절도사의 전횡으로 사회가 혼란해졌고, 신라 역시 왕권이 약화되고 골품제가 붕괴됐다. 이러한 과정 속에 개인의 출로를 찾는 신라의 문인들이 이전보다 많이 당을 찾아갔다.

최치원 상

당나라에 조기 유학을 떠나 당의 과거 빈공과賓貢科에 급제하고 관리를 지낸 최치원崔致遠은 당시 신라 문화의 위치가 어떠했는지를 보여주는 좋은 예이다. 그는 귀국 때 자신의 시문을 모은 『계원필경桂苑筆耕』을 진상했고, 귀국 후로도 계속하여 문필 활동을 했다. 난징에서 가까운 리수이溧水에는 최치원의 동상이 서 있고, 양저우揚州에는 최치원기념관이 세워져 있다.

최치원857~?은 자字가 고운孤雲 혹은 해운海雲으로 857년에 신라 사량부沙梁部. 경주에서 최견일崔肩逸의 아들로 태어났다. 12세가 되던 868년경문왕 8년, 중국 당나라에 유학을 떠났다. 최치원은 "남이 백을 하는 동안 자신은 천의 노력을 했다."人百己千 18세가 되던 874년경문왕 14년에 장안에서 과거 시험을 봐 빈공과賓貢科에 급제했다. 28세 때인 884년에 귀국한다. 30세가 되던 886년헌강왕 12년 정월, 당에 있을 때 지은 시문 만여 편 가운데 10~20%에 해당하는 28권을 정리하여 헌강왕에게 바쳤다. 최치원의 사망 년대는 정확히 알려지지 않았다.

리수이현은 난징에서 62km 떨어진 곳으로 주위에는 낮은 산과 구릉이 많다. 명승지로는 영수사탑永壽寺塔, 천생교天生橋, 포당교蒲塘橋 등이 있다. 인구 40만의 작은 도시지만 오랜 역사를 간직한 유서 깊은 곳이다. 리수이현은 최치원이 과거에 급제한 후 20세에서 24세까지 현위縣尉 직책으로 근무했던 곳이다. 최근 2000년 10월에는 한중 최치원기념사업회가 리수이현에 최치원의 동상을 건립했다. 리수이현에서 가장 먼저 눈에 띄는 것은 영수탑이다. 당나라 시대 원형을 복원한 거대한 7층탑이다. 탑 내부는 일반인들이 관람할 수 있도록 공개되어 있는데, 흥미롭게도 탑의 2층에 최치원의 초상화가 걸려 있다. 또 초상화와 함께 최치원의 시가 전시되어 있는 이곳은 일명 최치원실이라고 불린다. 현재 영수탑 옆에는 최치원 동상이 놓여 있으며, 주변엔 박물관이 만들어져 역사유물이 함께 전시되어 있다. 박물관은 건축면적 2천여 평방미터로 복도에는 대략 150여 개의 시비를 세울 예정이다. 그중에서 50개는 최치원의 시비로 꾸밀 계획이라고 한다. 박물관에서 걸어서 10분 거리에 있는 통제가通濟街에는 최치원이 근무했던 현청이 있었는데 아쉽게도 도시계획에 따라 2004년에 철거되었다. 리수이현에 살고 있는 왕진위·주리 부부는 최치원만을 소재로 그림을 그렸다. 왕진위 부부는 최치원이 유학 온 시절부터 귀국하기까지의 생애를 화폭에 담았다. 여기에는 최치원이 유학을 떠날 때 아버지가 배웅하는 모습, 쌍녀분의 전설 가운데 두 소녀가 최치원을 찾아온 장면, 귀국하는 최치원의 모습 등이 있다.

현존하는 이야기 가운데 최치원을 주인공으로 하는 소설이 2편 있는데 그중 하나는 이곳 리수이를 배경으로 이루어졌다. 사람과 귀신의 사랑이야기로 제목은 보통 『쌍녀분雙女墳』이라고 한다. 『선녀홍대仙女紅袋』, 『최치원』 등으로도 알려졌다. 이 이야기는 신라의 설화집說話集인 『수이전殊異傳』에 전하던 것이 간추린 형식으로 전해지거나, 남송南宋의 장돈張敦이 소흥紹興 연간1131~1162에 편찬한 『육조사적류편六朝事迹類編』에 실려 전해졌다. 그가 중국에 있을 때의 일을 그리고 있고, 그 장소도 중국의 난징南京 서남쪽에 있는 리수이현溧水縣이란 점에서 중국의 영향이 크다는 것을 쉽게 알 수 있다.

『쌍녀분』은 천 년 전 최치원崔致遠을 주인공으로 이승과 저승을 넘나든 사랑 이야기이다.

양저우揚州는 최치원이 두 번째로 관직을 지냈던 곳이다. 중국에서 가장 완전하게 보존된 고대 성 중의 하나이다. 현재는 당성유지박물관唐城遺址博物館으로 되어 있으며, 최치원기념관이 세워져 있다. 기념관은 2층으로 되어 있으며, 1층은 최치원의 활동상을 자세하게 설명한 판넬들이 붙여있고, 2층은 관련 유물들이 진열되어 있다. 최치원의 주저인 『계원필경』도 대부분 당성에서 근무하던 시기에 쓰여졌다.

▶ 표해록의 길: 닝보에서 베이징까지

『표해록』은 최부가 일행 42명과 함께 제주도에서 난파되어 표류하다가 중국 강남에 표착한 뒤 육로로 귀국할 때까지 겪은 기구한 경험을 기록한 기행문이다. 사실 『표해록』은 장한철張漢喆과 문순득文淳得 등도 같은 제목의 글을 남겼고, 유사한 시문도 더러 있다. 예컨대, 제주도 사람 이방익李邦翼, 1756~?은 1796년 7명의 뱃사람과 함께 제주도 근처에서 표류하여 푸젠성福建省 펑후부澎湖府에 도착했고, 쑤저우, 양저우, 산둥을 거쳐 베이징에 이르렀다가, 의주로 귀국했다. 최부와 유사한 행로를 다녀온 그는 장편기행가사 『표해가漂海歌』를 남겼다. 그러므로 이들과 구별하기 위해 『최부 표해록』 혹은 그의 호를 딴 『금남錦南 표해록』이라 불러야 하지만, 여기에서는 편의를 위해 『표해록』이라 칭하기로 한다.

최부는 나주에서 태어나 문과에 급제, 『동국통감東國通鑑』편찬에 참여했고, 사헌부 감찰, 홍문관 부교리副校理 등을 역임한 전형적인 문사 출신 관료이다. 조선 연산군 시절, 최부는 당시 제주로 도망친 노비들을 잡아들이는 추쇄경차관推刷敬差官으로 일했다. 도망친 노비들이 가장 많이 숨어사는 곳이 제주도였다. 최부가 중국을 표류하게 된 계기는 갑작스런 부친상이었다. 1488년성종19 제주에서 배를 타고 급히 고향인 전남 나주로 돌아가던 최부는 자신을 호위하던 병사와 뱃사람 등 일행 42명과 함께 풍랑을 만났다.

배마저 부서져 속수무책인 가운데 14일 간이나 동중국해를 표류한 끝에 중국 저장성 타이저우부台州府 린하이현臨海縣에 표착했다.

총 43명의 최부 일행은 말이 통하지 않는 상황에서 해적을 만나고 왜구로 몰려 죽을 고비를 여러 번 넘긴다. 도저소, 사오싱, 항저우 등을 전전하면서 명의 관리들로부터 여러 차례 심문을 받은 끝에 강인한 의지와 뛰어난 위기관리, 탁월한 지식으로 조선 관원의 신분을 확인받았다. 쑤저우蘇州부터는 운하를 통해 베이징으로 호송되었다. 최부는 한문으로 필담筆談을 나누면서 조선 관료로서의 대우를 요구하는 등 당당한 자세를 보였다. 베이징 옥하관玉河館에서 한 달여 머무르며 명제明帝를 알현하고 상을 받은 최부 일행은 마침내 요동을 경유하여 귀국했다. 136일, 8,800여 리의 행정이었다.

최부의 표착지

최부는 남대문 밖 청파역靑坡驛에 유숙하면서 성종成宗의 명을 받아 8일에 걸쳐 『표해록』을 3권으로 집필했다. 『표해록』은 꼼꼼한 일기 형식으로 쓰여졌는데, 명나라 당시 중국 사회 내부를 관찰한 외국인의 기록으로는 매우 자세하고 희귀해 조선뿐 아니라 일본에서도 출간돼 지식인 사이에서 널리 읽혔다.

일본에서는 1769년 기요타 기미카네淸田君錦가 『당토행정기唐土行程記』란 이름으로 번역하여 황도서림皇都書林에서 출간했다. 한글 필사본도 『표해록』이란 제목으로 1873년경 나왔다. 영어본으로는 1958년 존 메스킬Meskill, John이 번역하여 『A Record of Drifting across the Sea, Pyohaerok, 漂海錄』이란 제목으로 나와 구미인의 관심을 모으기도 했다. 1979년 최부의 후예 최기홍에 의해 한글 번역본이 출판되었고, 1988년 평양에서도 한글 번역본이 나왔다. 또 1992년에는 중국 베이징대학 거전자葛振家 교수에 의해 중문 역주본이 출간되어 중국에서도 널리 읽히게 되었다.

일반적으로 널리 알려지진 않았지만 전문가들 사이에서 『표해록』은 일본의 승려 엔닌의 『입당구법순례행기入唐求法巡禮行記』, 이탈리아 상인 마르코 폴로약 1254~1324가 쓴 『동방견문록』과 함께 중국 왕조사회를 들여다본 외국인이 쓴 3대 기행문으로 꼽힌다. 특히 『표해록』에는 명대 홍치弘治 초기의 정치와 사회뿐만 아니라, 해금海禁과 해방海防의 정황, 표류 안건의 처리 과정, 역참驛站의 분포와 위소관애衛所關隘의 업무, 운하의 관리와 갑문 관리, 운하 연안의 상업도시, 시정의 풍정, 남중국과 북중국의 차이 등이 유려한 문장으로 자세하게 기록되어 있다. 이 책은 전통시대 조선인들에게 중국을 이해시키는데 크게 이바지했을 뿐만 아니라, 오늘날 명대 역사를 연구하는데 있어서도 귀중한 사료로 인정받고 있다.

『표해록』 속에서 펼쳐지는 위기와 극복, 사건의 극적 전개는 마치 그리스의 고전 『오디세이』를 읽는 기분이 들기도 한다. 최부는 어떤 조선인도 겪지 못한 역사적 체험을 정밀한 관찰과 유려한 필체로 생생히 엮어냈다. 표류의 기구한 역정, 다양한 견문, 명의 사회실상에 대한 경험 등 파란만장한 중국기행 기록이 바로 『표해록』이다. 잘 짜인 기록은 사료성뿐만 아니라 짙은 문학성도 있고, 또 외국문화異文化와 만남에서 비롯된 고도의 자기성찰을 통한 개혁사상이 돋보인다. 표류가 모티브가 된 기행도 있지만 대부분 생환자가 드물고, 조난자도 거의가 지식이 미약한 뱃사람들이라 뒷날 세계에 내놓을 만한 가치 있는 기록은 잘 전해지지 않고 있다. 그러나 최부는 표류라는 비일상적 사건으로 전무후무한 체험공간의 확대를 이룩했다. 그 어떤 외국인도 꿈꾸지 못한 명제국의 안방을 종단하는 대운하大運河 기행을 해낸 것이다. 체험공간의 확대에 따라 서술세계도 자연히 확대된다. 최부라는 중국 문명에 통달한 한 외국인이 빗장을 굳게 잠근 15세기 명제국의 실상을 소상하게 관찰하고 기록해 세계적인 사료를 제공한 것이다.

　『표해록』에는 생사, 충효, 정의, 공사公私, 이타와 이기, 그리고 인격과 국격 등 주요한 인간 문제들이 녹아있다. 그 의의와 가치에 대해 고병익 박사는 다음과 같이 크게 세 가지로 요약했다. 첫째, 문학적 가치이다. 바다에서 표류하다가 살아왔다는 것 자체가 흥미를 자아내는 소재이다. 15세기 말엽의 동아시아에서는 바닷길은 거의 막혀있던 때여서 더욱 문학소재로서는 드물다. 둘째, 정신사적 가치이다. 조선조의 선비와 관리로서의 체면과 위신을 끝까지 지키려 했던 그 정신적 자세가 역력히 나타난 점이다. 셋째, 사료적 가치이다. 당시의 남부 중국은 조선인으로서는 아무도 가보지 못했던 곳이어서 풍광과 습속은 호기심의 대상이 되었고, 또 중국으로서도 외국인 지식인이 이렇게 직접 목격하여 기술한 것이 달리 없기 때문에, 이 『표해록』은 명대 중국의 연구 사료로서도 큰 가치를 지닌다. 2006

년 11월에 중국 장쑤성 우시시無錫市에서는 '최부 선생 기념비'를 세웠다. 비록 최부는 우시를 지나가기만 했지만, 중국에서는 한국에도 없는 기념비를 세워 그의 행적을 기리고 있다.

▶ 연행사의 길: 의주에서 베이징까지

연행록燕行錄은 특수한 문헌으로, 한국과 중국을 오가며 칠백여 년 동안 지속적으로 이루어진 기록들이다. 여기에는 동아시아 교섭사가 끊임없이 연결되어 오늘날까지 이어진다. 특히 당시 중국으로 사행使行을 떠난 사절단은 조선의 일급 문사들이 많았고, 규장각의 검서관檢書官이거나 정사, 부사, 서장관 등 삼사三使의 자제군관子弟軍官들이어서 우수한 인재들이 대거 참여하였다. 그들은 자신의 자유로운 생각으로 중국의 변화하는 모습과 유입된 서양의 문물을 보고 들었으며, 그리고 새로운 세계를 목격할 수 있었다.

'연행'燕行은 연경행燕京行의 줄임말이다. 연경은 원·명·청의 수도였던 베이징北京의 옛 이름이다. 당시 연행은 넓은 세계로 통하는 유일한 출구였다. 김창업金昌業, 박지원朴趾源, 박제가朴齊家, 홍대용洪大容 등 조선의 뜻있는 젊은 지식인들은 앞 다투어 연행길에 나섰고 그곳에서 자신들의 안목을 넓히고 새로운 세계 질서와 호흡하고자 했다. 사신들은 한양에서 평양을 거쳐 의주에 도착한 뒤 압록강을 넘어 청나라의 관문인 책문柵門으로 들어갔다. 여기서부터 봉황성鳳凰城·랴오양遼陽·광닝廣寧·닝위안웨이寧遠衛·산하이관山海關·퉁저우通州 등을 거쳐 연경燕京, 베이징의 옛 이름에 도착했다. 총 길이 2천 61리, 32일 여정이었다. 이들은 이 길을 통해 연경의 선진 문물을 견문하고 서화와 책들을 구입해서 돌아왔다. 이 과정에서 인삼 등은 조선과 청나라 사이의 가장 중요한 교역품이었다. 이처럼 경복궁에서 임진강, 압록강을 건너 연경에 이르는 연행길은 1천 년 가까이 이어온 교역과 문명의 통로였다.

연행록은 당시의 시대상황과 종교, 문화에 관한 상세하고 흥미로운 내용을 많이 담고 있다. 그 내용을 보면 당시 외교 상황과 연경에서의 활동, 교우한 사람들과의 기록은 물론, 노정육로와 해로, 베이징 체류, 견문, 학문 교류 등에 이르기까지 다양한 내용을 구체적으로 작성한 기사체가 있는가 하면, 왕래하는 동안의 갖가지 일들과 사적 · 풍물 등을 견문하면서 느낀 바를 서사시 또는 서정시로 엮어 놓은 것도 있어, 청나라의 문물을 접하는 태도와 청나라에 대한 관점 등을 상세히 살펴볼 수 있다. 이처럼 조선의 지식인들은 연행을 통하여 조선의 문화적 정체성을 확인하는 한편 변화하는 세계정세를 파악하고자 했다.

연행의 경로를 밝히는 작업은 대단히 중요하다. 물론 당시 사절단도 별도로 이들 노정을 적은 '연행노정기燕行路程記'나 그림으로 그린 '연행도燕行圖'가 있었다. 지금의 우리로서는 중국 내의 한국인의 발자취를 찾는 작업이므로 먼저 이 일을 수행하여야 할 것이며, 사절단들이 각 지역에서 어떠한 특징을 발견했는지 따져야 할 것이다. 연행 노정의 변경은 중국 국내 상황의 변모에 따른 것이며 한중 관계사를 반영하기도 했다.

수백 년 동안 조선의 수많은 지식인이 연행을 오고 가며 남긴 기록과 그 행위는 어떤 의미가 있을까. 하나의 길을 숱한 사람이 오랫동안 지나가고, 또 풍부한 기록으로 남긴 예는 세계사적으로도 거의 드문 일이다. 요동 땅에서 마주친 고구려의 유적과 역사를 환기하는 연행사의 발길도 고구려사를 둘러싼 역사 분쟁이 한창인 요즘에는 범상치 않다. 연행 사절단이 중국을 오가며 생각한 주요한 문제 가운데 하나는 '중국과 조선을 어떻게 볼

연행사의 길

것인가' 하는 문제였다. 중국관과 조선관은 시종 그들의 의식 속에서 떠나지 않았다. 중국은 연호와 제천의식을 통해 천자라는 권위를 과시하고 천하를 통솔했다. 조선은 그 틀을 아주 충실히 따랐다. 중국 밖의 다른 세상에 대해 별 관심을 갖지 않았으며 그럴 필요성도 느끼지 못했다. 전근대 사회에서 중국은 한국을 유지시켜주는 큰 울타리이기도 했다. 중국의 영향권안에서 국제사회의 복잡한 함수관계 없이 지탱해 나갈 수 있었다.

장구한 세월을 세계사의 파동과는 대체로 무관하게 안주해 왔던 것도 그 영향이었다. 별도의 치열한 역사의식이나 진취적 사고는 필요하지 않았다. 중화문명 이외의 다른 세계를 생각하지 않았다. 그러나 역사가 어디 그렇게 쉽게 안주하는 자에게 주인의 책무와 권리를 주겠는가.

> 동국東國의 예악문물을 비록 '작은 중화'小中華로 일컫지만 백 리가 열린 들이 없고 천 리를 흐르는 강이 없으니 강토가 좁으면서 산천이 막혀 중국의 한 고을에도 비교할 것이 못 된다. 더군다나 사람들은 이런 가운데 살면서도 눈을 부릅뜨며 구차스럽게 영리를 도모하고, 거만하게 팔을 걷어붙이면서 사소한 득실을 다툰다. 그러면서 그 스스로 만족하게 여기는 기색이며 악착스러운 말과 글로 세상 밖에 큰 일이 있고 천하에 큰 땅이 있는 줄을 알지 못하니, 어찌 가련하지 않겠는가?

홍대용은 이같이 중화주의中華主義를 훌쩍 뛰어 넘는 역사인식을 보여줬다. 중국도 세계의 중심은 아니며 나라마다 모두 각각 중심이 될 수 있다는 상대주의적 역사관이 뚜렷이 보인다. 중국 이외의 나라도 야만이 아니라 문화와 역사를 가지고 있다는 이른바 '역외춘추론域外春秋論'이다. 자신이 주인이 되어 중국과 세계를 보고 이해하고 자료를 축적해야 하는 작업이다. 이러한 의식과 실천에서 비로소 중국을 객관화할 수 있고 중국 중심주의를 넘어설 수 있을 것이다. 홍대용을 비롯한 연행사들은 과거 조선과 중국을 잇는 연행燕行길에 담겨 있는 숱한 역사와 문학의 자취를 찾아냈다. 게다가 이들은 오가는 연행길조차 자신들의 무대로 만들었다. 숱한 문장과 시詩들이 곳곳에 남았다. 조선의 지식인에게 있어 연행은 무슨 의미인가. 이는 다른 의미에서 오늘날 우리에게 있어 외국 여행은 무슨 의미인가, 하는 물음과 상통한다.

사람들은 외국에 다녀오면 곧잘 그곳에 볼 만한 게 무어냐고 묻는다. 비슷한 물음이 연행록에도 많다. 이덕무는 홍대용이 청국의 선비들과 주고받은 편지를 묶은 책을 내면서 서문에서 이렇게 말했다.

> 내가 매양 베이징을 다녀온 사람을 만나 무엇이 좋았던가 물으면 모두 "조대수祖大壽의 패루牌樓가 매우 장려壯麗해서 좋았다"고 했고, 또 그 다음을 물어보면 반드시 "천주당의 벽화를 멀리서 보면 진짜 같았다"고 했다. 그래서 냉소하고 대화를 그만 두었다.

풍물과 유적의 표면만을 보아서는 제대로 된 여행이 못 된다는 뜻이었다. 문물을 움직이는 제도, 현상의 이면에 있는 원리, 사회의 흐름과 방향을 보아야 한다는 뜻이었다. 그렇지 않으면 여행은 그저 시간이 남아 돌아보는 유람에 지나지 않으며, 꼭 오늘 보아야 하는 이유도 절실함도 없을 것이다. 오늘날 우리가 중국을 찾는 여행도 연행의 연장에 있으며, 이들의 길고 지난했던, 그리고 기대하고 감격으로 충만했던 연행의 기록은 여전히 우리를 부르고 있다. 우리는 다시 길을 떠나며 지나간 사람들의 발자취를 되새기며, 동시에 다음에 이 길을 걸어갈 사람들을 기다린다.

젊은 감성으로 만나는 한국과 중국

▶ 한국 대중문화와 한류

한류韓流, Korean Wave란 대한민국의 대중문화가 다른 나라에서 대중적 인기를 얻는 현상을 말한다. 초창기에는 드라마 · 영화 · 대중가요를 중심으로 이루어졌다. 지금은 외국인이 대한민국에 관련된 일련의 것들에 관심을 가지는 모든 것이란 범위로 확장하여 논의된다. 초창기, 중국이나 일본 등 아시아를 중심으로 하던 유행이 세계 곳곳으로 퍼져나가면서 '신한류'라고 명명하기도 한다. 한류란 단어가 유행하다보니, 자의적인 해석마저 더해져 한국 음식 · 한국 의복 등 모든 것을 한류로 연관하여 해석하려는 현상마저 있다.

한류라는 용어의 기원에 관해서는 지금도 논쟁이 계속된다. 그러나 1990년대 후반 중국에서 처음으로 사용됐다는 논의만은 일치하고 있다. 1997년 한국 드라마 〈별은 내 가슴에〉와 HOT 같은 댄스그룹이 동시에 인기를 얻으면서 '한국 대중문화'에 대한 관심이 높아졌다. 이에 일반인들 사이에서 한국이 화제에 올랐고, 언론에서도 한국에 대한 관심을 보이기 시작했다. 한국유행韓國流行·한풍韓風·한류韓流·한조韓潮·하한쭈哈韓族 등의 여러 단어가 쓰이다가 한류라는 단어가 주목을 받았다. 이후 2000년 2월 HOT의 베이징 콘서트를 계기로 중국 언론에서 한류라는 용어를 공식적으로 사용하기 시작했다. 비슷한 시기에 타이완·홍콩·일본·베트남 등의 청소년층을 중심으로 가요·드라마·영화 등 한국의 대중문화에 대한 관심이 높아졌다. 한류는 하나의 사회문화적 현상으로 인정받기 시작했다.

한국 대중문화가 외국에서 관심을 끌기 시작한 1997년은 공교롭게도 홍콩이 중국에 반환된 해이다. 당시 홍콩은 아시아 시장에서 영화·음악을 중심으로 가장 활발하게 대중문화를 생산하는 핵심지역이었다. 당시 홍콩은 아시아를 주 무대로 세계시장을 넘볼 정도로 성장했다. 아시아급 스타가 즐비했으며, 영화도 이미 수출을 염두에 두고 제작할 정도였다.

그러나 홍콩의 대중문화는 중국반환이라는 정치적 사건으로 커다란 내홍을 피할 수 없었다. 오랜 영국 통치로 자본주의에 익숙한 홍콩이 낯선 공산당 일당독재의 사회주의인 중국에 반환된 것이다. 체재변화에 불안을 느낀 홍콩 시민은 홍콩에 남을지, 영국국적을 따를지, 아니면 미국 등 제3국으로 갈지에 고민할 수밖에 없었다. 홍콩 대중문화계도 마찬가지였다. 전부 떠날 수도 전부 남을 수도 없는 상황이었다. 홍콩 대중문화 시스템은 일정부분 해체가 불가피했다. 적지 않은 홍콩 문화계의 자본·배우·기술자·인력 등이 미국 헐리우드로 그 무대를 옮겼다. 홍콩은 정치적 갈등, 이념적 충돌, 문화적 혼돈과 함께 대중문화 시스템이 흔들렸다. 결국 아시아 지역에서 문화적 전초기지의 역할을 담당하던 중심지 기능이 상실되고 만다. 이런 공백을 치고 올라온 것이 한국 대중문화였다. 행운이라고 불러도 좋을 정도로 절묘하게 타이밍이 맞아떨어진 사건이었다.

한류의 전조

한국과 중국은 2012년 수교 20주년을 맞이했다. 오랜 역사를 함께 했음에도 불구하고 근대화 과정에서 정치적, 이념적으로 다른 길을 걷던 두 국가는 1992년 다시 정식 교류를 시작한다. 이후 양국의 관계는 경제를 중심으로 급격한 발전을 이룬다. 경제교류는 인적, 물적교류와 함께 문화교류로 이어져 한·중 관계는 하루가 다르게 변모한다. 수교 초기 중국은 경제적으로 낙후 상태였다. 즐길 만한 대중문화도 충분하지 못했다. 그럼에도 불구하고 한국 대중문화가 중국에서 바로 환영 받았던 것은 아니다. 당시 중국에게 한국은 낯선 나라일 뿐이었다.

중국 대중에게 한국이란 단어가 각인된 계기는 1994년 미국 월드컵을 통해서였다. 김호 감독이 이끌던 월드컵 대표팀은 세계 축구강국과 경기를 통해 강한 인상을 남기며 중국 젊은 층에 화제가 된다. 당시만 해도 축구 변방의 무명국가였던 한국이 강호 스페인과의 경기에서 2:0으로 지고 있었던 경기를 종료 5분을 남기고 2골을 넣어 2:2 무승부로 마감했다는 것은 꿈같은 일이었다. 이후 볼리비아와도 비기고, 전 대회 우승팀 독일과 맞붙었다. 한국팀은 독일을 맞아 3:0으로 끌려가는 경기를 한다. 그러나 후반 들어 독일을 몰아치며 3:2까지 따라붙어, 패배와 조 예선 탈락에도 불구하고 찬사를 받는다. 스페인, 독일 전의 선전으로 중국에서는 한국의 포기하지 않는 정신을 배워야 한다는 말까지 생겨난다. 그럼에도 불구하고 한국은 아직 친근하진 않았다.

한손에 잡히는 중국

영웅 최은택의 탄생

최은택이란 이름을 아는 이는 드물 것이다. 축구 전문가나 알 만한 인물이지만 그는 한류의 숨은 영웅이다. 최은택은 한양대 교수로 재임하던 시절 안식년으로 중국을 방문한다. 당시 감독이 없었던 조선족 자치지역인 연변의 '오동敖東팀'을 맡게 된다. 1996년 가을 처음으로 중국에서 변변치 않던 팀을 무보수로 맡아 97시즌 1부 리그 4강까지 올려놓는 놀라운 능력을 발휘하며 중국 체육계의 주목을 받는다. 지금에 비교하면 한국의 히딩크에 버금가는 정도였다. 그 공로를 인정받아 조선족 자치주 첫 명예시민이 되기도 했다.

최은택의 성공에 다른 중국 구단의 감독제의가 들어온다. 당시 오동팀은 구단 재정이 어려워 선수 월급을 미룰 정도의 열약한 팀이었다. 어느 모로 보나 다른 구단으로 가는 것이 유리했다. 하지만 그는 이를 거절한다. 그의 의리에 중국은 더욱 감동한다. 물론 다음 해인 1998년 여러 가지 이유가 겹쳐 한국으로 귀국하지만 그의 인기는 변함이 없었다. 그는 단 2년간 혜성처럼 나타났다 사라졌지만, 그의 행적은 언제나 중국 중앙언론에 크게 보도됐다. 중

"최은택은 갔지만 정신은 죽지 않는다"는 제목의 고 최은택 감독을 애도하는 중국 신문 기사

국에서 그는 존경을 넘어 신격화된 인물이다. 외국인으로는 보기 드문 경우이다. 그가 중국을 떠난 지 10여 년이 흐른 2007년, 그가 별세하자 중국에서는 대대적인 추모열기가 불었다. 거의 모든 중국의 전국 신문과 지역 신문들에서 최감독의 별세 소식을 전했고 중국의 유명 포탈사이트인 시나닷컴, 톰닷컴 등에서는 특집을 통해 대대적으로 다뤘다. 그의 인기를 알 수 있는 대목이다. 그를 추모하는 댓글도 무수히 많았다. 일개 외국인 프로 축구팀 감독이 상대국가에서 이런 대접을 받은 예는 아마 세계에서 유래를 찾아보기 힘들 정도로 전무후무할 것이다.

최은택의 성공은 단순히 좋은 성적을 낸 감독을 넘어 지도자로서의 인격, 인간으로서의 신의 등 다양한 측면으로 크게 부각되었다. 이는 2004년 미국 월드컵에 이어 최은택 감독의 성공이 축구를 넘어 한국에 대한 끈기·자애·희생 등 긍정적인 이미지를 심는 데 큰 역할을 했음을 보여준다. 물론 그가 중국에 남긴 강한 인상의 직접적인 영향은 한국인 축구감독 영입으로 연결된다. 이후 김정남·박종환·차범근 등 한국 국가대표급 감독이 속속 중국 프로팀 감독으로 진출하여 한국감독 열풍을 일으킨다. 한국식 지도방식은 '스포츠 한류'라고 할 수 있을 정도로 유행하였다. 중국에서 여러 팀을 거치면서 10년 이상동안 성공신화를 쓰고 있는 이장수 감독 역할에도 주목해볼 필요가 있을 것이다.

대중문화로 보면 한중 수교 후 처음 중국에 상륙한 드라마는 〈질투〉로 중국 수출 1호의 영광을 안았다. 이후 〈여명의 눈동자〉 등이 드문드문 방영되어 어느 정도 관심을 끌다가 〈사랑이 뭐길래〉가 큰 호응을 받는다. 〈사랑이 뭐길래〉는 1997년에 중국 국영방송인 CCTV에서 방영되어 당시 외국 드라마 사상 최고의 시청률을 기록한다. 드라마의 흥행으로 한국에 대한 관심은 부쩍 높아졌지만, 일반적인 인기와는 다소 달랐다. 당시 중국 입장에서 〈사랑이 뭐길래〉는 드라마의 완성도를 떠나 소재가 독특했다. 중국에선 사라진 가부장적 가족을 다루었기에 신기한 모습으로 비춰진 것이다. 이 작품은 바로 한류로 연결되었다고 보기에는 힘들다. 출연자 개인에 대한 인기로 연결되지 않았고, 관심이 후속작품으로 이어지지 않았기 때문이다.

한편 그룹 클론이 타이완에서 인기를 끈 것도 한류의 전조로 작용한다. 1994년 타이완에 진출한 가수 김완선의 성공을 시작으로 1997년 클론이 진출하면서 좋은 결과를 내게 된다. 당시 클론, 특히 구준엽의 인기는 하늘을 찌를 정도였다. 이후 HOT 등이 진출하여 큰 성공을 연달아 거둔다. 타이완은 홍콩, 대륙과 함께 중화문화권과 일정한 정보 소통의 역할을 했던 것으로 보인다. 이후 한국 드라마와 음악은 점차 중국 젊은 층을 중심으로 유행하기 시작하면서 본격적인 한류를 만들어내기에 이른다.

▶ 한류 시즌 1 – 안재욱과 HOT

2000년 HOT의 베이징 공연은 하나의 상징적인 사건이다. 한류가 음지에서 양지로 나오는 본격적인 계기였다. 1990년 말부터 한국 음악이 중국 젊은 층을 중심으로 관심을 받기 시작했는데, HOT는 단연 독보적이었다. 베이징 공연이 있기 훨씬 전인 1998년경부터 이미 HOT 맴버의 사진은 일반 거리에서 쉽게 찾아 볼 수 있었으며, 음반가게에서는 최고의 대접을 받았다. HOT에 이어 SES · NRG · 베이비 복스 · 신화 등 다양한 그룹

한류의 1세대 안재욱과 HOT

이 잇따라 소개되면서 중국 젊은이의 관심을 끌었다.

드라마도 노래에 뒤지지 않았다. 〈별은 내 가슴에〉, 〈해바라기〉, 〈안녕 내 사랑〉 등이 연이어 소개됐다.됐다. 그 중 안재욱은 중국에서 배우와 가수로 동시에 빅스타 대접을 받는다. 안재욱은 누구도 따라올 수 없는 최고의 원조 한류 스타로 우뚝 섰다. 안재욱은 인기를 바탕으로 베이징 · 상하이 등 중국 전역을 순회하면서 개인 콘서트를 개최하여 성황을 이루었다. CF 촬영은 물론, 파격적인 조건에 중국 드라마 주인공으로 발탁되는 등 '안재욱 신화'를 만들어냈다. 심지어 안재욱은 중국 고등학교 교과서에 실릴 정도로 한 시대를 풍미하는 아이콘이었다. 배우 김희선도 중국회사의 CF를 촬영하는 등 큰 인기를 끌었다.

한국 드라마에 대한 인기도 계속 되었다. 〈인어아가씨〉, 〈보고 또 보고〉, 〈노란손수건〉, 〈상도〉 등의 드라마가 한류를 이었다. 〈대장금〉, 〈풀하우스〉, 〈가을 동화〉등이 방영되면서 큰 인기를 끌었다.

그 중에 압도적인 작품은 〈대장금〉이었다. 〈대장금〉은 홍콩에서 최고 시청률 89%를 기록했다. 정치인이 대장금에 빗대어 선거전을 치를 정도였다. 중국에 진출한 〈대장금〉은 초반기 약간 주춤했지만 이내 시청률 1위를 기록했다. 〈대장금〉의 인기는 높은 시청률에 머물지 않고, '대장금 신드롬'이라는 현상까지 생길 정도로 선풍적인 인기를 끌었다. 드라마의 인기는 한국 음식, 한국 관광에 대한 인기로 연결되며 한류의 전성기를 보여줬다. 또한 주연배우 이영애의 인기도 치솟아 국빈 대접을 받기도 했다.

영화도 인기를 끌었으나 드라마와는 양상이 달랐다. 〈엽기적인 그녀〉, 〈태극기 휘날리며〉, 〈친구〉, 〈쉬리〉 등이 중국에서 인기를 끌었으며, 특히 2001년 개봉된 〈엽기적인 그녀〉의 인기는 선풍적이었다. 이 영화는 홍콩에서 상영되어 한국영화 최대 수입기록을 달성할 정도로 큰 인기를 얻었다. 중국에서도 〈我的野蠻女友〉라는 이름으로 소개되어 흥행 신화를 이루었다. 그러나 인기는 수익으로 곧장 연결되지 않았다. 불법복제의 횡행은 작지 않은 타격이었다. 그럼에도 불구하고 〈엽기적인 그녀〉의 영향력은 변함없이 막대했다.

한국 게임의 성과도 주목해볼 필요가 있다. 2000년 들어 중국에 진출한 온라인 게임은 시장 점유율의 80% 이상을 차지할 정도로 인기를 끌었다. 2001년 진출한 JC엔터테인먼트와 액토즈를 비롯해 2002년 판타그램의 〈샤이닝로어〉, 그라비티의 〈라그나로크〉, 웹젠의 〈뮤〉 등이 진출했으며 2003년 NC소프트의 〈리니지〉, 한빛소프트의 〈서프〉와 〈위드〉가 진출하는 등 한국의 유명한 온라인 게임들 대부분이 중국에 진출하였다.

한국게임개발원이 중국 소식지를 인용해 발표한 자료에 따르면 2003년 3월 중국 내 유료온라인 게임순위에 1위 〈미르의 전설〉, 4위 〈뮤〉, 6위 〈드로이얀〉이 올랐다. 15위 이내 한국 온라인 게임이 10개 이상을 차지했다. 무료 서비스 게임 순위에서도 〈리니지〉와 〈포트리스〉가 상위에 오르는 등 양적으로나 질적인 측면에서도 상위권을 차지하고 있는 실정이다.

한국 게임 유행의 단면은 위메이드 엔터테인먼트의 정통 온라인 롤플레잉게임RPG 〈미르의 전설2〉로 살펴볼 수 있다. 이 게임은 2002년 8월에 중국에서 동시접속자 50만 명을 돌파했다. 당시 한국 최고의 온라인게임인 엔씨소프트 〈리니지〉의 동시접속자가 12만 명대인 점을 감안하면 상

중국에서 활동 중인 장나라

상을 초월하는 규모다. 2004년부터는 중국 온라인 게임이 한국에 진출하는 등 일방적인 수출에서는 벗어났지만, 한국게임은 여전히 한류의 한 축을 담당하고 있다.

엔씨소프트 〈리니지〉의 동시접속자가 12만 명대인 점을 감안하면 상상을 초월하는 규모다. 2004년부터는 중국 온라인 게임이 한국에 진출하는 등 일방적인 수출에서는 벗어났지만, 한국게임은 여전히 한류의 한 축을 담당하고 있다.

▶ 반한류

2000년 이후 한국 대중문화는 아시아를 중심으로 크게 유행하게 된다. 그 인기는 〈대장금〉의 유행으로 절정에 이르게 된다. 〈대장금〉의 폭발적인 인기에 놀란 각국 당국과 문화계는 한국 작품을 견제하기 시작한다. '지나친 인기'에 따른 예상치 못한 부작용이 바로 반한류이다. 반한류란 한국 문화에 대한 반발로 감성적 측면과 현실적인 측면이 존재한다. 감성적 측면은 외국 문화에 대한 반발이고, 현실적 측면이란 일자리와 관련된 반발이다. 감성적인 반발은 언제나 존재하지만, 현실적 측면은 한국이 잘 살펴봐야 할 부분이다. 대체적으로 반한류에 가장 앞장선 이들은 현지의 연예인들이었다. 한국 드라마의 편성이 늘어나면서 줄어드는 일자리에 대한 반발이었다. 그들의 행동은 마치 스크린 쿼터가 폐지되려고 할 때 한국 영화인들이 반발했던 것과 같은 현실적인 문제였던 것이다. 일방적인 문화 수출에 대한 거부감이기에 상대 문화에 대한 존중, 상호 교류 확대 등 유연한 대처가 필요한 부분이다.

반한류 기류는 대체적으로 각국의 스타나 지식인들이 반한류 발언이나 자국 문화에 대한 자존심을 내세우는 주장을 내세우고, 이에 현지 언론들이 호응하여 한국 대중문화에 대한 문화 전문가의 비판적인 기사를 만들어내어 여론을 조성한다. 그리고 결국 각국 문화계나 정부가 직간접적으로 한국 드라마의 자국내 방송량을 대폭 줄이려는 행동을 취하는 순으로 진행되었다.

일본에서는 우익단체가 주도하여 반한류 시위 등을 하였고, 독도 발언 등을 내세워 김태희 등 일부 연예인의 출연에 문제를 제기하기도 하였다. 이에 일본 주요 방송사는 한국 드라마를 고정으로 편성하는 프로그램을 축소하거나 폐지하였다. 중국은 스타와 지식인의 반한류 발언과 중국문화의 자존심을 건드리는 방식으로 문제를 제기하고, 이에 언론의 호응을 바탕으로 정부가 직접 나서 자국 문화 보호라는 명분을 내세워 법적으로 한국 드라마에 대한 심사를 강화하고 편성을 대폭 축소하였다. 물론 한국이 아니라 외국작품에 대한 제한이었지만, 이러한 각국의 보호 조치로 인해 한국 드라마는 가장 큰 타격을 입는다.

그럼에도 불구하고 반한류도 한류와 마찬가지로 한국 쪽의 호들갑인 측면이 강하다. 기본적으로 모든 국가는 자국 문화를 보호하는 정책을 펴고 있기에, 문화를 100%로 공개하는 나라는 극히 드물다. 즉, 외국문화에 대한 어느 정도의 반발은 항상 존재하기 마련인 것이다. 비록 반한류 영향으로 많은 드라마가 축소 편성되기도 했지만, 장나라·채림·김소연·장서

<대장금> 이후 한국의 사극은 중국 등 동남아시아에 선풍적인 인기를 끌고 있다. 드라마 <주몽>, <동이> 포스터

희 등은 여전히 중국에서 큰 인기를 얻고 있고, 보아·박용하·장근석 등은 일본에서 큰 인기를 얻고 있다.

〈대장금〉의 선풍적인 인기는 중국과 동남아를 넘어 중동 등 세계로 퍼져나갔다. 이란의 〈대장금〉 시청률은 90%였고, 〈주몽〉은 85%였다. 빛이 강하면 그림자도 짙다고 하던가. 〈대장금〉의 선풍적인 인기는 각국의 문화적 자존심에 일정한 상처를 주며 '자국 문화 보호'라는 분위기가 강화되어 외국 문화에 대한 제한으로 이어진다. 또한 비슷한 패턴의 한국 드라마가 우후죽순으로 진출하다보니 일정한 침체를 겪는다. 한국 문화에 대한 관심이 떨어지자 여기저기에서 '한류의 위기'를 지적했다.

▶한류 시즌 3.0

한국 드라마를 중심으로 '한류의 위기'를 말할 때 동방신기가 아이돌 그룹으로 데뷔한 이후 가요계의 새로운 붐을 형성했다. 2005년 슈퍼주니어, SS501, 2006년에 빅뱅, 2007년에 소녀시대, 원더걸스, 카라, FT아일랜드, 초신성 등이 잇따라 데뷔하면서 큰 인기를 끌었다. 이후에도 다양한 성격의 아이돌 그룹이 한국 대중문화를 주도하고 있다. 국내에서 큰 인기를 얻은 아이돌 그룹은 점차 해외로 진출하기 시작했다. 특히 2010년 이후 가시적 성과를 보이며 해외에서도 크게 주목받는다. 이후 일본과 동남아에서의 인기를 기초로 점차 유럽과 남아메리카에서까지 이슈를 일으켰다.

각국의 보호정책으로 힘을 잃는 것 같았던 한류는 다시 일어섰다. 이처럼 K-POP을 중심으로 한국 대중문화가 다시 관심을 끌기 시작한 한류를 이전과 구분하기 위해 '신한류'라고 명명하기도 한다.

삼성경제연구소의 보고서는 드라마가 주도하던 과거의 한류와 다르게,

아이돌 그룹이 주도하는 새로운 양상으로 신한류를 분석하고 있다. 이 보고서는 한국 아이돌 그룹의 성공요인을 크게 3가지로 나눈다. 첫째, 다양한 문화를 녹여내는 융합력, 둘째, 최고를 키워내는 아이돌 육성시스템, 셋째, 소셜미디어의 확산과 글로벌 '韓 네크워크'의 역할로 구분한다. 외국인 맴버의 합세, 유튜브를 비롯한 대중문화 교류 장벽의 약화, 연습생 제도를 통한 체계적인 훈련 등의 다양한 요소가 시너지 효과를 일으키며 K-POP은 매력을 발산하고 있는 것이다. 한국 관광연구원에 따르면 신한류 열풍은 2010년부터 일본에서 한국 아이돌 그룹에 의해 시작되었으며, 유튜브와 SNS를 통해 유럽과 중남미까지 인기가 확대되고 있다.

아시아를 넘어 세계를 무대로 한다는 점에서 K-POP의 인기는 이전의 한류와는 차별성을 가진다. 기존의 한류가 최초의 해외진출이란 의미를 지녔고 아시아권에 머물렀다면, 신한류는 본격적으로 세계를 무대로 움직인다는 점에서 다른 양상을 보인다. 동방신기·JYJ·빅뱅·FT아일랜드·소녀시대·카라·초신성 등 다양한 그룹들이 일본을 중심으로 세계로 뻗어 나가고 있다. 다만 중국에서의 인기는 일본에 비해 상대적으로 시들한 편이다.

한국 게임의 한류 열풍도 꾸준히 지속되고 있다. 진출 초기와 같이 한국 게임업체의 일방적인 승리는 아니다. 외국 게임에 대한 규제와 중국 게임의 성장 등으로 새로운 환경을 맞아 일정부분 어려움을 겪기도 했지만, 지금도 중국 게임업체나 다른 세계적인 게임회사와 어깨를 나란히 하면서 인기를 끌고 있다.

한류스타들이 중국 잡지 표지를 장식하는 것은 더이상 낯선 풍경이 아니다.

	각국의 한국 아이돌 그룹 열풍 사례
일본	남성 아이돌그룹에서 여성 아이돌그룹(걸그룹)으로 그 인기가 확대되고 있다. 동방신기, SS501, 빅뱅, 초신성 등 남성 아이돌그룹에서 2NE1, 포미닛, 카라, 소녀시대 등 걸그룹이 주도하고 있다. '2012 일본 골드디스크 대상 시상식'에서 한국 가수가 13개 부문에서 수상했다.
타이완	K-POP은 하나의 음악장르로 자리잡았으며, 한국 가수의 춤과 의상, 헤어스타일 등 적극적으로 모방하고 있다. 소녀시대, 2PM, CNBLUE 등 현지 콘서트는 매진사례를 기록하고 있다.
태국	한국 영화나 드라마 속 주제가를 주로 좋아하기 시작해 현재는 슈퍼주니어, 2AM, 씨엔블루, 애프터스쿨, 빅뱅, 이효리 등이 인기가 높다.
미국	원더걸스 빌보드 싱글차트 'Hot 100'에서 76위 기록2009. 10 미국 LA스테이플스에서 열린 'SM타운' 공연에 1만 5,000명 운집2010. 9. 8 특히 싸이의 '강남스타일'은 2013년 17억 뷰를 넘길 정도로 전 세계적으로 큰 인기를 끌었으며, 미국 빌보드 차트에 7주간 2위를 기록했고 후속곡인 '젠틀맨'역시 5위까지 올랐다.

한손에 잡히는 중국

2011년도 자료에 따르면 〈크로스파이어〉와 〈던전앤파이터〉 등 한국 온라인 게임들은 중국 내 온라인 게임 인기순위 상위권을 휩쓸고 있다. 국산 온라인 게임의 중국시장 점유율은 30%에 이르며, 흑자규모도 6억 달러가 넘는다.

한류는 1차적으로 한국 대중문화가 외국에서 유행하는 것이고, 2차적으로 문화산업이 수출을 통해 수입을 얻을 수 있는 것이며, 3차적으로는 국가 이미지 및 국가 브랜드 형성과 향상 등 부가적인 부분에도 막대한 영향을 미치는 것이다. 한류는 한국 대중문화의 다양한 문화콘텐츠의 수출에 따른 직접적인 효과는 물론, 국가 인지도와 이미지 향상과 더불어 한국산 제품에 대한 소비심리에도 긍정적인 영향을 주기에 매우 주목해야 할 현상이다. 이처럼 한류는 산업 전 분야에서 흘러넘치기Spill-over 효과를 일으키

고 있다. 한류의 직접적 효과를 누리지 못하는 전혀 엉뚱한 산업분야에서
도 국가 브랜드 향상을 통한 간접효과를 누릴 수 있는 것이다. 또한 드라마
의 배경이 된 한국 촬영장소와 K-POP 가수의 콘서트를 보기 위한 관광객
도 늘어났다. 한류는 단순한 문화상품 수출에 멈추지 않고 다양한 방면과
시너지 효과를 내며 전방위적인 효과를 보여준다.

그러나 유럽에서의 한류는 이제 막 시작된 단계이다. 아시아의 견고한
인기에 비하면 아직까지는 영향력이 미미하다는 점도 명심할 필요가 있다.
또한 K-POP과 한류의 급속한 확산에도 불구하고, 일본을 제외하고는 아
직까지 성공적인 비즈니스 모델을 찾기 힘든 상황이다. 물론 한국 대중문
화에 대한 인지조차 없었던 시기와 비교하면 커다란 발전이다. 아직은 갈
길이 멀다는 사실을 직시할 필요가 있다.

한류는 한국 대중문화가 J-WAVE, J-POP의 모방품에서 벗어나 독자적
인 색채를 인정받으며 독립성을 갖추어가고 있음을 보여주는 쾌거이다. 드
라마와 영화는 가족중심이라는 한국적 색채로 세계라는 무대를 누비고 있
다. 또한 한류의 범위도 음악·드라마·영화라는 제한적 분야에서 벗어나
음식·스포츠·경제·외교·문화 등 사회 전방위 유행으로 확산되고 있다.

홍콩의 『아주구간』 잡지에 소개된
김희선(2001년 6월 18일 표지)과
드라마〈주몽〉(2007년 2월 11일)

한중 역사 연표

중국역사 대사	왕조명	연대	왕조명	한국역사 대사
중국 최초의 국가, 이리두 유적	하夏	추정연대B.C. 2070~1600	고조선 및 초기국가시대	고조선 건국 B.C. 2333 고조선, 부여, 동예, 옥저, 삼한 등 초기국가 출현 및 발전
문자의 기원, 은허 갑골문자	상商	B.C. 1111~771		
봉건제도 완성 신정정치	주周	춘추시대 B.C.771~453		
춘추오패 전국칠웅 제자백가 출현	춘추전국 春秋戰國시대	춘추시대 B.C.771~453		
		전국시대 B.C.453~221		
중국 최초 통일왕조 '황제' 칭호 최초 사용	진秦	B.C.221~207		
유교 국교화 실크로드 개척, 사마천, 『사기』 저술	한漢	전한前漢 B.C.207~A.D 8	삼국시대 고구려 · 백제 · 신라	고조선 멸망, 한사군 설치 B.C. 108 박혁거세 신라 건국 B.C. 57 주몽 고구려 건국 B.C. 37 온조 백제 건국 B.C. 18
		신新 8~24		
		후한後漢 25~220		김수로 금관가야 건국 42 고구려 진대법 실시 194
조조 · 유비 · 손권의 삼국 정립 남북조시대 호 · 한胡漢 문화 융합	위진남북조 魏晉南北朝	221~589		고구려 불교 전래 371 고구려 태학 설치 372 고구려 장수왕 평양천도 427
율령제도 · 과거제도	수隋	589~618		수 문제 고구려 침공 598 고구려 살수대첩 612
유교통치 강화 동아시아 문화권 형성	당唐	618~906	통일신라시대	백제멸망 660 고구려멸망 668 신라 삼국통일 완성 676 대조영 발해 건국 698 장보고 청해진 설치 828
지방절도사 횡행 인쇄술 발달	오대십국 五代十國	907~960	후삼국시대	견훤 후백제 건국 900 궁예 후고구려 건국 901 발해멸망 926 신라 멸망 935

	송宋	북송北宋 960~1127	고려	고려 후삼국 통일 936 과거제도실시 958 국자감 설치 992 서희 거란 소손녕과 담판 강동6주 양도 993
조광윤 송宋 건국 거란족의 요遼, 여진족 의 금金과 대치		남송南宋 1127~1279		
칭기즈 칸 원元 건국. 동서문화 교류 활발	원元	1279~1368		귀주대첩 강감찬 요나라 군대 대파 1019 김부식『삼국사기』 편찬 1145 몽골 고려 침공 1231 팔만대장경 완성 1251
주원장 명明 건국 난징南京을 수도로 정함 영락제 베이징으로 천도	명明	1368~1644	조선	조선건국 1392 한양천도 1396 훈민정음 반포 1446 병자호란 1636 병인양요 1866 신미양요 1871 강화도조약 체결 1876 임오군란 1882 태극기 제정 1883 갑신정변 1884 갑오개혁 1894 을미사변 1895 아관파천 1896
누르하치 여진족 통합. 청淸 건국, 선양瀋陽으로 천도, 순치제 베이징北京으로 천도 아편전쟁 1840~1842 태평천국 1851~1864 양무운동 1861~1894 의화단운동 1900	청淸	1644~1911		
			대한제국	대한제국 1897~1910
중국 근대화의 격변기 신해혁명 1911 중화민국 성립 1912 5·4운동 1919 국공합작 1924,1937	중화민국 中華民國	1912~1949	조선총독부 대한민국임시정부	한일병합조약 1910 3·1운동 1919 대한민국 임시정부, 광복군 창설 1940 8·15 광복 1945 미군정기 1945~1948
중화인민공화국 수립1949 문화대혁명 1966 홍콩 반환 1997 마카오 반환 1999	중화인민공화국 中華人民共和國	1949~	대한민국	대한민국 정부수립 1948 6·25 전쟁 발발 1950 휴전협정 조인 1953

■ 참고문헌

제1부 중국의 산하를 거닐다

1장 중국의 명산, 영토의 상징

중국어문연구회 지음, 「중국문화의 이해」, 學古房, 2000.
중국어문연구회 지음, 「中華思想의 理解」, 신서원, 2002.
段寶林·江溶 主編, 「中國山水文化大觀」, 北京大學出版社, 1996.
木容 編著, 「山文化」, 中國經濟出版社, 1995.
本書編寫組 編, 「中國地理概覽」, 東方出版中心, 1996.
吳眞 著, 「金庸地圖」, 南方日報出版社, 2004.
中國歷史小叢書合集, 「五嶽史話」, 中華書局, 1997.
崔秀國·吉愛琴, 「泰岱史跡」, 山東友誼書社, 1987.
黃國波 編著, 「中國名山旅遊」, 成都地圖出版社, 1996.

2장 중국의 하천, 문명의 젖줄

唐曉峰, 「人文地理隨筆」, 三聯書店, 2005.
沈濟時, 「黃河長江」, 上海古籍出版社, 1996.
「中國大百科全書─中國地理」, 中國大百科全書出版社, 1993.
陳漢元 등, 「話說長江」, 中國國際電視總公司, 1999.

3장 실크로드, 동서교류의 길

수잔 휫필드, 김석희 옮김, 「실크로드 이야기」, 이산, 2001.
沈濟時, 「絲綢之路」, 上海古籍出版社, 1999.
晏昌貴, 「中國古代地域文明縱橫談」, 湖北人民出版社, 2000.
張全明·張翼之, 「中國歷史地理論綱」, 華中師範大學出版社, 1999.

제2부 중국문명의 자취를 둘러보다

1장 역대 왕조의 수도와 베이징

도시사학회, 이영석, 민유기 외 지음, 「도시는 역사다」, 서해문집, 2011.
레이 황(Ray Huang, 黃仁宇) 지음, 박상이 옮김, 「1587 만력 15년 아무 일도 없었던 해」,

가지않은 길, 1997.

류제헌 지음, 「중국역사지리」, 문학과 지성사, 1999.

린위탕(林語堂) 지음, 김정희 옮김, 「베이징이야기」, 이산, 2001.

마르코폴로 루스티켈로 지음, 배진영 엮어옮김, 「동방견문록」, 서해문집, 2004.

맹원로 지음, 김민호 옮김, 「동경몽화록」, 소명출판, 2010.

발레리 한센, 신성곤 옮김, 「열린 제국 : 중국 고대-1600」, 까치, 2005.

조엘 코트킨 지음, 윤철희 옮김, 「도시의 역사」, 을유문화사, 2007

陳舜臣 지음, 정태원 옮김, 「시와 사진으로 보는 중국기행」, 예담, 2000.

질 베갱, 이자벨 샤를뤼, 엘렌 숄레, 나탈리 프레모, 뱅상 구사르트, 김주경 옮김, 「자금성」,
　　　창해, 2001.

허세욱 지음, 「실크로도 문명기행」, 대한교과서, 1996.

葛曉音 編著, 「中國名勝與歷史文化」, 北京大學出版社, 1999.

岡田玉山 等編繪, 「唐土名勝圖會」上下冊(1802年), 北京古籍出版社, 1985.7.

史念海 著, 「中國古都和文化」, 北京: 中華書局, 1998.

李濂 撰, 「汴京遺蹟志」, 北京: 中華書局, 1999.12.

陳文良 主編, 「北京傳統文化便覽」, 北京燕山出版社, 1992.

黃新亞 著, 「長安文化」, 陝西師範大學出版社, 1989.

2장 사상이 묻어 있는 종교 유적들

금장태, 「산해관에서 중국역사와 사상을 보다」, 효형출판사, 2006.

김원중, 「중국 문화사」, 을유문화사, 2001.

박종우, 「중국 종교의 역사」, 살림, 2006.

박한제, 「강남의 낭만과 비극」, 사계절, 2003.

박한제, 「제국으로 가는 긴 여정」, 사계절, 2003.

우더신 지음, 주호찬 옮김, 「한권으로 읽는 불교」, 산책자, 2008.

이강수, 「중국 고대철학의 이해」, 지식산업사, 1999.

장언푸 지음, 김영진 옮김, 「한권으로 읽는 도교」, 산책자, 2008.

존 킹 페어뱅크 지음, 김형종 외 옮김, 「신중국사」, 까치, 2005.

첸파핑 지음, 최성흠 옮김, 「한권으로 읽는 유교」, 산책자, 2008.

패트리샤 버클리 에브리 지음, 이동진 등 옮김, 「케임브리지 중국사」, 시공사, 2001.

평유란 지음, 정인재 옮김, 「간명한 중국철학사」, 형설출판사, 2007.

3장 서원에서 대학까지

차미경, 「중국문화원 '공자학원'의 설립과 중국문화의 세계화 전략」, 중국문화연구 제10집 2007. 6.

龔放, 「211工程 : 意義, 目標與難點」, 杭州大學高校研究所, 1995.

國家敎委直屬高敎工作辦公室 編, 「邁向21世紀的中國高校－國家敎委直屬高校"211工程"
　　　建設規劃滙編」, 北京師範大學出版社, 1996.

路甬祥, 「創新與未來」, 科學出版社, 1998.
蘇 靑, 「論實施211工程應處理好的幾個關係」, 學位與研究生教育, 1994.
王順洪 編, 「中國槪況」, 北京大學出版社, 1994. 9.
中国人民大学高等教育研究中心, 「中国大学50强排行榜」, 2012.
中華人民共和國敎育部, 「留學中國2005」, 中華人民共和國敎育部, 2005.
중국 교육부 홈페이지(http://www.moe.edu.cn).

제3부 중국의 맛과 멋을 체험하다

1장 새롭게 이해하는 중국 음식의 철학

리우쥔지우, 「중국문화-음식」 대가, 2008.
시노다 오사무, 윤서석외 옮김 「중국음식문화사」 민음사, 1995.
장징, 박해순 옮김, 「공자의 식탁」 뿌리와 이파리, 2002.
허만즈, 김하림 한종완 옮김, 「중국의 술문화」 에디터, 2004.
陳詔, 「中國食文化」 上海古籍出版社, 2001.

2장 혀로 느끼는 낭만, 중국의 차와 술

김의정, 「茗園生活茶禮」, 명원문화재단, 2005.
김정연 지음, 「중국차이야기」, 안그라픽스, 2004.5 초판, 2005.12
김정희, 조미라, 김신연, 「현대 중국 생활 茶」, 민속원, 2008.
문수 지음, 「자사차호의 세계」, 바나리, 2004.
서은미, 「北宋 茶 專賣 硏究」, 국학자료원, 1999.
석용운 저, 「韓國茶藝」, 도서출판 초의, 1988.2.初版. 2000.
스테판 멜시오르 뒤랑, 알랭 스텔라, 카트린 동젤, 키티 차 상마니 지음, 박혜영 옮김, 「차」,
        창해, 2000.
여성유도회 교재편찬위 엮음, 「차(茶)생활」, 여성유도회 중앙회, 1997.
왕총런 지음, 김하림 이상호 옮김, 「중국의 차문화」, 에디터, 2004.
윤병상 편역, 「茶道古典: 茶神傳 · 東茶頌 · 茶經」, 연세대학교 출판부, 2004.
이광주 지음, 「동과 서의 茶이야기」, 한길사, 2002.
정동주 지음, 「한국인과 차--그 사색의 열린 공간」, 다른 세상, 2004.
최성민 엮음, 「차 만드는 사람들」, 김영사, 2004.
츠노야마 사가에(角山 榮)지음, 서은미 옮김, 「녹차문화 홍차문화(茶の世界史)」,
        예문서원, 2001.
鄧時海 耿建興 著, 「普洱茶(續)」, 雲南科技出版社, 2004.
鄧時海 著, 「普洱茶」, 雲南科技出版社, 2004.
石昆牧 著, 「經典普洱名詞釋義」, 雲南科技出版社, 2006.
葉羽晴川 지음, 박용모 옮김, 「工夫茶」, 한솜미디어, 2005.
王從仁 著, 「中國茶文化」, 上海古籍出版社, 2001.
林乃燊, 「中國古代飮食文化」, 北京:商務印書館, 1997.
胡文彬, 「酒香茶濃說紅樓」, 山西敎育出版社, 1998.

3장 무대예술 훑어보기

高新, 안말숙 · 윤미영 역 「경극의 이해」 서울, 박이정, 2008.

김순희, 「강남지역 공연문화의 꽃 곤극」 파주, 이담, 2009.

김종진, 「중국 근대연극 발생사」 서울, 연극과 인간, 2006.

안창현, 「중국 대형실경공연(實景公演): 임프레션 시리즈(印象系列)의 문화산업적 가치연구」, 「인문콘텐츠」 제19호.

양회석, 「1950년대 중국 연극 정치와 문예의 함수 관계」 중국인문과학 제30집.

오수경, 「중국연극의 오늘과 지향(Ⅰ)」 공연과 리뷰 제36호.

오수경, 「중국연극의 오늘과 지향(Ⅱ)」 공연과 리뷰 제37호.

오수경, 「중국연극의 오늘과 지향(Ⅲ)」 공연과 리뷰 제38호.

이창숙, 「연행록에 실린 중국 연희와 그에 대한 조선인의 인식」 한국실학연구 제20집.

董健 · 胡星亮 「中國當代戲劇史稿(1949~2000)」 北京, 中國戲劇出版社, 2008.

丁羅男 「上海話劇百年史述」 廣西, 廣西師範大學出版社, 2008.

陳白塵 · 董健 「中國現代戲劇史稿(1899~1949)」 北京, 中國戲劇出版社, 2008.

국가화극원 홈페이지 (http://www.ntcc.com.cn/)

베이징 인민예술극원 홈페이지 (http://bjry.com/bjry/index.shtml)

상하이희극예술중심 홈페이지 (http://www.china-drama.com/)

4장 스크린에 비친 중국

다이진화 저, 성옥례 · 이현복 역, 「무중풍경-중국영화풍경 1978-1998」, 산지니, 2007.

리어우판 저, 장동천 외 역, 「상하이모던」, 서울, 고려대학교 출판부, 2007.

슈테판 크라머 저, 황진자 역, 「중국영화사」, 서울, 이산, 2000.

장동천 저, 「영화와 현대중국」, 서울, 고려대학교 출판부, 2008.

한국 중국현대문학학회, 「영화로 읽는 중국」, 서울, 동녘, 2006.

후지이 쇼조 저, 김양수 역, 「현대중국, 영화로 가다」, 서울, 지호, 2001.

Yingjin Zhang, 「Chinese National Cinema」, New York, Routledge, 2004.

高小健, 「新興電影: 一次劃時代的運動」, 北京, 中國電影出版社, 2005.

盧非易, 「臺灣電影: 政治ʹ 經濟ʹ 美學 1949~1994」, 臺北, 遠流出版社, 1998.

藤井省三, 「中国画─百年を描くʹ 百年をʺ讀む」, 東京, 岩波書店, 2002.

羅 卡 외 저, 「香港電影類型論」 홍콩, Oxford Univ. Press, 1997.

酈蘇元 · 胡菊彬, 「中國無聲電影史」, 北京, 中國電影出版社, 1996.

范志忠 「百年中國影視的歷史影像」, 抗州, 浙江大學出版社, 2006.

心 藝, 「中國電影産業史」, 北京, 中國電影出版社, 2005.

愛知大學 現代中國學會, 「中國21」 Vol.11-現代中國映畫研究特輯號, 東京, 2001.

楊金福 編, 「上海電影百年圖史」, 上海, 文滙出版社, 2006.

陸弘石, 「中國電影史 1905-1949」, 北京, 文化藝術出版社, 2005.

尹 鴻 · 凌 燕, 「新中國電影史: 1949-2000」, 長沙, 湖南美術出版社, 2000.

李道新, 「中國電影史硏究專題」, 北京, 北京大學出版社, 2006.

張江藝 외 主編, 「映畫神州」, 北京, 北京大學出版社, 2005.

張江藝 외 主編, 「映畫年華」, 北京, 北京大學出版社, 2005.

程季華 主編, 「中國電影發展史」, 北京, 中國電影出版社, 1981.

佐藤忠男 저, 錢杭 譯 「中國電影百年」, 上海, 上海書店出版社, 2005.

陳儒修 著・羅頗誠 中譯, 「臺灣新電影的歷史文化經驗」, 臺北, 1993, 萬象圖書股份有限公司.洪子城, 「中國當代文學史」, 北京, 北京大學出版社, 1999.

제4부 현대 중국의 속내를 들여다보다

1장 사회주의 중국의 성립에서 현재까지

등롱, 「나의 아버지 등소평」, 삼문, 1993

리민, 「나의 아버지 모택동」, 범우사, 2001

발레리 한센, 「열린제국:중국」, 까치, 2005

벤자민 슈워츠, 「중국공산주의 운동사」, 형성사, 1983

솔즈베리, 「대장정」, 범우사, 1999

스펜스, 「현대중국을 찾아서」, 이산, 1998

신승하, 김태승, 임상범, 「20세기의 중국」, 서울대학교 출판부, 1998

신승하, 「중화민국과 공산혁명」, 대명, 2001

이스트만, 「장개석은 왜 패하였는가」, 지식산업사, 1990

임상범, 「현대중국의 출발」, 일조각, 2000

아마코 사토시(천아혜), 「중화인민공화국 50년사」, 일조각, 2004

2장 소수민족과 하나의 중국정책

윤휘탁, 『新中華主義-- '中華民族 大家庭 만들기'와 한반도』, 푸른역사, 2006.

신종원 엮음, 주상길 옮김, 『중국인들의 고구려 연구・동북공정의 논리-』, 한국학중앙연구원, 2005.

조정남, 『현대 중국의 민족정책』, 한국학술정보, 2006.

김한규, 『티베트와 중국의 역사적 관계』, 혜안, 2003.

R.A. 슈타인 저, 안성두 역, 『티벳의 문화』, 무우수, 2004.

제임스 A 밀워드 지음, 김찬영・이광태 옮김, 『신장의 역사』, 사계절, 2013.

『中華民族凝聚力的形成與發展』編寫組, 『中華民族凝聚力的形成與發展』, 北京: 民族出版社, 2000.

費孝通 主編, 『中華民族多元一體格局』, 北京: 中央民族大學出版社, 1989.

田曉岫, 『中華民族發展史』, 北京: 華夏出版社, 2001.

馬大正 主編, 『中國東北邊疆研究』, 北京: 中國社會科學出版社, 2003.

陳慶英 外, 『西藏通史』, 鄭州:中州古籍出版社, 2003.

厲聲, 『中國新疆歷史與現狀』, 新疆人民出版社, 2006.

丁建偉·趙波, 『近代以來中國西北邊疆安全問題研究』, 民族出版社, 2006.
齊淸順·田偉疆, 『中國歷代中央王朝治理新疆定策研究』, 新疆人民出版社, 2004.
高振剛 外, 『西部大開發之路: 新亞歐大陸橋發展戰略』, 經濟科學出版社, 2000.
加美光行, 『中國の民族問題』, 東京: 新評論, 1992.
毛里和子, 『周邊かちの中國: 民族問題と國家』, 東京: 東京大學出版社, 1998.
동북아역사재단 인터넷 홈페이지
  http://www.nahf.or.kr/
중국변강사지연구중심(中國邊疆史地研究中心) 인터넷 홈페이지
  http://www.chinaboderland.com

3장 개혁개방과 경제특구의 출범

『鄧小平文選』, 第2, 3卷, 人民出版社, 1993.
『中國經濟年監』, 1994年~1995.
『中國對外貿易年監』, 1987年~1994.
林凌, 劉世慶共著, 「中國東南沿海經濟起飛之路」, 經濟科學出版社, 1998.
翁傑明, 「中國發展狀況與趨勢」, 中國社會出版社, 1996.
李京文, 「中國經濟發展的新熱點」, 沿海經貿, 1995.
李文星, 範逢春共著, 「中國經濟新焦點評析」, 西苑出版社, 1999.
程超譯, 「走出山幼出的中國」, 海天出版社, 1995.
程必定, 「中國改革開放的突破口」, 安徽教育出版社, 2000.
鍾朋榮, 「岡絡時代重構中國經濟」, 河南人民出版社, 1999.

4장 대국에서 글로벌 강국으로

로이드 E·이스트만 저 이승휘역, 중국사회의 지속과 변화, 동아시아역사연구회, 1999
신종호 외. 「경기도의 對중국 교류협력 강화방안」, 경기개발연구원, 2011
        「한중관계 2.0: 국가를 넘어 지방정부로」, 한울, 2012
신종호. 「중국 일대일로 전략의 한반도에 대한 함의」, 통일연구원, 2015
신종호 외. 「시진핑시대의 중국: 새로운 도약인가, 위기의 시작인가」, 경기개발연구원, 2013
정영록·徐長生. 「중국의 중부지역 발전과 한·중 경제협력」, 대외경제정책연구원, 2011
중국권역별성별연구단. 「중국의 미래 내수시장 형성전략과 시사점: 중부지역의 4대 도시군 형성
                전략을 중심으로」, 대외경제정책연구원, 2010
출입국외국인정책본부. 「2010년도 출입국외국인정책본부 통계 연감」, 2010
『中華人民共和國資料手冊』, 社會科學文獻出版社, 1999.
劉玉·馮健(2008). 「中國經濟地理」
한국무역협회(http://www.kita.net)
Global Trends 2025 : A Transformed World, National Intelligence Council, November 2008
(http://www.dni.gov/nic/PDF_2025/2025_Global_Trends_Final_Report.pdf)
Goldman Sachs(http://www2.goldmansachs.com)
IMF International Financial Statistics(http://www.imfstatistics.org/imf/).

The World in 2050 : The accelerating shift of global economic power : challenges and opportunities, PricewaterhouseCoopers LLP., January 2011(www.pwc.co.uk/economics).
新華網(http://www.xinhuanet.com)
中國國家統計局(http://www.stats.gov.cn)
中國商務部(http://www.mofcom.gov.cn)
中國自由貿易區服務網(http://fta.mofcom.gov.cn)

제5부 중국 속의 한국을 만나다

1장 중국 대륙에 남겨진 우리 선조들의 발자취

「韓國漢文學論文選集 9권」, 불함문화사, 1996.
김명호, 「熱河日記 研究」, 창작과 비평사, 1990.
김태준, 「중국 내 연행노정고」, 단국대학교 동양학연구소, 「동양학」, 2004.
김한규, 「한중관계사」, 아르케, 1999.
김훈, 「중국불교사에 있어서의 金喬覺 법사의 위치」, 「신라의 대외관계사연구」 15, 경주신
        라문화선양회, 1994.
민사평, 이종찬 역, 「韓國漢詩大觀 5 安軸 李齊賢」, 이회, 1998.
박원호, 「崔溥漂海錄 研究」, 고려대학교출판부, 2006.
변인석, 「당 장안의 신라사적」, 아세아문화사, 2000.
서인범 외 옮김, 「표해록」, 한길사, 2004.
소재영 등 편, 「여행과 체험의 문학」, 민족문화문고간행회, 1985.
엔닌 지음, 신복룡 옮김, 「입당구법순례행기」, 선인, 2007.
여성구, 「입당구법승 地藏의 행적과 사상」, 「백산학보」 52, 1999.
이제현, 「길에서 띄우는 편지」, 보리, 2005.
임기중, 「연행록 연구」, 일지사, 2002.
임기중, 「연행록해제」, 동국대학교 국어국문학과, 2003~2005.
장페이페이 외 지음, 「한중관계사」, 범우, 2005.
조규익 등 엮음, 「연행록 연구총서」 1-10, 학고방, 2006.
조종업, 「익재 (益齋) 이제현 (李齊賢)의 중국기행시 연구」, 한국고시가문학회, 「고시가연
        구」,1998.
주서평, 「익재 이제현의 중국에서의 행적과 원대 인사들과의 교유에 대한 연구」, 경상대학
        교 남명학연구소, 「남명학연구」, 1996.
최강현, 「한국 기행문학 작품 연구」, 국학자료원, 1996.
최기홍 옮김, 「표해록」, 敎養社, 1997.
崔致遠 撰, 崔濬玉 編, 「國譯 孤雲先生文集」(上下卷), 學藝社, 1972~1973.
崔英成, 「崔致遠全集 —1 四山碑銘」, 아세아문화사, 1998.
崔英成, 「崔致遠全集 —2 孤雲文集」, 아세아문화사, 1999.
한국불교학연구총서 간행위원회, 「韓國佛敎學研究叢書」 45, 불함문화사, 2003.
혜초 지음, 정수일 옮김, 「혜초의 왕오천축국전」, 학고재, 2004.

[中]金東勛, 「晚唐著名詩人崔致遠」, 「中央民族學院學報」, 1985-1.
[中]閻琦, 「新羅詩人崔致遠」, 「唐代文學研究」 第五輯, 廣西師範大學出版社, 1994.
[中]馮漢鏞, 「新羅崔致遠入唐事迹考」, 「文史雜志」 1998-1.
[中]何鳴雁, 「新羅詩人崔致遠—傳播中朝文化的先驅」, 「社會科學戰線」, 1984-1.
葛振家 點註, 「漂海錄」, 社會科學文獻出版社, 1992.
葛振家 主編, 「崔溥漂海錄研究」, 社會科學文獻出版社, 1995.

2장 젊은 감각으로 만나는 한국과 중국

강철근 지음, 「한류 이야기」 이채, 2006.
매일경제 한류본색 프로젝트팀 지음, 「한류본색」, 매일경제신문사, 2012.
박영환 지음, 「문화한류로 본 중국과 일본」, 동국대학교출판부, 2008.
박장순 지음, 「한류 신화가 미래다」, 커뮤니케이션북스, 2007.
박재복 지음, 「한류 글로벌 시대의 문화경쟁력」, 삼성경제연구소, 2005.
방정배, 한은경, 박현순 지음, 「한류와 문화커뮤니케이션」, 커뮤니케이션북스, 2007.
주영하, 이토 아비토, 임경택, 김복수, 백태열 지음, 「일본 한류 한국과 일본에서 보다」, 한국학
    중앙연구원, 2007.
한류문화교류협회(http://www.koreawaves.co.kr/kr/index.html)
한류문화신문 더컬쳐(http://theculture.kr/)

●
한 손 에 잡 히 는 중 국

■ 지은이 소개

김정희 고려대 박사, 한양여대 통상중국어과 교수
김지연 숙명여대 박사과정, 숙명의예사연구소 연구원
김태용 베이징대학 박사, 한양대 철학과 교수
김하림 고려대 박사, 조선대 중국어과 교수
민경삼 난징대학 박사, 백석대 중국어학과 교수
서 성 베이징대학 박사, 배재대 기초교양학부 교수
송원찬 베이징대학 박사, 한양대 기초 · 교양교육원 교수
신종호 베이징대학 박사, 통일연구원 통일정책연구실장
오부윤 푸단대학 박사, 인덕대 중국어과 교수
이호현 푸단대학 박사, 성균관대 현대중국연구소 연구원
임상범 고려대 박사, 성신여대 사학과 교수
장동천 고려대 박사, 고려대 중문학과 교수
장희재 난징대학 박사, 한양대 중문과 강사
최일의 서울대 박사, 강릉원주대 중문학과 교수

한 손에 잡히는 중국

ⓒ 2014 김정희 외 13인

2014년 2월 20일 초판 1쇄 발행
2016년 2월 20일 초판 2쇄 발행

지은이 | 김정희 외
펴낸이 | 이건웅
펴낸곳 | 차이나하우스

편 집 | 권연주 · 신효정
디자인 | 이주현 · 이수진
마케팅 | 안우리

등 록 | 제 303-2006-00026호
주 소 | 서울시 영등포구 영등포동 8가 56-2
전 화 | 02-2636-6271 **팩스** | 0505-300-6271
이메일 | china@chinahousebook.com
홈페이지 | www.chinahousebook.com
ISBN | 978-89-92258-49-4 03380

이 도서의 국립중앙도서관 출판시도서목록(CIP)은 서지정보유통지원시스템 홈페이지(http://seoji.nl.go.kr)와 국가자료공동목록시스템(http://www.nl.go.kr/kolisnet)에서 이용하실 수 있습니다.
CIP제어번호: CIP2013029346

값: 18,800원